罗素看中国

罗素与中国新文化运动

刘检　著

中国大百科全书出版社

图书在版编目（CIP）数据

罗素看中国：罗素与中国新文化运动/刘检著.
—北京：中国大百科全书出版社，2021.1

ISBN 978-7-5202-0871-0

Ⅰ.①罗… Ⅱ.①刘… Ⅲ.①罗素（Russell，Bertrand 1872-1970）—哲学思想—研究②五四运动—研究 Ⅳ.①B561.54 ②K261.107

中国版本图书馆 CIP 数据核字（2020）第 244489 号

出 版 人 刘国辉
策 划 人 曾 辉
责任编辑 于淑敏
封面设计 乔智炜
责任印制 常晓迪
出版发行 中国大百科全书出版社
地　　址 北京市阜成门北大街 17 号　　**邮政编码** 100037
电　　话 010-88390969
网　　址 http://www.ecph.com.cn
印　　刷 北京君升印刷有限公司
开　　本 710 毫米 ×1000 毫米　1/16
印　　张 20.5
字　　数 255 千字
印　　次 2021 年 1 月第 1 版　2021 年 1 月第 1 次印刷
书　　号 ISBN 978-7-5202-0871-0
定　　价 68.00 元

自 序

伯特兰·罗素（1872—1970）在中国学术界是一个耳熟能详的名字，他曾于1920—1921年应邀来华讲学，在九个月的时间里，这位获得诺贝尔文学奖的公共知识分子游历了大半个中国，发表了几十场演讲。

对于罗素来说，接受来华邀请很大程度上是因为他想要寻找解决西方问题的答案。彼时的罗素在目睹了第一次世界大战的残酷，饱尝了工业文明之苦后对西方资本主义和帝国主义产生了深刻的怀疑，并对西方文明产生了失望，于是他在1920年前往苏俄深入观察布尔什维克主义的发展。考察完苏俄当时的现状后，他认为列宁的革命专政道路并不是人类未来的出路。因此罗素怀着对西方和苏俄的双重失望来华，期待从中国找寻新的希望。

1911年，清政府灭亡，终结了中国存在两千多年的封建帝制。次年建立了共和制，但轻易赢得的共和制度很快就名存实亡，国家陷入了无政府状态。选择什么样的制度重新成为中国人民和中华民族面临的重要问题。1919年，中国的政治家和知识分子仍在艰难地为整个民族和国家的未来寻找出路。结束外国帝国主义在华特权，建立一个独立的现代民族国家的呼声日益高涨。彼时的中国知识分子正在苦苦思考建立什么样的适合中国当时状况的政治与经济制度，应该建立什么样的与之适应的文化，从而实现国家统一、恢复秩序以确保国家的现代化。对此问题，中国知识界也产生了严重分歧。而罗素这位世界级哲人正是在这样一个特殊的历史节点来到中国，因此罗素来华后颇受知识界欢迎。

正因为罗素被认为是“世界哲学泰斗”，国人对他访华的期待甚高。罗素来华不久便很快发现，国人想听的不是技术哲学，而是他对社会问题的见解和对社会改造的实际建议。为此，他改变了讲演重点，提出中国应大力发展教育，培养有智慧和科学知识的“少年中国”，并着力发展实业，振兴经济。同时，他也深知自己无法给出确切的、令各方都满意的答案。他在1920年发表的文章中承认，鉴于“中国问题的复杂性和困难性”，要在不懂中文的情况下介入讨论是非常困难的。在后续的讲演中，他也反复强调了自己并不是中国问题专家。

实际上，罗素的中国之行不是单向的“刺激—反应”模式，罗素是带着他自己的问题进入一个业已形成的“知识—派系”的动态结构中，他在其中表述和修正自己的观点。罗素的思想变化也取决于中国社会内部的问题，这是一个互动的关系，他介入的是中国当时的政治格局、派系之争、文化论战、社会性质的论战、中国向何处去的论战等。不是一方影响了另一方，而是交互影响的关系，这也是罗素到中国的初衷。本书的创新之处在于避开了传统思想史的写作方式，将罗素之行置于一个话语霸权的博弈场中，因此对罗素在华发表观点的接受情况就显得非常复杂。从文化和政治角度，在动态格局中研究罗素访华是本书在前人成果上向前推进的部分。

研究罗素“中国之行”的中外论著甚多，但大多数文章仅仅将罗素的来华讲学视为一个孤立的文化交往事件。而本书则建构了一个更大的历史语境去呈现罗素思考问题的来源、对中国社会的观察、罗素演讲观点在中国的接受，以及中国之行对他本人思想的影响，试图从现代“民族—国家”的角度探讨罗素对中国各方面问题的观察和思考，并从谱系的角度，将罗素的“开明专制”方案置于美国法学家古德诺（他先罗素数年来华并担任当时的中国政府顾问）的“强化中央权力”理论与20世纪20年代末到30年代初中国知识界关于“开明专制”和“建国”问题的讨论之间，进行研究和探讨。“民族—国家”这个核心问题在本书中起到了“叙述线索”的作用。

罗素的“中国之行”涉及“中国问题”的方方面面，然而在这一切问题后面存在两方面基础问题：一方面，由于清末以来中央权威的衰微和地方势力的增大，中国处在四分五裂的割据状态；另一方面，由于晚清以来的西学运动以及后来的新文化运动在“全盘西化”名义下对中国本土伦理和文学的挞伐，造成离心力增强，国家认同发生困难。本书将罗素论中国教育、交通、工业等问题全部都纳入“现代民族—国家建设”的叙事框架之中，使这些看似彼此独立的方面在“民族—国家建设”的意义上获得了一种深刻的关联性，而这一揭示对我们今天理解各个领域的建设与民族—国家的建设和巩固之间的关系颇有启示性。

1922年，罗素在《中国问题》一书中就曾预言：“中国物产丰富，人口众多，完全能一跃而成为仅次于美国的世界强国。”50年后，我国哲学家梁漱溟先生撰文写道：“英国哲人罗素50年前预见到我国的光明前途。”近100年后进入新世纪，中国成功走上现代化发展道路的经验犹如一座灯塔，昭告世人：通向现代化的道路不止一条，任何一个国家、一种文明，只要找到一条符合自身国情的发展道路，终究可以在保持自身独立性的同时，迎来民族发展的广阔前景。这再次体现了罗素中国观的智慧和预见性。

近百年前，亲历了一战的罗素对西方文明丧失了信心，对人类的未来忧心忡忡。于是他来到中国，期待东方文明能够挽救病人膏肓的西方文明。彼时的罗素是以一种深刻的历史感与全球意识来看待中国问题的。他看到了当年这个闭关锁国的文明古国在西方文明冲击下的困境，但又指出，中国文明如果完全屈从于西方文明将是人类文明史的悲哀。中国文明与西方文明各有优劣，相互取长补短对双方都有裨益，西方文明要借鉴东方智慧才能免于毁灭的命运。他寄希望于中国能够实现中西文明长处的结合，鼓励中国人要敢于创造一种新的文明。尽管由于地域、时代及所处文化背景的不同，罗素对中国种种问题的论述仍有许多可取之处。重温罗素当年给中国的建议和他具有超前性的深刻见解，对今天的中国依然有借鉴意义。

本书研究内容涉及文史哲，以及其他学科的一些基本问题，虽经反复斟酌修改，错误疏漏仍在所难免，恳请各界专家批评指正。另外，罗素的中国之行对其后来思想的发展和影响，也是一个非常值得探讨的课题，值得后续深入研究。

罗素对我国的态度一直十分友好，其自幼便从父辈的藏书中了解并向往中华文明，他曾于1922年表示“愿为中国竭尽微诚”，也曾不断撰文“为中国请愿”。百年来，罗素的重要著作在我国已有多个译本，深受我国读者喜爱。2020年正值罗素访华100周年、逝世50周年，谨以此书纪念百年前罗素的中国之行这段丰富的历史，并向这位世界级哲学泰斗致敬！

刘　检

2020年10月15日于北京

目　录

引　论

第一节　罗素与中国之际遇：相逢何以不相识？

1912 年，通过一场快速且基本平和的革命，中国在当时的亚洲率先建立起了共和制度，但轻易赢得的共和制度随即名存实亡，国家陷入无政府状态，以致制度选择重新成为问题，亦即迫在眉睫的问题是中国应该建立什么样的适合中国当时状况的政治与经济制度，应该建立什么样的与之相适应的文化，从而实现国家的统一、恢复秩序以确保国家的现代化，对此，中国知识界陷入严重分裂。

而此时，西方世界两位著名的学者被中国知识界极其隆重地迎到中国讲学，一位是美国的约翰·杜威，另一位便是英国的伯特兰·罗素。不过，知识界邀请其来讲学，与其说是为了聆听他们有关社会改造的理论，不如说是为了将他们引入中国各思想派别的纷争，借其名头来推行自己的主张，而一旦他们基于自己的观察做出不利于各思想派系的分析和论断，则迅速受到冷落。

从一开始，他们的中国之行就不是单向的“刺激—反应”模式，即

“西方启蒙者”走进一个有待“启蒙”的东方国家，而是带着他们自己的问题进入一个业已形成的“知识—派系”的动态结构之中，他们在其中表述和修正自己的观点，而其思想的变化以及思想命运的起落也取决于中国知识界的内部张力，正如中国各个思想派系的知识分子的命运（分化—重组）也取决于同一结构的张力。

罗素于1920年10月12日至1921年7月11日应中国知识界的邀请来华讲学。实际上，在踏上中国土地前，他的有关社会改造的主要论著已被译介到中国。此时，正是五四后期社会改造和社会主义思潮方兴未艾之际，罗素抵华伊始即被中国知识界期许为指导改革的“社会改造家”。他来华巡回讲学历时九个月，足迹遍布上海、杭州、南京、长沙、北京、保定等地，做了大大小小几十场演讲。这些讲演在当时造成了很大的轰动，“罗素热”风靡全中国，知识分子们如饥似渴地阅读、翻译、介绍罗素的著作，报纸杂志竞相刊登罗素的讲演录，甚至连精明的商人们也巧用“罗素之名言”大做广告。

与此同时，罗素的演讲也引发了新文化运动时期中国知识界两场旷日持久、影响深远的激烈论战——社会主义论战和中西文化论战。而罗素的思想变化也取决于中国社会内部的问题，这是一个互动的关系，他介入的是中国当时的政治格局、派系之争、文化论战和社会性质的论战，他和中国是交互影响的关系。罗素的中国之行无疑是中国近现代思想史、政治史、教育史和中西文化交流史上较为重要而有意义的课题之一。

来华之初，虽然罗素怀有自己的社会政治理想——走和平改良的基尔特社会主义道路，但随着对中国观察和思考的深入，他发现原来构想的政治理想在中国是不适用的。因此，在被屡屡问及中国的社会改造方案时，他持谨慎态度，发表的看法看似语焉不详，实际各有语境。在中国生活和旅行九个月后，他的思考随着对中国政治、经济、文化、教育等方面的深入了解而逐渐趋于成熟。

实际上，罗素是怀着对西方和苏俄的双重失望来华的，他也期待从中国寻找新的希望。一方面，饱尝了第一次世界大战的残酷和西方工业文明之苦的罗素不愿中国重蹈欧美资本主义的覆辙；另一方面，虽然罗素高度赞扬苏俄社会主义的胜利和共产主义理想，但却希望中国不要仿效苏俄依靠强制、暴力和少数人专政的方式来治理国家。

罗素的临别演讲《中国到自由之路》（China's Road to Freedom：Bertrand Russell's Farewell Address in China）① 实为他建议的中国社会改造的纲领。他在演讲中所倡导的“国家社会主义”是在中国历史语境中对社会主义问题的新思考，是其在亲自考察苏俄和中国社会，并权衡苏俄式社会主义的利害之后形成的，他对布尔什维克主义的批评是善意的。罗素的访华经历使他从一个基尔特社会主义者和布尔什维克主义的批评者，转变为在中国走苏俄式国家社会主义道路的倡导者。他期待中国走上一条避免苏俄式集权制度，而通往自由民主的社会主义光明大道。

罗素是一位热爱中国的学者，他身上体现了一种知识分子所应有的独立人格与崇尚精神自由的情怀。他客居中国期间，通过实地考察，对中国的政治、经济、文化、宗教和未来的道路等问题都有所评论，在英美报刊上发表了许多有关中国问题的文章。回国半年多之后根据自己的观察与思考写成《中国问题》（*The Problem of China*）② 一书，系统而深

---

① Bertrand Russell，China's Road to Freedom：Bertrand Russell's Farewell Address in China. 中译文见〔英〕罗素：《罗素之〈中国的往自由之路〉》，傅铜译，见《哲学》第3期，1921年9月。

② Bertrand Russell，*The Problem of China*，London：George Allen & Unwin Ltd.，1922. 中译本有〔英〕Bertrand Russell：《中国之问题》，赵文锐译，中华书局，1924年；〔英〕罗素：《中国问题》，秦悦译，学林出版社，1996年。

刻地论述了中国的历史与现实，并对中国的政治、经济和文化的发展提出了一些当今仍然值得人们深思的问题。他在字里行间表达了对中国文明的向往，借探讨中国文明来表达他对西方文明及整个人类文明进行改造的渴望。罗素作为中国现代思想文化改造促进者的角色，他的来华访学具有历史性意义。他具有深远意义的影响是对“少年中国”而言的。他的思想给当时那些头脑敏锐、眼界开阔的青年以强大的影响与鼓舞，甚至伴随了许多人的一生，如梁漱溟、张申府、杨端六、丁文江、冯友兰、金岳霖、赵元任等。

然而，罗素来华之时正是中国思想和政治发展的关键时刻，也是思想界交锋最为紧张激烈的关头，每一派别都试图援引世界名哲的观点将权威人物拉入自己阵营，加强自己主张的说服力。身处于这种矛盾和张力之中，一方面导致了罗素的为难，另一方面也预示了罗素可能会被当作文化象征资本所利用，他发表的任何言论都可能被其中一派当作攻击另一派的有利佐证。

罗素来华正值中国新文化运动如火如荼展开之时，正处于中国历史发展的关键时刻，国家内忧外患，陷入无政府状态，“民族—国家”的建构和制度选择重新成为问题，本研究试图从“民族—国家”建构的视角来探究“罗素与中国”这一课题，并将其贯穿于整个研究和写作过程中。本书虽立足于罗素在华期间即 1920—1921 年的历史语境，但出于“建构问题”的需要，将向前后扩展研究时段，涉及早罗素七年多来华的美国学者古德诺以及早罗素一年多来华的美国哲人杜威，以及 20 世纪 20—30 年代中国知识界与罗素的互动和相互影响。

罗素在华的命运，让人不由得想起 1913 年 5 月受袁世凯之聘，来华任中华民国政府宪法学顾问的美国哥伦比亚大学教授、政治学者古德诺博士。古德诺本人是学行政法的，在美国学界中以坚持扩大中央政府的权力著名，因此他对中国提出的建议与其一贯的思想并无太大差异，即如何建立一个强有力的中央政府。古德诺通过对中国状况的实际观察，提出君主立宪制更适合中国，意在引导袁世凯实施开明专制，而古氏的理论却被袁世凯用来复辟帝制，在中国的历史上背了骂名，这是古氏所没有料到的。

引论的下面两节，将把目光转向古德诺在中国的命运以及杜威的中国之行。古德诺和杜威基于各自不同的理论基点所阐发的对中国的认识和建议已嵌入罗素来华时中国知识分子的知识视阈，其中不乏与罗素的认识和建议有相同之处。而罗素离开中国时的冷落场面几乎与当年的古德诺相同，而与一直大受欢迎的杜威迥异，这充分说明“学理讨论”在新文化运动时期的中断，与其说是他们在向中国知识界传布其“学说”，还不如说是中国知识界分裂的各派利用他们的名头来阐发自己的主张。

第二节　古德诺在中国的命运

1915 年 12 月 14 日，美国马里兰州《巴尔的摩太阳晚报》（*Baltimore Evening Sun*）一则漫画充满讽刺地将美国约翰·霍普金斯大学校长，兼任中华民国总统袁世凯宪法顾问的弗兰克·J. 古德诺（Frank J. Goodnow，1859—1939）教授描绘成一个木匠，他帮助袁世凯摧毁中国新生的共和国并恢复帝制。①

这则讽刺漫画暗示了古德诺当时轰动一时的事，即于 1915 年写成了给袁世凯的私人备忘录《共和与君主论》。在这篇 5000 多字的文章

① *Baltimore Evening Sun*, Dec. 14, 1915.

中，他通过对中国历史和政治状况的实际考察，从纯学理立场提出了政体性建议。然而，帝制派对古氏的纯学理毫无兴趣，他们所需要的只是古氏能为其所用的那部分，古氏的理论是共和帝制各有所适，但到了帝制派那里就变成“君宪优于共和”了。后世中国的史学家对古德诺颇不客气，说他“和中国国内的帝制派勾结在一起，进行了变更中国国体的大力鼓动”①。古德诺在中国的历史记述中背了骂名，这是他意想不到的。

当时在北京任美国驻华公使的芮恩施在其回忆录中为古德诺辩白，称古氏仅仅是将他的学术观点诚实地在备忘录中表达出来，并且只是为总统个人参考而准备的。“顾问们一般都被当作学术上的装饰品，”芮恩施证实，“古德诺博士毫不怀疑，在这个问题上，他的备忘录将是采取积极行动的起点和根据。”②

古德诺到底是像芮恩施所说被当成“学术上的装饰品”所利用了，还是他本身就支持赞成帝制运动呢？为了对古德诺在中国的命运有更好的理解，我们需要从他 1913 年被聘为宪法顾问开始谈起。

1913 年 3 月 15 日，经由卡耐基万国和平基金会推荐，古德诺与中国政府签订了合同，被聘为民国政府的宪法顾问，任期三年。③ 实际上，基金会推荐古氏并非偶然。1913 年 5 月古氏受聘于袁政府时 54 岁，当时他在美国哥伦比亚大学已执教 30 年，为哥大法学院院长，美国政治学会的创议人，也是当时美国政治学和行政学的权威，来华前的著述有

---

① 郭剑林主编：《北洋政府简史》，天津古籍出版社，2000 年，第 314 页。

② 〔美〕芮恩施：《一个美国外交官使华记》，李抱宏、盛震溯译，文化艺术出版社，2010 年，第 161 页。

③ 《古德诺受聘来华之合同》，转引自郅玉汝：《袁世凯的宪法顾问古德诺》，见台湾中华民国史料研究中心编：《中国现代史专题研究报告》（第七辑），台湾中华民国史料研究中心，1985 年，第 148 页。

八种之多①。古氏在袁世凯当政时期两次访华，第一次是在 1913 年 5 月至 1914 年 8 月，共十五个月。第二次是在 1915 年夏天，从 7 月中旬到 8 月底离开，共住六周。

一、首次来华主张加强总统权力

古德诺一行于 1913 年 5 月 3 日到达北京。拜见袁世凯后，古德诺就开始在总统府下属的法制局工作。

古氏根据他对中国国情的研究，在会面时向袁世凯提出了在中国加强中央权力的理论。据袁氏的英文翻译顾维钧回忆："他说他研究了中国的国情，中国有帝制的传统，民族主义的观念不像西方那样强烈，所以中国需要一个强有力的中央政府巩固国家政权，以取代当时存在的那种各省军阀割据的松散局面。"② 顾氏也指出，袁世凯心中唯一的理想政府形式就是帝制政府，而古德诺的理论恰好切合袁世凯的想法。

古德诺用了六七个星期时间，撰写了《中华民国宪法草案》，这部宪法并没有照搬西方的宪政制度，而是根据中国的历史习惯和当时军阀割据、四分五裂、内忧外患的国情，着眼于建议一个强有力的统一巩固的中央政府。古氏的这部宪法草案兼取了美国和法国的宪法，他认为不

---

① 古德诺是美国行政法学大师，来华前的著作主要有：《比较行政法》（*Comparative Administrative Law*, 1893）、《市自治》（*Municipal Home Rule*, 1895）、《市政问题》（*Municipal Problems*, 1897）、《政治和行政》（*Politics and Administration*, 1900）、《美国的市政府》（*City Government in the United States*, 1904）、《美国市政法原理》（*The Principles of the Administrative Law of the United States*, 1905）、《市政府》（*Municipal Government*, 1909）、《社会改革和宪法》（*Social Reform and the Constitution*, 1911）等。引自《近代现代外国哲学社会科学人名资料汇编》，商务印书馆，1978 年，第 895 页。

② 中国社会科学院近代史研究所译，《顾维钧回忆录》（第 1 分册），中华书局，1983 年，第 110-111 页。

能“全部采用美国制或全部采用法（国）制”，最理想的是兼取调和美、法两国宪法，制定适合于中国国情和历史的宪法，才能有利于中国的政治发展。这个草案是在一个代议制共和政体的框架下，加强总统的行政权力，“总统之地位既欲其强硬而独立，则必使其有否决议案之权”，来打造一个“强固长久之政府”①，以维持政局稳定，改良财政，修明法制。等若干年这些目标都达成后，那个时候再采用法国的内阁制。

古氏撰写的这部草案于6月下旬完成后交法制局，袁世凯当时正忙于镇压二次革命，无暇他顾，该草案也就被束之高阁。

根据《中华民国临时约法》的规定，袁世凯就任临时大总统后，组织国会，国会采取参众两院制。1913年4月8日，国会首次开会成立。国民党籍议员占多数，与袁世凯政府相抗衡。6月下旬，国会开始组织成立宪法起草委员会，并于10月底拟定出《天坛宪法草案》。这部草案对总统权力有较多的限制，而遭袁世凯记恨和敌视。他与国民党关于制宪权的斗争也进入白热化阶段，此时袁氏则四处向外国顾问寻求支持。

当时袁世凯的另一政治顾问莫理循则提醒他，让古氏出面对宪法草案过分限制总统权力进行批评。古德诺应邀写的文章通过莫理循转交，发表在10月31日的《北京时报》上，而这一天恰恰是《天坛宪法草案》通过的日子。

在这篇文章中古氏批评了《天坛宪法草案》所采取的政府制度完全照搬法国的内阁制。在中国如果实行内阁制，“将使一切权力都集中在内阁阁员手里”，中华民国总统将“既不能像英国国王那样君临在上，也不能像美国总统那样掌权施政”，而会像法兰西共和国的总统一样，

---

① 《古德诺拟中华民国宪法草案》，见《宪法新闻》第13期，1913年7月。

“徒拥虚名，不能有所作为”。另外，“奠基于许多小党派之间种种情况的短命内阁，行将按照已成法国和意大利政治特征的内阁更迭速度，接二连三地替换”，这样的后果将会使“新政府极其不稳定”，难于保持“政策的合理延续性”。

随后，古德诺又撰写了《中华民国宪法案之评议》，进一步论述中国不适宜采用内阁制，认为中国当时最重要的事情，在于“有一强国之政府”，政府颁布的政策必须能够付诸实施，国会的作用仅限于“普通之监督”，而不能严重干涉政府的计划。①

1913 年 12 月，古德诺写成《中华民国的国会》备忘录呈交给袁世凯。古氏指出，中国历史上没有任何代议制经验，因此若实施在短期内不会有任何效果，故国会现阶段应只作为咨询机关设立。关于立法机关，古氏认为由于中国立法经验不足，立法组织不宜过于复杂，故主张立法机关应采用一院制。②

古德诺虽主张将国会作为咨询顾问机关，不给予过多权力，但他仍主张保留某种有限的代议机构。而出乎古德诺意料之外的是，1914 年 1 月袁氏直接废除国会，建立约法会议，负责起草新宪法以代替唐内阁草拟的宪法。据袁世凯当时英文秘书顾维钧回忆，“袁世凯乃假借民主政府之名，实行专制独裁之实……约法会议这个机构，只备咨询，其作用不过是在袁世凯送交的文件上盖章而已……总之，施政走向繁文缛节，走向帝制政府”。③

对于种种政治变化，古德诺的反应是惊讶，他提出的很多加强总统

---

① 古德诺：《中华民国宪法案之评议》，见《宪法新闻》第 4 期，1913 年 5 月。

② F. J. Goodnow, The Parliament of the Republic of China, *The American Political Science Review*, Vol. 8, No. 8 (1914), pp. 541-562.

③ 顾维钧：《顾维钧回忆录缩编》(上)，天津编译中心编，中华书局，1997 年，第 23 页。

权力的建议都被袁政府所利用为自己的独裁统治立辞，而另外一些关于立宪的建议则没有被理睬。在宪法问题上，古德诺认为中国人不懂法制，不明宪法为何物，他在私函中谈到袁世凯甚至不知道内阁制与总统制的分别。①

古德诺也渐渐感到自己作为外国专家，其实只是被袁氏利用的象征资本和工具而已，深感在北京无所作为，也不想再待下去了。于是，古氏于1914年2月16日和2月26日致基金会董事之一巴特勒的信中说明了他为何选择提前离开中国。“彼称中国的政局每况愈下，专制力量日大。建一真正共和政府的初意，乃是‘一梦’。同时，自感在华未受重用，将来恐亦无大作用。彼谓政府所询问者只限于枝节问题，国家大事，从不相告。彼本人固赞同中国有一强有力的行政部门，北京政府知之甚清，对此屡嘱撰述意见，而对立法或司法方面的问题，从未商询。因之，彼认为继续留华恐只对专制有助，而对共和宪法无益。”②

在首次来华一年多的时间里，古德诺给中国政府的主要建议是加强总统权力，而袁世凯则充分利用了他的观点，将其作为自己推行独裁统治的依据。据芮恩施回忆称，“袁世凯政府不论什么时候提出一个加强自己政权的新方案时，总利用美国专家的这种态度，说古德诺博士和别的外国顾问都已经表示赞成。但是，这些权威人士实际上并没有真正被咨询过，他们并没有被邀参加重要的会议，也没有机会参加制定重要计划。当然，在形式上他们已被‘咨询’过了，不过这通常是在会议已作出决定以后。袁世凯政府把已经谈妥的事情通知这些顾问，然后宣布已

---

① 古德诺1913年6月4日致Munroe Smith信。

② 古氏1914年2月16日，2月26日致巴特勒信。转引自郅玉汝：《袁世凯的宪法顾问古德诺》，见台湾中华民国史料研究中心编：《中国现代史专题研究报告》（第七辑），台湾中华民国史料研究中心，1985年，第137页。

经获得他们的赞同”。[①]

古德诺在同中国政府商议后，1913 年签订的合同被废止，并于 1914 年 7 月订立新的合同，聘古德诺为兼职法律顾问，他可以在美国通过信函或电报为中国政府提供咨询，合同上规定此次任期从 1914 年 8 月 3 日起到 1916 年 5 月 2 日结束。另外，合同还写明“如政府需该顾问来京而于该顾问无窒碍时，该顾问应于一千九百十五年六月到京居住两月以备顾问”。[②] 随后，古氏一行便于 8 月初离开中国。

二、 二次来华卷入帝制运动的笔墨官司

1915 年夏，古德诺在约翰·霍普金斯大学放假之后，按照合同规定二次来华，以备咨询顾问。古氏于 7 月中旬到达北京，这次在京住了六周左右。

抵华伊始，当时的农商总长周自其就被袁世凯委派与古氏会面，并请古德诺为袁氏撰写一份备忘录供政府参考，要求他在其中比较共和制和君主制的优缺点，并对哪种国体更适合中国做出评价。于是，古氏遵嘱用半个月时间撰写该备忘录，随后呈递给袁世凯。

出乎古德诺的意料，这篇备忘录马上就有了中文译本，并冠之以《共和与君主论》的题目，于 8 月 3 日在北京《亚细亚日报》上发表。此文一出，轰动一时，国内媒体立刻报道、转载和评论。甚至国外媒体如日本东京的报纸、英国的《泰晤士报》也纷纷转载。也就是这篇文章

---

① 〔美〕芮恩施：《一个美国外交官使华记》，李抱宏、盛震溯译，文化艺术出版社，2010 年，第 59 页。

② 《北京政府聘任古德诺等为法律顾问契约书》，见章伯锋、李宗一编：《北洋军阀（1912—1928）》（第 2 卷），武汉大学出版社，1990 年，第 945-946 页。

让古德诺在历史中背上了复辟帝制的骂名。

古氏在文中用一半多的篇幅对欧美国家的政治制度的得失经验一一评述，认为一国采用何种国体，常视其实际情况需要而定。共和制与君主制本身无孰优孰劣之分，不能一概而定，关键在于是否适合本国国情，因政治制度受制于一国的历史、社会和文化传统①。针对中国当时的状况，古氏认为中国数千年来实行君主专制政体，人民的知识水平不高，平时不关心国事，缺少参政经验，政治能力尚低，四年前由君主专制骤然转变为共和制，过于急速，一时难以收到好的效果。另外，现在总统继承的问题，还没有完善的解决办法，一旦总统解除职务，可能会招致内乱，沦入军人独裁。而当时的状况下，欧西列强因要保护其国外投资等经济利益，不允许与其利益相关的国家长期处于军政府统治下，因为它总是伴随着动乱。如果因政局动荡而损害其利益，列强就会干涉，甚至“将破坏他国政治之独立，或且取其国之政府而代之”。因此，古氏给中国的建议是：“盖中国如欲保存独立，不得不用立宪政治，而从其国之历史习惯社会经济之状况，与夫列强之关系观之，则中国之立宪，以君主制行之为易，以共和制行之则较难也。”② 古氏认为“中国如用君主制，较共和制为宜”是毫无疑问的，因为共和制并不适合中国现实的国情。

关键的问题是，当时共和制已在中国建立，是否有必要再去恢复君主制呢？古氏认为这个问题很难回答，只是列出了由共和制改行君主制需要满足的三个必要条件，缺一不可。一是“不可引起国民及列强反

---

① 〔美〕古德诺：《共和与君主论》，见古德诺：《解析中国》附录一，蔡向阳、李茂增译，国际文化出版公司，1998 年，第 136-137 页。

② 〔美〕古德诺：《共和与君主论》，见古德诺：《解析中国》附录一，蔡向阳、李茂增译，国际文化出版公司，1998 年，第 140-141 页。

对”，否则会引起动乱，而当时维持政治稳定至关重要；二是要建立一个得到承认的“君主继承之法律”来解决好君主“嗣位之问题”，因为与共和制相比，君主制最大的优越处就在于比较容易确定继承人；三是政府必须预先计划好实行宪政的方案，“以求立宪政治之发达”，让人民“与闻政事”，广泛参政，发达其爱国心，有了人民的支持才能建立强有力的政府来抵抗外侮。只有具备这三个条件，国体的改革才会有利于中国。而这些条件在中国是否完备，需要“周知中国情形，并以中国之进步为己任者”自己做出判断①。

芮恩施曾对古德诺的政治理论做出总结。他指出，从理论上讲，古德诺认为君主制“更适合中国人的传统和他们实际的政治发展情况”，因为其优点是“权力的继承是规定了的，因而不致一再成为争夺的目标”②。芮恩施认为，当时关于从共和制恢复成君主制的利弊，古氏是有意不发表意见。因为他毫不怀疑，这个给袁世凯提供个人参考的备忘录“将是采取积极行动的起点和根据”。

芮恩施所言的“积极行动”，指的是当时正在积极酝酿的帝制运动。古氏该文发表一周后，就被帝制派利用。8 月 14 日，杨度等人在北京发起成立筹安会。23 日，筹安会正式宣告成立。筹安会貌似一个学术团体，而从其行动观之，它实际上是一个地道的政治团体。

而当古德诺的文章出笼时，杨度已经意识到复辟的时机已经成熟。筹安会根据古德诺的观点，发表了《筹安会宣言》，上面写道：“美国者，世界共和之先达也，美国之大政治家古德诺博士即言世界国体，君

---

① 〔美〕古德诺：《共和与君主论》，见古德诺：《解析中国》附录一，蔡向阳、李茂增译，国际文化出版公司，1998 年，第 142 页。

② 〔美〕芮恩施：《一个美国外交官使华记》，李抱宏、盛震溯译，文化艺术出版社，2010 年，第 161 页。

主较民主为优，而中国则尤不能不用君主国体。此义非独古博士言之也，各国名达之士论者已多，而古博士以共和国民而论共和政治之得失，自为深切著名，乃亦为中美情殊，不可强为移植。”[①]该宣言不仅分析了中华民国成立以后的代议制政府失败的种种原因，而且还直接援引古德诺《共和与君主论》文章，并将其作为立论的一大依据，鼓吹说“美国之大政治学者”古德诺也认为君主制实际上比民主制更为优越。

就这样，古德诺被袁世凯和筹安会利用了。筹安会的倡导者们开展他们的活动时，提出的直接依据就是古德诺的备忘录。另外，筹安会还向各省长官寄去古德诺的文章，请他们派代表到北京来，讨论所谓君主制和共和制哪个适于中国的问题。[②]梁启超指出袁世凯的帝制运动发端于古德诺答应支持君主专制，或者说至少“表面上观之，乃起于美国博士古德诺氏一席之谈话”[③]。

古德诺尽力疏远筹安会，并拒绝再次以他的名义支持筹安会的政治立场。但不管古德诺撰文的初衷如何，他的名字和威望助长了袁世凯及筹安会的复辟活动。袁世凯为了强调复辟帝制的“科学”根据，还专门买下了《曼彻斯特卫报》(*Manchester Guardian*)的一个版面来宣传古德诺的观点。同时，袁世凯授意将古德诺文章的中文版在国内大量发行。[④]据说袁世凯的总统府办公处将古德诺的文章送给每一位来访者。[⑤]

辛博森对古德诺的备忘录评价说，“任何对中国略有所知的人，正

---

① 李希泌、曾业英、徐辉琪编：《护国运动资料选编》(上册)，中华书局，1984年，第9-10页。

② 谢本书：《袁世凯与北洋军阀》，上海人民出版社，1984年，第70页。

③ 梁启超：《异哉所谓国体问题者》，见《新民时代：梁启超文选》，侯宜杰选注，百花文艺出版社，2002年，第238页。

④ 李喜所、元青著：《梁启超传》，人民出版社，1993年，第340-341页。

⑤ 白蕉：《袁世凯与中华民国》，人文月刊社，1936年，第246页。

好可以用它做垫脚石，登高一望，就能预见到：它只不过是被人以一种寡廉鲜耻的方式给利用了，它所提出的建议，正被人以某种方式付诸实践。这种方式，只能让你更加蔑视那些不择手段推动帝制阴谋的人，更加蔑视那些乐于把外国人当做工具加以利用的人”。①

实际上，在当时的情况下，古德诺基于历史和国情，给中国的建议是实行君主立宪制。在文章中也强调了立宪的重要性。在论述共和制度和君主制的优劣时，古氏的出发点是如何对“立宪”更有利，而绝非像筹安会所说是主张恢复君主独裁专制。而筹安会却偷梁换柱，断章取义，片面抽取了古德诺关于君主制适合中国的言论，故意避开古氏的大前提“立宪”。此外，古氏并没有主张中国立即改为帝制。

古德诺对于在中国当宪法顾问时其主张被中国政府歪曲利用，表示非常不满。当他意识到了自己的言论被中国帝制运动政客所利用时，便主动站出来辟谣澄清。他公开解释说，他并非帝制思想的首倡者，也没料到他的备忘录会被拿去作这种用处。他仅仅是从纯理论的角度谈论这个问题，而且，人们引用他的备忘录时，不符合他的原文。8 月 17 日，英文《北京宪报》(*Peking Gazette*) 采访古德诺时，他发表声明，试图澄清筹安会强加给他的对其观点的曲解。

当时芮恩施也为古德诺辩解，说古氏是清白的，并没有参加阴谋。他在回忆录中写道：“古德诺的备忘录正是他们布置搞的。到 8 月中旬开始公布宣传帝制以前，他们一直在幕后进行活动，并公开宣称这是根据美国顾问的意见进行的，从而显得非常可敬和公正的样子。他们成立了筹安会，其宗旨是研究共和政体的利弊。古德诺博士的意见被广大的

---

① 〔英〕帕特南·威尔：《帝国梦魇：乱世袁世凯》，秦传安译，中央编译出版社，2006 年，第 143 页。

人士认为是明显地倾向于在中国实行帝制，尽管他现在发表声明否认这一点。一个美国专家竟然表示这种意见，这个事实已被人们用来作为支持实行帝制的特别有利的证据，因为这是世界上最重要的共和国公民的意见。”①

当年反对袁世凯复辟帝制的梁启超也并不认为古德诺为袁氏鼓吹帝制。梁氏认为，以古德诺的文章作为鼓吹帝制的权威依据，只是表面现象，实际上，帝制运动派只是借外国博士之名，把古氏当作复辟帝制的工具。梁氏在 1916 年发表的《国体战争躬历谈》中指出：“帝制问题之发生，其表面起于古德诺之论文及筹安会，实则酝酿已久。而主动者实由袁氏父子及其私人数辈，于全国军人官吏无与，于全国国民更无与也。”② 梁启超在接受英报记者采访时也谈到：“今以同一之论调，易时而出诸外国博士之口，而臭腐忽为神奇，相率以研究之，既可怪诧，尤当知吾数十年前所预言者，今外国博士所称述只得其半耳，其余一半，则吾惟冀吾言之不中也。”③他讽刺筹安会帝制运动派，捧出洋博士当作说服国人的工具，为复辟帝制开道。

三、解决中国问题的建议

古德诺这位来自民主国家的学者自然不会热衷于君主独裁专制制

---

① 〔美〕芮恩施：《一个美国外交官使华记》，李抱宏、盛震溯译，文化艺术出版社，2010 年，第 162 页。

② 梁启超：《国体战争躬历谈》，见《饮冰室文集点校》（第四集），云南教育出版社，2001 年，第 2725 页。

③ 《梁任公与英报记者之谈话》，民国四年九月四日《申报》，引自丁文江、赵丰田编《梁启超年谱长编》，上海人民出版社，1983 年，第 723 页。

度，通过前面的分析论证，笔者认为，他的言论事实上是被筹安会帝制运动派所利用，成了袁世凯复辟帝制的理论依据。然而，他在中国不到两年的时间内发表的观点却一直主张加强袁世凯及其政府的权力。这可能会让很多人感到奇怪：一个西方的法学家为何如此热衷于主张在中国恢复君主制度？

古德诺1914年夏天离华就任约翰·霍普金斯大学校长后，写了一篇长文《中国的改革》(Reform in China)。该文发表不久，古德诺就于1915年7月再次来华。从时间上看，这篇文章可能与他那篇著名的《共和与君主论》有某种思想上的联系。另外，这篇文章更加详细地分析了中西的差异和中国改革所必须采取的措施，从中我们也许能够更深入地了解他对中国问题的观点。

古德诺在《中国的改革》一文中指出，中国在制定政策时要小心谨慎，“一方面要警惕当前皈依新的理念的过度热情，另一方面要采用适合自己特殊国情的那部分西方文化。另外，中国还要力图避免犯欧洲曾犯过的错误；此外，在未来国家的新生活中，中国还要试图弥补西方文明的那些缺陷”①。

紧接着，古德诺分析了中国经济、政治、社会状况和文化传统的特殊性，认为中国和西方在经济基础、家庭观念、社会习俗和思想观念等方面存在相当多的差异。②基于以上差异，古氏认为，“发生在中国的问题就是一个中国式的问题。尽管它可能受到欧洲思想的影响，但试图模仿欧洲决不能解决这一问题，要解决中国的问题，必须要根据中国的传

① Frank J. Goodnow, Reform in China, in *The American Political Science Review*, Vol. 9, No. 2 (May, 1915), pp. 210-212.

② Frank J. Goodnow, Reform in China, in *The American Political Science Review*, Vol. 9, No. 2 (May, 1915), pp. 212-217.

统和历史，采用一种符合中国人独特生活方式的办法，小心翼翼地、缓慢地解决”。[1]

在文章的末尾，古德诺为中国开出了中国改革必须采取的五项措施：首先，“必须建立强大的中央政府，从而制衡对国家分裂的趋向；必须加大行政权力，从而保证政府所制定政策的稳定性”[2]。其次，大力开发中国的自然资源，以便广大人民不只是依靠农业生活，还有工业生活。[3] 再次，在政治和工业机构中，利用任何可能的方法，培养更广泛的社会合作精神。第四，随着时间的推移，中国应更加重视个人的权利，从而在生命、自由和财产方面，政府应给予个人比现在更多的保护。最后，改革中国的教育制度，从而使下一代人能够在日常生活中运用科学的方法。要实现这一目标，应重视学习科学和技术。

在这些改革的措施中，古德诺也根据轻重缓急排了顺序，他认为，“眼前在中国对权力的重视应高于自由，培养对政治权威的尊重应放在培养对个人权利的尊重之前，政府效率应在民主代议制政府之前。因为只有当巩固强化了权力，培养了对政治权威的尊重，提高了政府效率后，自由将会萌发，个人权利将被建立，民众代表制度将有所进展”。[4]

1915 年 8 月底，约翰·霍普金斯大学开学在即，古德诺带着被误解的遗憾和失落匆匆返美。回国后，古德诺依然保持对中国问题的关注，

---

① Frank J. Goodnow, Reform in China, in *The American Political Science Review*, Vol. 9, No. 2 (May, 1915), p. 218.

② Frank J. Goodnow, Reform in China, in *The American Political Science Review*, Vol. 9, No. 2 (May, 1915), p. 219.

③ Frank J. Goodnow, Reform in China, in *The American Political Science Review*, Vol. 9, No. 2 (May, 1915), p. 219.

④ Frank J. Goodnow, Reform in China, in *The American Political Science Review*, Vol. 9, No. 2 (May, 1915), p. 223.

也常常被邀请作关于中国问题的演讲。1917 年秋天，他在美国波士顿罗厄尔学院发表了一系列关于中国的演讲，这些演讲后来经过整理，构成他 1926 年出版的《解析中国》（*China: An Analysis*）一书的基本框架。

古德诺在《解析中国》一书中不仅分析了中国的政治及其发展趋势，还从自然地理环境、历史文化传统、哲学思想、社会经济和政治生活等诸角度对中国进行了全方位的描述、分析与评论。在写作该书的时候，袁氏政府已失败，但古德诺对中国的认识与他访华时保持一致，坚持了 1915 年所写《共和与君主论》一文的观点，认为中国社会、经济状况并不具备实行民主政治的条件，中国可能的发展道路只能是期待出现一个有号召力的领袖人物，扫平军阀，统一国家。在强有力的中央集权统治下，随着时间的推移，中国的社会、经济的变化将为立宪政治、共和政治的实现提供社会保障力。

古氏观察到，“各省的督军的势力越来越大，他们所控制地区的各种权力都集中在他们手中，军阀割据的局面已经形成；与 1911 年革命爆发之前的中央政权相比，中华民国的这个中央政府的控制力日益缩小，它已成为一具徒有其表的躯壳”①。他认为，辛亥革命虽然废除了帝制，但帝制的废墟上并没能自动产生出一个现代型国家，而是分裂出大大小小的传统型权力中心，国家陷入了封建式军阀割据之中，没有形成具有真正凝聚力的中央政权。

于是，古氏得出结论：“在这种各自为政的政治体制下，事实上不可能发展出全国观念这样的东西。这个泱泱大国的子民们……考虑问题时很难摆脱地域观念。”② 古氏认为，当时中国并不具备实行民主政治

---

① 〔美〕古德诺：《解析中国》，蔡向阳、李茂增译，国际文化出版公司，1998 年，第 45 页。

② 〔美〕古德诺：《解析中国》，蔡向阳、李茂增译，国际文化出版公司，1998 年，第 45 页。

的条件。基于中国专制政治的传统，只有在强有力的中央集权统治下，随着时间的推移，中国会逐渐引入一些立宪政治的成分。

另外，古氏反对中国新文化运动中知识分子的“文化决定论”，即认为“中国的失败自然是文化的失败，各国的西洋的胜利自然亦是文化的胜利”。他观察到，那些刚刚开始接受西学的中国知识分子们“更多地把注意力投向哲学领域而不是科学技术的研究，其结果必然是忽视了政治制度与社会经济实际状况之间的紧密关系”；“他们忙于照搬国外的各种制度，对设计在纸面上的方案抱过高的希望，而很少注重研究中国的现状”①。

古氏指出经济问题是解决中国问题的关键，社会经济的发展是中国的根本出路。要实现国家的独立和富强，他认为中国人的年轻一代需要努力学习西方先进的科技知识，并致力于科学和技术的研究，大力开发自然资源来发展经济，而不是把希望寄托于对哲学领域来一场激进的革命。与此同时，也不必全盘否定和抛弃传统的儒家思想。

四、 古德诺与罗素的相似洞见与命运

作为一名思想独立的学者，古德诺对中国政治、社会状况的认识保持了一致性。然而，古德诺 1913—1915 年在华的经历，暗示了在清末民初，中国国内各种政治势力和利益纷争的条件下西方学者被中国政客当作象征资本来装点门面，被当作文化傀儡而利用的悲剧命运。

在古德诺这样一位杰出学者的支持下，袁世凯不仅为其帝制运动找到了正当的理由，而且大大加强了复辟计划受尊重的程度。当时担任伦

① 〔美〕古德诺：《解析中国》，蔡向阳、李茂增译，国际文化出版公司，1998 年，第 45 页。

敦《每日电讯报》(*The Daily Telegraph*) 驻北京记者，并于 1916 年被黎元洪聘为总统府顾问的辛博森在 1918 年出版的《帝国梦魇：乱世袁世凯》(*The Fight for the Republic in China*) 一书中指出，在袁世凯所有的计划中，“他完全懂得外国支持的最高价值——由于对外国钞票的依赖，这样的支持，被公众赋予了过高的价值。因此，似乎更加令人难以置信，袁世凯如今竟十分天真地征求他的首席法律顾问古德诺博士的意见”。[①]

六七年后，西方世界两位著名的学者被中国知识界极其隆重地迎到中国讲学，一位是 1919 年来华的美国哲人杜威，另一位便是 1920 年来华的英国哲人罗素。中国知识界邀请他们来华讲学，聆听关于中国社会改造的建议。同时，也把他们引入了各派别的纷争，借其名头来加强自己派别主张的说服力，他们发表的观点都可能被其中一派当作攻击另一派的有力支持和佐证。

1920 年，罗素来华，他访学九个月，经过亲自考察了解，看到了当时中国军阀混战和时政腐败，在临别演讲中为中国列出社会改造的纲领。罗素得出了和古德诺类似的结论：中国的独立必须首先从政治上加以解决，要建立一个强大有力的政府，实行国家社会主义，才能对外抵抗侵略，对内发展实业和教育，这是中国的通向自由之路。

20 世纪 20 年代罗素来华之时，中国正处于思想界交锋最为激烈的时期，每一派都希望能够引权威人物为同道来加强自己主张的说服力。基于这些不同思想派别就对他的言论产生了不同的解释与理解。另外，罗素来华期间，各报刊纷纷转载罗素讲演及有关评论文章，“罗素热”

① 〔英〕帕特南·威尔：《帝国梦魇：乱世袁世凯》，秦传安译，中央编译出版社，2006 年，第 130 页。

风靡全国。但实际上，对罗素讲演的翻译有很大出入，往往断章取义，只重结论，不重过程，读者无法知其全貌。加之一些人在评论文章中对罗素言论有意无意的误读，而当时大多数人只能单凭译文或评论来认识罗素的状况下，就难免造成历史误会。

古德诺和罗素二人来华时间不同，观察角度不同，却得出了相似的结论，这种殊途同归让我们为他们的先知灼见而惊叹，为历史的偏见与误会而扼腕叹息。

世界著名汉学家史景迁在《改变中国——在中国的西方顾问》（*To Change China*：*Western Advisers in China*，1620—1960）一书中尖锐地指出了这些试图改变中国的西方国家顾问是如何不断地被他们的中国主人忽视或利用，结果这些顾问感到尴尬、失望和挫败。“中国似乎提供他们发挥的自由，给予他们以一己之力扭转历史的契机，从而证明了他们存在的价值。多数西方顾问确实得到了某种程度的心理满足……每个人都想以某种手段控制中国的命运，但他们终究会明白这是自不量力，痴心妄想，并感到万分沮丧。他们意识到自己被中国人利用，而不是在利用中国人。”①。

古德诺则遭遇同样的命运。袁世凯和帝制运动派人物为了各自的目的，选择古德诺给出建议中符合他们心意的，以这种独特的中国方式随心所欲利用外国顾问。古德诺以及在他前后来到中国的西方顾问试图把中国嵌入预想的西方模式或美国模式，甚至试图影响中国自身的发展。他们的经历，进一步证明了其尝试可能造成的隐患和意想不到的困难。

---

① 〔美〕史景迁：《改变中国——在中国的西方顾问》，温洽溢译，广西师范大学出版社，2014年，第329页。

第三节 杜威的中国之行

杜威和罗素是中国新文化运动时期来华的西方世界两大著名思想家。杜威早罗素一年多来华，两人都在1921年7月离华。在华期间，他们都纷纷游走于中国大江南北，对哲学、政治、实业、教育、文化等各个方面发表见解，宣传自己的思想。在当时的各大报纸杂志上，人们时常发现两人讲演的文字记录出现在同一份报纸上，甚至在同一版面，这在当时本身已经是“百花齐放，百家争鸣”的中国知识界，构成了一道亮丽的风景，他们的讲演也为当时渴望新知识、新思想的中国知识分子提供了两份学术大餐。

在开始研究“罗素与中国”这一课题前，我们先考察杜威的中国之行，以及他两年多对新文化运动时期中国社会的观察和思考。通过比较杜威和罗素的访华经历，阐明二人给中国的现代化改革方案的差异和共同之处，以及他们在中国迥异的命运。

受学生胡适、蒋梦麟和陶行知等人的邀请，美国学者、哥伦比亚大学教授杜威来到中国。从1919年4月30日踏上中国的土地，到1921年7月24日离华，杜威在中国访学近两年三个月，足迹遍及中国大江南北，在北京、上海、天津三个城市，以及辽宁、河北、山西、山东等十一个省做了两百多场演讲。

在诸多的演讲中，最著名的是他在教育部礼堂、清华大学、北京高等师范学校等地所作的“五大讲演”，即《社会与政治哲学》演讲十六次，《教育哲学》演讲十六次，《伦理学讲演纪略》演讲十五次，《思想之派别》演讲八次，以及《现代的三个哲学家》演讲三次。这些演讲都一一记录在案，并同时发表在《新潮》《晨报》等报纸杂志上。

另外，中国各地的报纸杂志也对杜威的讲演活动做了及时和充分的报道，《新教育》杂志出版了“杜威专号”，《平民教育》杂志出版了“欢迎杜威博士专号”，《每周评论》将第26和27号专门汇编为“杜威讲演录”专辑。1920年8月，北京晨报社还将杜威著名的“五大讲演”汇编成书，以《杜威五大讲演》的书名出版①。这本书风行新文化运动时期的知识界，在1921年7月杜威离华前就印行了十多次，可见杜威这位外国学者在当时中国社会，特别是中国知识界所产生的轰动效应。此后该书不断再版，每版的印数都是一万册，可以想见杜威离华后依然对中国产生着深远的影响。

杜威离华前，胡适在《东方杂志》上发表《杜威先生与中国》一文指出，自从中西文化接触以来，“没有一个外国学者在中国思想界的影响有杜威先生这样大的”，甚至认为在将来几十年中，未必有个别西洋学者能超过其在中国的影响。在文章结尾，胡适还预言：“杜威先生虽去，他的影响仍旧久久存在”，将来在中国社会还要“开更灿烂的花，结更丰盛的果”②。美国学者本杰明·I. 施瓦茨（Benjamin I. Schwartz）曾对杜威的中国之行这样评价：“在20世纪中国的学术史上，约翰·杜威与现代中国的交往是最引人入胜的片段之一。”③

总体看来，由于弟子们精心周到的安排和不遗余力的宣传，杜威两

---

① 此外，还有1919年新学社出版的《杜威在华讲演集》，1921年上海泰东图书公司出版的《杜威三大演讲》，1922年商务印书馆出版的《平民主义与教育》，1935年上海大新书局出版的《教育哲学》。参见单中惠：《杜威教育思想与近代中国教育》，见《纪念〈教育史研究〉创刊二十周年论文集》(21)，2009年，第2052页。

② 胡适：《杜威先生与中国》，见《东方杂志》第18卷第13号，1921年7月10日。

③ Benjamin I. Schwartz, Forward, in Barry Keenan, *The Dewey Experiment in China: Educational Reform and Political Power in the Early Republic*, Massachusetts: Harvard University Press, 1977.

年多的访华之行无疑是成功的。杜威离华前，美国发行的《中国学生月刊》（*Chinese Students Monthly*）曾发表一文描述他来华给中国社会带来的狂热："杜威先生在中国的行程是非常成功的。从他抵达中国到现在，所到之处都受到了热烈的欢迎。"①

早于罗素一年多来到中国的杜威同中国的知识界有哪些交往、际遇和对话？他的访华之行给中国带来了哪些影响？杜氏的思想是否如胡适所预言那样，在中国开出更灿烂的花，结出更丰盛的果？带着这些问题，我们来回顾和考察杜威的中国之行。

一、杜威眼中的中国

杜威于 1919 年 4 月 30 日抵华，在华期间目睹了新文化运动时期中国政治、社会、思想和文化的剧烈变化。

杜威在给女儿的信中这样描述中国："这是一个奇怪的国家。所谓共和政体，是一个笑话……但从某些方面说来，他们却比我们有更多的民主。撇开妇女不说，他们有完全的社会平等。而且一方面立法机关完全莫名其妙，但是另一方面，当舆论像目前这样真正表达出来的时候，它却有显著的影响。"②

杜威夫妇对五四运动表示了极大的兴趣和关切，他在演讲中也谈到："我到中国是五月初一，正与中国学生运动同时，所以脑子背后时

① Barry Keenan, *The Dewey Experiment in China: Educational Reform and Political Power in the Early Republic*, Massachusetts: Harvard University Press, 1977, p. 34.

② John Dewey & Alice Chipman Dewey, ed. Evelyn Dewey, *Letters from China and Japan*, New York: E. P. Dutton & Company, 1920, pp. 228–229.

时有一个学生运动的影子。讲演中虽然不是处处说到，但却处处想到。"①可见杜威对五四运动的关注。

杜威对中国的了解虽然受到胡适等人的影响，但对中国问题他有自己独特的看法。他认为新文化运动"表现出来的只是感情而非一种观念，伴随它的也是出格与混乱，以及那些未经消化的西方科学与思想的大杂烩。感情毕竟是感情，它能比较容易地激起关心国家的抱负与忧虑，但却很难保证对那些复杂而具建设性操作计划的理解与赞同"②。另外，杜威主张中国的社会改革必须从根本的思想观念入手，才能真正实现社会的改造和转变。

杜威通过在中国的巡回演讲，对中国的经济落后的状况有了亲身的体会，也对中国经济问题有了自己的观察和思考。1921年春，杜威在福建、广东等地讲演时，发现中国交通极为不便。随后他指出，中国各个省份之间时常断绝的原因，大半是由于交通事业不发达。中国交通的落后不仅仅造成各地之间交流困难，不能互通消息，而且极大影响了中国政治、工业和文化的发展。在题为《南游心影》的演讲中，杜威谈到："交通不便的影响，不惟使旅客有行路难之叹，并且及于政治上、工业、智识等项。"③

除了交通不便之外，杜威看到中国能源业不发达，铁矿闲置，煤、油欠缺，也严重影响中国工业的发展。另外，他看到了中国经济对日本

---

① 〔美〕约翰·杜威：《教育哲学》(北京)，原载北京晨报社编：《杜威五大讲演》，1920年，见袁刚、孙家祥、任丙强编：《民治主义与现代社会：杜威在华讲演集》，北京大学出版社，2004年，第481页。

② 张宝贵编著：《杜威与中国》，河北人民出版社，2001年，第35页。

③ 〔美〕约翰·杜威：《南游心影》，淑兰笔记，原载《晨报》1921年6月19日，见袁刚、孙家祥、任丙强编：《民治主义与现代社会：杜威在华讲演集》，北京大学出版社，2004年，第640页。

的严重依赖性。日本攫取了中国矿藏的百分之八十，使中国在发展诸如钢铁等关键性产业上不得不仰人鼻息。

此外，杜威也看到中国工人工作、生活条件恶劣，缺乏劳动保障。他在演讲中指出，中国社会大部分人的生活程度是很艰苦的。“费人力很多，然而所得的工资甚少，很难超出水平线上。”①

杜威在华期间，目睹了五四新文化运动从发展到高潮的过程，对中国知识界守旧派和激进派对立的文化立场表示担忧。杜威在协和大学讲演时指出：“我自从来到中国，感着中国有两派的人，都向着极端走，一是新派，一是旧派。”② 杜威认为守旧派和趋新派各走极端，“守旧派只晓得盲从古人，趋新派往往喜为不负责任的言论”，因此，“社会上不但没有进步，反而呈现紊乱的现象”③。“社会上有此二派互相争竞倾轧，使新旧文化无复有融会之一日，又安能达改造之目的？”④ 此时，杜威已经敏锐地观察到新文化时期中国盲目引进西洋文化给中国社会和思想界带来的混乱。“东方所得的西洋文化，好处不如坏处，益处不如

① 〔美〕约翰·杜威：《社会之要素》，原载张静庐编：《杜威、罗素演讲录合刊》，上海泰东图书局，1921年，见袁刚、孙家祥、任丙强编：《民治主义与现代社会：杜威在华讲演集》，北京大学出版社，2004年，第140页。

② 〔美〕约翰·杜威：《在协和大学讲演者》，林和美译，见福建省教育厅编：《杜威在闽讲演录》，1922年，第95页。

③ 〔美〕约翰·杜威：《试验主义》，沈同文、沈宗璜、方腾农笔述，原载《民国日报》副刊《觉悟》，1920年7月16日，见袁刚、孙家祥、任丙强编：《民治主义与现代社会：杜威在华讲演集》，北京大学出版社，2004年，第274页。

④ 〔美〕约翰·杜威：《习惯与思想》，原载《晨报》1920年6月30日、7月1日，见袁刚、孙家祥、任丙强编：《民治主义与现代社会：杜威在华讲演集》，北京大学出版社，2004年，第550页。

害处，道德经验各方面已经起了纷乱的现象。”①

一方面，杜威反对守旧派的“固执”和“守旧”，即“笃守旧习，对于新思潮全持反对态度”，认为他们“万万不能再用长城去抵拒”西洋文化了，因为“原来新文化的发生，是由人类进化的精神，推演出来，这精神的发展，已经成为潮流，他的势力非常伟大，给他抵抗，不但无效，并且要大大的牺牲”。②

另一方面，杜威也反对趋新派的“盲从”和“一味维新”，即“对于新思潮之来，不加详察，漫为采纳”。他认为这也有很多流弊，因为“社会风俗习惯，都有他成立的理由，所以能够保存到今”。如今杜威看到维新派对旧事物一概反对，全部抛弃。比如他看到新文化运动的学生到一个地方首先就是拆毁神庙，对诸如此类的行动，他批评到：“只此举动，便是属于一时的感情冲动，不是出于智识的主张；结果是破坏的，不是改造的。”同时，他观察到五四运动以后，这种倾向更加走向极端化。他提醒：“今日中国是要改造，不是要破坏。”故而，杜威认为当前中国最重要的问题，是“新旧两派的调和”。③

杜威认为中国很多问题的根源是教育没有得到普及，大多数人民智识不足。“中国所以致弱的病源，就在人民智识不足，不知四分五裂的

---

① 〔美〕约翰・杜威：《教育哲学》（北京），原载北京晨报社编：《杜威五大讲演》，1920 年，见袁刚、孙家祥、任丙强编：《民治主义与现代社会：杜威在华讲演集》，北京大学出版社，2004 年，第 431 页。

② 〔美〕约翰・杜威：《在协和大学讲演者》，林和美译，见福建省教育厅编：《杜威在闽讲演录》，1922 年，第 95 页。

③ 〔美〕约翰・杜威：《在协和大学讲演者》，林和美译，见福建省教育厅编：《杜威在闽讲演录》，1922 年，第 95 页。

害处，对于国事也绝对不过问，所以不能团结。”① 另外，杜威也指出国家教育不普及，将会造成“少数人垄断多数人”，从而对国家实现民主造成危害。因为“只注重高等教育不注重普及教育，群众因而没有知识，所以容易被少数人愚弄”。② 若大多数人受过普及教育，有知识有能力，明白事理，便可阻止少部分人利用群众达到自私自利的目的。

在当时中国急需普及教育的情况下，政府却没有财力发展教育。杜威通过在中国巡回演讲的考察，看到在福建、安徽、武昌、北京等地中国官办学校受政治、经济条件限制，不能按照自己的规划办学，导致很多官立学校停办，学生因而不得不进入教会学校学习。他也了解到中国自从军政日益扩充以来，地方的大宗款项多用于军政，以致不得不缩减教育经费。他指出，“据各省的情况观察，军费与教育费的比较，差不多成八与一，至二十与一之比例”。③

杜威也因个人主义在中国引起混乱的现象而感到忧虑。“中国现在的扰乱现象，也无非是从个人的趋势而来，就是因为各个人都去要求自由，要求较大的自由——如自由选择职业，自由选择终身伴侣，这种势力不一定完全生出好的结果……个人主义所生的不好的结果，往往自私

---

① 〔美〕约翰·杜威：《社会之要素》，原载张静庐编：《杜威、罗素演讲录合刊》，上海泰东图书局，1921 年，见见袁刚、孙家祥、任丙强编：《民治主义与现代社会：杜威在华讲演集》，北京大学出版社，2004 年，第 138 页。

② 〔美〕约翰·杜威：《社会之要素》，原载张静庐编：《杜威、罗素演讲录合刊》，上海泰东图书局，1921 年，见袁刚、孙家祥、任丙强编：《民治主义与现代社会：杜威在华讲演集》，北京大学出版社，2004 年，第 144 页。

③ 〔美〕约翰·杜威：《南游心影》，淑兰笔记，原载《晨报》1921 年 6 月 19 日，见袁刚、孙家祥、任丙强编：《民治主义与现代社会：杜威在华讲演集》，北京大学出版社，2004 年，第 641 页。

自利，不顾他人幸福。”①他寄希望于学校教育能够对个人主义加以引导。

二、 杜威的中国社会改造方案

杜威在华访学两年多期间，对中国的社会、政治、经济、文化和教育状况都有了较为全面的考察。他在华期间和离华后也撰写了大量关于中国政治、经济和社会状况的文章，如《中国人的民族情绪》《中国政治的新酵母》《中国的政治动乱》《工业的中国》《中国是一个民族吗》等，从不同角度探索了中国的政治、经济和社会问题，阐述了中国的当务之急——稳定的中央集权政府、全国统一的货币体系、统一的交通运输系统等等。

同时，他在华发表的讲演中也先后给出了中国在不同领域进行改革的建议。在政治方面，杜威主张实行社会民主主义。在经济方面，他主张一面利用国家干预控制经济命脉，一面利用行业公会自治促进经济发展，他给中国的经济发展建议兼取了国家干预和行会自治优点的新自由主义经济发展方案。另外，他还主张大力发展交通运输业，使广大的国家在地理上联结统一起来，为政治、实业和文化发展铺平道路。

在文化方面，他既反对守旧派笃守旧习，盲目排外，又反对趋新派抛弃中国的传统而盲目输入西方文化，主张融合新旧文化和东西文化，鼓励中国创造一种新的文明贡献于世界。在教育方面，他认为应当普及

① 〔美〕约翰·杜威：《社会之要素》，原载张静庐编：《杜威、罗素演讲录合刊》，上海泰东图书局，1921 年，见袁刚、孙家祥、任丙强编：《民治主义与现代社会：杜威在华讲演集》，北京大学出版社，2004 年，第 138 页。

教育，增加人民智识，增强国民的凝聚力和团结力。在语言方面，他主张统一语言文字，养成社会共同生活的观念，从而有助于建构民族国家。整体上来看，杜威为中国设计了一幅实现工业化、民主化，民族国家统一的现代化蓝图。

三、 杜威与罗素对中国的相似观察和迥异命运

实际上，20 世纪 20 年代前后的五四新文化运动的大背景是“民族—国家”（nation-state）的建立。学者李欧梵也指出，民族国家的概念不仅有政治上的含义，“在政府和主权建立之前还需要经过一个文化上的想像过程”，即“先有文化和社会的空间，由此促成现代性新知识的传播，然后才产生政治上民族国家的具体制度”。[①]

值得注意的是，杜威和罗素都看到了这种集体想象的重要性，比较他们给中国实现现代化的改革方案，会发现很多相似之处。在政治方面，他们都倡导国家主义和民主观念，主张建立统一的民族国家；在经济方面，两人都支持大力发展交通运输业，电报电话等通讯行业，以及广播报刊等新闻媒体行业，为国家在物质上联结创造条件；在文化方面，他们都希望中国能够在保持文明的传统价值的基础上革新，融合中西文化，创造新文明贡献于世界；在教育方面，他们力主普及教育，统一语言文字，增强国民的凝聚力和团结力，培养民族精神，为实现民主做准备，为国家在精神上联结创造条件。

中国之行对两位思想家的个人和学术发展都带来了新的启迪和契

① 李欧梵：《文化与社会：五四运动的反思》，见《未完成的现代性》，北京大学出版社，2005 年，第 27 页。

机，中国也成为除其祖国外，他们最关注的国家。他们对中国的观察，有着非常相似的看法；关于中国的改造方案也给出了类似的建议。

然而，两人在中国的境遇却迥然不同：罗素在中国发表的言论引发了中国思想界诸多场争论，而杜威由于其学生的竭力宣传阐释和周密安排，似乎得到了更多的鲜花和掌声。学者张宝贵指出，由于杜威在中国有很多杰出的弟子，他们在中国有着重要地位，另外在宣传其老师教育理念方面也竭尽全力。①

伍启元在《中国新文化运动概观》这本较早对新文化运动进行系统研究的书中指出，杜威和罗素来华给中国的贡献恰恰相反。“凡是主张西洋文化的，多是赫胥黎和杜威的信徒，凡是主张东方文化的，必是受罗素的影响。所以杜氏来中国，把西方文化的宝贝——‘赛恩斯’——送给我们；罗氏来中国，却叫我们不要忘记我们自己文化的宝贝。他们的贡献是相反的。”与带来西方科学思想的杜威不同，罗素在中国“最大的影响，不是他在哲学上的主张，却是他对中国文化的赞扬”②。

实际上，罗素赞扬中国文化的同时，也指出中国要向西方学习科学知识，来发展教育和实业。而杜威在倡导中国输入西方文化的同时，也希望能够保留传统文化中有价值的部分。笔者认为，因为种种原因，比如胡适为新文化运动的目的，有可能在翻译杜威讲演过程中对其观点的有意曲解。而罗素发表的言论被国粹派借用，引发中西文化论战，在知识界形成了某种误解。两位西方大哲在中国经历了迥然不同的命运。

① 张宝贵编著：《杜威与中国》，河北人民出版社，2001 年，第 56 页。

② 伍启元：《中国新文化运动概观》，黄山书社，2008 年，第 40 页。

第四节 学术史回顾与现状评述

从20世纪20年代罗素来华后，罗素的大多数著作和自传都有了中译本。不管是他的文化观、教育思想和政治思想，还是逻辑学和分析哲学，国内对罗素的研究都日益深入。就“罗素与中国”的研究课题而言，可以大致总结为如下几个时期：

第一个时期是20世纪20—40年代。实际上，在1920年10月罗素来华前就已经声名远播了，中国知识界广泛翻译、介绍罗素的著作[①]，他关于社会改造思想的论著《社会改造原理》《政治理想》《到自由之路》等已译为中文并出版，或翻译、摘要部分章节发表在报纸杂志上[②]。在华期间，“罗素热”风靡全国，报纸杂志如《晨报》《申报》《新青年》《民国日报》《东方杂志》等纷纷刊载罗素的讲演录，出版社

① 参见〔英〕罗素：《哲学之价值》，张申府译，见《晨报》1919年10月2日；张申府：《罗素与人口问题》，见《新青年》第7卷第4号，1920年3月；高一涵：《罗素的社会哲学》，见《新青年》第7卷第5号，1920年4月；张申府：《罗素》，见《新青年》第8卷第2号，1920年10月；〔英〕罗素：《哲学里的科学方法》《梦与事实》《民主与革命》，张申府译，见《新青年》第8卷第2-3号，1920年10月；〔英〕罗素：《工作与报酬》，黄凌霜译，见《新青年》第8卷第2号，1920年10月；〔英〕罗素：《游俄之感想》，沈雁冰译，见《新青年》第8卷第2号，1920年10月。

② 参见〔英〕Bertrand Russell：《政治理想》，刘衡如、吴蔚人译，中华书局，1920年；〔英〕罗素：《社会改造原理》，余家菊译，晨报社，1920年；傅铜、程振基：《罗素之向“自由之路”摘要》，程铸新：《罗素著的“政治理想”摘要》，见《改造》1920年第3卷第2号“社会主义讨论”专栏。

也很快将讲演录结集出版。[①] 罗素离华后，国内知识界对罗素思想的研究如火如荼，翻译了《中国之问题》《工业文明之将来》《教育与群治》等罗素的重要论著[②]，以及《罗素的社会思想与中国》[③] 等国外对罗素访华的评论和研究。另外，还摘译了罗素的文章和著作，将他最新的哲学和社会思想介绍到中国，比如何思源的《布尔塞维克主义》，张申府的《罗素先生之哲学》《罗素论西洋文明》，傅铜的《罗素的创而不有主义》[④] 等。大成老旧刊数据库显示，1920—1949 年近 30 年间，与罗素及其著作相关的文章，有近 200 篇。这一时期的重要学术成果应数张申府的《罗素哲学译述集》，该书收入了五四运动以来至 40 年代，张申府评述、翻译罗素哲学的多篇文章。张岱年在序言中指出，“三十年代，

---

① 商务印书馆于 1922 年出版了罗素讲演录（共四册）：《哲学问题》（罗素讲演录之一，瞿世英笔记）、《经济状况及政治思想》（罗素讲演录之二，伏庐笔记）、《物的分析》（罗素讲演录之三，任鸿隽、赵元任笔记）、《社会结构学》（罗素讲演录之四，伏庐笔记）。其他出版的演讲集还包括：《罗素及勃拉克讲演集》北京惟一日报社，1921 年；《罗素、勃拉克讲演合刊》，成平编，北京新知书社，1921 年。

② 仅在罗素访华前后，上海商务印书馆曾在《共学社丛书》里列有“罗素丛书”共有 5 种，如《哲学中的科学方法》（王星拱译，1921 年）、《算理哲学》（傅钟孙等译，1923 年）、《政治理想》（程振基译，1921 年）、《战时之正义》（郑太朴译，1921 年）及《德国社会民主党》（陈与漪译，1922 年）。其他译著如东方杂志社编，《罗素论文集（上、下）》，杨端六、胡愈之等译，1923 年；〔英〕Bertrand Russell：《中国之问题》，赵文锐译，中华书局，1924 年；〔英〕罗素：《工业文明之将来》，高佩琅译，上海太平洋书店，1929 年；〔英〕罗素：《我的信仰》，何道生译，商务印书馆，1926 年；〔英〕Bertrand Russell：《教育与群治》，赵演译，商务印书馆，1935 年。

③ 〔日〕长谷川如是闲：《罗素的社会思想与中国》，刘叔琴译，见《东方杂志》第 23 卷第 13 号，1926 年 7 月。

④ 何思源：《布尔塞维克主义》，见《新潮》第 3 卷第 2 号，“1920 年世界名著介绍特号”，国立北京大学出版，1922 年 3 月，第 105-112 页；张申府：《罗素先生之哲学》，见《中大季刊》，1926 年 3 月；张申府：《罗素论西洋文明》，见《清华周刊》第 38 卷第 7-8 期，1932 年。傅铜：《罗素的创而不有主义》，见《哲学》第 1 期，1921 年 5 月。《罗素之〈中国的往自由之路〉》，傅铜译，见《哲学》第 3 期，1921 年 9 月。

申府关于罗素哲学与辩证唯物主义哲学的评述，在中国现代哲学史上具有一定的重要意义……这些文章可以说是近代中国评介西方哲学的重要文献”[①]。尽管这个时期国家社会动荡，人民处于反帝反封，争取民族独立和解放战争的水深火热之中，中国知识界依然持续关注罗素的哲学和思想动态。

第二个时期是50—80年代，国内学术界对本研究课题的关注相对较少，多在论述中国新文化运动时期的社会主义争论时会附带提及罗素。甚至有一些论著对罗素及其哲学持批判和否定的态度，认为罗素是中国新文化运动的破坏者，批判罗素哲学在政治和思想上的反动性[②]。而金岳霖的《罗素哲学》一书则是这一时期研究罗素的重要学术论著，是“中国当代的一位杰出哲学家对西方当代的一位杰出哲学家的评论”[③]，为研究罗素哲学和金岳霖哲学提供了参考，也反映了罗素对金岳霖的影响。此外，这一时期罗素的部分论著得到了翻译或重译，如《心的分析》《哲学问题》《自由之路——社会主义、无政府主义和工团主义》《社会改造原理》《人类有前途吗?》[④] 等。

第三个时期是90年代后，实际上，“罗素与中国”的课题从90年代才开始重新被学界关注。一方面，罗素的自传和重要论著相继得到翻译或再译，罗素在华演讲和相关报道得到整理和编校；另一方面，从不

---

① 张岱年：《序》，见张申府：《罗素哲学译述集》，教育科学出版社，1989年，第v页。

② 阴法鲁：《胡适、杜威、罗素是怎样开始破坏中国的新文化运动的?》，见《新华月报》，1955年第4期。朱宝昌：《分析批判罗素哲学的纯客观主义态度》，上海人民出版社，1957年。

③ 冯契：《跋》，见金岳霖：《罗素哲学》，上海人民出版社，1988年，第290页。

④ 参见〔英〕罗素：《心的分析》，李季译，中华书局，1958年；〔英〕罗素：《哲学问题》，何明译，商务印书馆，1959年；〔英〕罗素：《自由之路——社会主义、无政府主义和工团主义》，何新译，商务印书馆，1959年；〔英〕罗素：《社会改造原理》，张师竹译，上海人民出版社，1959年；〔英〕罗素：《人类有前途吗?》，吴忆萱译，商务印书馆，1964年。

同层面和角度探讨罗素访华的相关研究论文和论著纷纷涌现，内容涉及罗素的访华缘由、中西文化观、社会主义思想，演讲引发的社会主义论战和中西文化之争，中国社会改造和发展的建议，以及他与中国知识界的学者和文化名人的交往和影响等。此阶段的研究成果丰硕，较之前的研究也更客观、深入，视野更广阔、全面，在国内学术界形成了一股“罗素与中国”研究的小浪潮。

从时间角度来看，先前的成果里大多数都将研究范围集中在1920年10月至1921年7月罗素在华期间，对他在华演讲的经历、引起的风波和当时所造成的影响展开分析。它们大体上可以分为几类：

第一类成果重在梳理罗素访华史料，探讨罗素的中国之行，包括对罗素在华期间的演讲内容及访华行程进行的收集、整理和考释。2000年后，多本图书梳理并编校了相关历史文献，整理了罗素在华演讲和相关报道，如沈益洪编的《罗素谈中国》(2001年)、袁刚等编的《中国到自由之路——罗素在华讲演集》(2004年)、曹元勇编的《通往自由之路——罗素在中国》(2009年)等①。这些书除收录了罗素著名的“五大讲演”(《哲学问题》《心之分析》《物之分析》《数理逻辑》《社会结构学》)，以及散落在当时报刊和书籍罗素在北京、上海、湖南等地做的讲演之外，还搜集了罗素在华时和离华后五四文化名人到当今学者的重要评论文章，为研究罗素的中国观以及中国对罗素的认识过程提供了珍贵的史料。

第二类研究主要关注罗素的中西文化观以及罗素眼中的中国问题。

① 参见沈益洪编：《罗素谈中国》，浙江文艺出版社，2001年。袁刚、孙家祥、任丙强编：《中国到自由之路——罗素在华讲演集》，北京大学出版社，2004年。曹元勇编：《通往自由之路——罗素在中国》，南昌：江西高校出版社，2009年。

《罗素的中国文化观》《罗素对中国文化的评价及其影响》① 等研究成果认为，罗素访华促使中西文化之争升温的同时，他也给中国带来了新的科学、哲学和方法，以及新的伦理道德思想；罗素是以一种深刻的历史感与全球意识来看待中国文化的，他对中国文化和教育问题的分析客观，给人以启示。《论罗素的中西文化观》② 一文从价值取向、宗教信仰、性格品质和教育传统四个方面对罗素眼中的中西文化进行了分析比较。《罗素〈中国问题〉解读》③ 则从文字问题、儒学问题、科考问题和中西文化对比视角探讨了中国之根本问题——文化问题，作者认为《中国问题》的主旨是探讨中西文化的差异和短长，以及相互借鉴、共同繁荣的可能。《罗素论中国》④ 以时间为经，以政治、经济、文化为纬，概括阐述了罗素对中国问题的见解。

第三类论著侧重从社会改造层面探讨“罗素与中国”课题，主要考察罗素的社会主义思想，给中国社会和政治改造的建议等。浙江大学高力克的《五四的思想世界》第十三章《罗素的社会主义方案》，浙江工业大学杨逢银的《析杜威和罗素的中国近代化方案》，以及王彬彬的《社会主义论争与中国共产党的诞生——兼论社会主义论争中的罗素》⑤

① 胡玉海、王海晨：《罗素的中国文化观》，见《辽宁大学学报》（哲学社会科学版），1998 年第 5 期；周红安、张彩云：《罗素对中国文化的评价及其影响》，见《安庆师范学院学报》（社会科学版），2002 年第 4 期。

② 刘敏、陆卫明：《论罗素的中西文化观》，见《理论导刊》，2005 年第 11 期。

③ 姚小平：《罗素〈中国问题〉解读》，见《中华读书报》，2004 年 6 月 2 日，第 16 版。

④ 陈光俊：《罗素论中国》，见《玉溪师范学院学报》，1998 年第 3 期 。

⑤ 高力克：《罗素的社会主义方案》，见《五四的思想世界》，学林出版社，2003 年，第 248-262 页；杨逢银：《析杜威和罗素的中国近代化方案》，见《江淮论坛》，2002 年第 4 期；王彬彬：《社会主义论争与中国共产党的诞生——兼论社会主义论争中的罗素》，见《浙江省暨华东六省一市党史系统纪念建党八十周年学术讨论会论文集》，2001 年，第 154-163 页。

等研究成果从不同视角审视罗素给中国的发展道路设计。

高力克认为罗素在临别演讲中所倡导的“国家社会主义”是他在东方历史语境中对社会主义问题的新思考，他期待中国走一条避免苏俄式集权制度，而通往自由民主的社会主义道路。作者认为罗素试图调和社会主义与自由主义的中国社会主义方案有其内在的矛盾和困境，由集权式社会主义工业化向自由民主政治转化的方案，缺乏制度性的考量，这些观点具有启发意义。

杨逢银从分析社会主义争论中的罗素出发，来重新认识社会主义论争与中国共产党诞生之间的关系。作者认为罗素在社会主义争论中的思想特别是“走俄国人道路”的思想，是建党时期一个西方思想家与中国风起云涌的社会思潮相结合的产物，在当时中国有一定的先进性和前瞻性。

王彬彬对比了罗素和杜威的中国现代化的改革方案设计，两人给中国的经济发展方案的共同点是主张中国走国家主导型的非西方的经济发展道路；不同点在于，杜威的方案兼取以国家保障社会福利和以行会自治促进企业自由发展的新自由主义的经济发展模式，而罗素给中国的是一种集权式的国家社会主义模式。

第四类研究主要关注罗素与现代中国哲学之间关系。美国加州州立科技大学丁子江的《罗素与分析哲学——现代西方主导思潮的再审思》① 一书较为系统深入地研究了罗素的哲学思想与分析哲学，尤其是他对西方20世纪分析哲学运动的独特贡献。第十章《罗素分析方法对中国哲人的重要影响》重点探讨了罗素的分析哲学对金岳霖、冯友兰、张申府、洪谦、唐君毅、牟宗三等人的影响。

---

① 丁子江：《罗素与分析哲学——现代西方主导思潮的再审思》，北京大学出版社，2016年。

北京大学胡军的专著《分析哲学在中国》和研究文章《罗素哲学在中国》[①] 认为，罗素来华时20年代的中国社会总的来说还没有能使罗素哲学开花和结果的土壤，因为当时中国知识分子真正感兴趣的是他的社会政治思想。但罗素来华讲学却是促进分析哲学在中国流传的一条主渠道。到了30年代，一批学者如金岳霖、冯友兰等人都主张以逻辑分析方法从事哲学研究，罗素的分析哲学才逐渐在中国的哲学界生根。罗素哲学在当时虽然没有像杜威那样在中国社会形成一个广泛影响的社会思潮，但从分析哲学及其逻辑分析方法在中国传播的角度看，罗素对于哲学性质和哲学方法的看法在中国哲学界的影响是其他的西方哲学家无法相比的。罗素哲学在中国的影响，并没有因为他的离华而消减。罗素来华讲学的影响是广泛而持久的。

华东师范大学顾红亮的《论梁漱溟对罗素哲学的儒化》一文把罗素哲学放在现代新儒学的语境中加以考察，探究罗素哲学对梁漱溟新儒学的影响和梁漱溟对罗素哲学的儒化。在梁漱溟批判吸收罗素哲学的努力下，罗素的冲动说和灵性说构成了现代新儒学的内在环节，融入了现代中国哲学的话语体系。这篇研究成果的价值在于把罗素的《社会改造原理》一书纳入讨论的范围，研究新儒家梁漱溟如何儒化罗素哲学，罗素的社会改造原理以某种特别的方式进入现代中国哲学史和思想史的内部，进入哲学史和思想史的“主角”之中。这也从一个侧面看到了罗素哲学在现代中国的多重影响，在一定程度上改变了我们把罗素当作在中国现代哲学史上一位匆匆过客的看法。文章的结论让人深思：“我们在观察某种外来思想观念在本土的影响力的时候，不能仅仅注意这种思想

---

① 胡军：《分析哲学在中国》，首都师范大学出版社，2002年；胡军：《罗素哲学在中国》，见陈波编：《分析哲学——回顾与反省》，四川教育出版社，2001年，第360-375页。

观念的外在表现，例如，它是否引发了轰轰烈烈的社会运动，而更要注意的是，它以何种隐微的方式进入思想史和哲学史，进入更为持久的思想世界的深处。”①

第五类侧重研究罗素与中国的互动和相互影响，包括罗素与中国知识界学者和文化名人的交往，探讨罗素与当时中国思想界的关系，罗素对中国知识界的影响，以及罗素与其他外国学者的访华经历的比较和对比。

丁子江的《罗素与中华文化——东西方思想的一场直接对话》② 一书主要侧重从罗素与中华文化互动的视角，在对罗素访华及其与中国思想界对话的评述中，较全面深入地探讨了这位大哲与当时中国各界精英在思想文化领域的互动关系，并探讨了罗素浓厚中国情结的前因后果。丁子江的《罗素——所有哲学的哲学家》③ 第四章《东方文化的知者》从罗素引用庄子的寓言开始，剖析了罗素的中华文化观和中国重建观。第五章《两位大哲的对比》从哲学、教育、社会政治思想等方面，比较了罗素的“贵族主义”“分析主义”“浪漫主义”“激进主义”与杜威的“大众主义”“综合主义”“现实主义”“保守主义”对当时中国社会的不同影响。作者认为 20 世纪 20 年代的中国经历了一个“杜威化”与“罗素化”的交叉过程，丁子江从不同领域入手分析对比两位大哲对中国的影响，有一定的启发性。

上海社会科学院马丽雅的《中国道路的西方视角——20 世纪西方思想家的中国观研究》④一书选择了 20 世纪非常重要的四位西方思想家

---

① 顾红亮：《论梁漱溟对罗素哲学的儒化》，见《学术月刊》，2015 年第 4 期。

② 丁子江：《罗素与中华文化——东西方思想的一场直接对话》，北京大学出版社，2015 年。

③ 丁子江：《罗素——所有哲学的哲学家》，九州出版社，2012 年。

④ 马丽雅：《中国道路的西方视角——20 世纪西方思想家的中国观研究》，学林出版社，2018 年。

杜威、罗素、萨特和哈贝马斯，研究和对比西方眼中的中国道路，该书第三章《英国人罗素：对中国问题的观察和回答》从罗素来华行程、中国文化观及对中国改革道路建议等方面阐述罗素眼中的中国通往自由之路。

北京师范大学郑师渠的《五四前后外国名哲来华讲学与中国思想界的变动》[①] 分析了从 1919 年到 1924 年期间，杜威、罗素、泰戈尔、杜里舒、萧伯纳这五位外国名哲来华讲学促进了中国思想界的分化与演进。其中，他指出五四后新文化运动最终走向了“以俄为师”的社会主义，这明显是打上了罗素讲学的印记，而罗素受中国思想界的影响，对自己的观点和学说也有所修正，他指出这反映了外国学者来华讲学与中国思想界的互动。这篇文章无疑是具有启发意义的。

另外，罗素与中国的相互影响研究中的一部分研究成果关注罗素与中国文化名人交往。《罗素来湘讲学与青年毛泽东》《似应提到张申府》《胡适与罗素》《林语堂与罗素》《徐志摩与罗素的交游及其所受影响》《杨端六与罗素——从罗素长沙讲学说起》《东西方文化的“合流”与“互惠”——赵元任译学文化观研究》《罗素对周作人“非宗教”思想的影响》《梁敬錞之〈与罗素同船之一封书〉读解》[②] 等文章考察了罗

① 郑师渠：《五四前后外国明哲来华讲学与中国思想界的变动》，见《近代史研究》，2012 年第 2 期。

② 参见莫质斌：《罗素来湘讲学与青年毛泽东》，见《湖南社会科学》，1990 年第 2 期；何兆武：《似应提到张申府》，见《读书》，1996 年第 6 期；史云波：《胡适与罗素》，见《安徽史学》，1998 年第 4 期；王兆胜：《林语堂与罗素》，见《山东社会科学》，2003 年第 5 期；刘洪涛：《徐志摩与罗素的交游及其所受影响》，见《浙江大学学报》(人文社会科学版)，2006 年第 6 期；陈友良：《杨端六与罗素——从罗素长沙讲学说起》，见《史学月刊》，2007 年第 5 期；朱江：《东西方文化的“合流”与“互惠”——赵元任译学文化观研究》，见《常州工学院学报》(社科版)，2011 年第 4 期；哈迎飞：《罗素对周作人“非宗教”思想的影响》，见《广东社会科学》，2008 年第 1 期；王伟凯：《梁敬錞之〈与罗素同船之一封书〉读解》，见《社会科学论坛》(学术评论卷)，2009 年第 2 期。

素在华及离华后与中国知识界毛泽东、胡适、林语堂、徐志摩、周作人、杨端六、赵元任等人的互动或影响。比如，史云波指出，胡适对罗素的讲学，始终没有表示出应有的热情，甚至还有讽刺和奚落，这与罗素对他的赏识，形成鲜明对照。胡适以美国现代文明为蓝本给中国的病症开了“西药”，而罗素饱尝了西方工业文明之苦后不愿中国重蹈欧美资本主义的覆辙，因此两人在文化选择和社会改造方面问题上存在着思想分歧，罗素的言论因为超前性而与五四主流思想存在较大距离，因而难以获得一些知识分子的认同和接受。这些观点具有一定启发性。

西方对罗素的研究起步早，成果也很丰富。但关于“罗素与中国”的课题，目前的研究成果还不是很多。较早的一项研究性成果是美国东北大学政治学系荣誉教授、哈佛大学费正清中国研究中心研究员苏珊娜·奥格登（Suzanne Ogden）1982 年发表在《现代亚洲研究》（*Modern Asian Studies*）上的一篇论文，题为《墨水瓶中的圣贤：罗素与中国 20 世纪 20 年代的社会改造》（The Sage in the Inkpot：Bertrand Russell and China's Social Reconstruction in the 1920s）①。这篇论文以西方人的眼光看待罗素的中国之行，探讨罗素的讲学活动对中国的直接影响。奥格登提出的一些观点仍有启发性，比如，她认为罗素在多大程度上给中国提出了新的问题和关切，是评价其中国之行的标尺。在中国现代思想史上，罗素扮演了各种论战、讨论和批评引发者的角色，这是他访华的历史重

---

① Suzanne P. Ogden, The Sage in the Inkpot: Bertrand Russell and China's Social Reconstruction in the 1920s, in *Modern Asian Studies*, Volume 16, Issue 04 (1982), pp. 529-600, Cambridge: Cambridge University Press.

要性所在。[①] 这种视角对看待罗素访华的影响无疑是有启发意义的。但稍显遗憾的是作者较少利用中文资料，对于中国知识界对罗素来华讲学的反应及其对20世纪二三十年代中国的影响的研究尚显不足。

美国普林斯顿大学东亚研究学者查尔斯·阿尔贡（Charles Argon）2015年在《伯特兰·罗素研究》(*The Journal of Bertrand Russell Studies*)上发表《〈中国问题〉：东方主义、“少年中国”和罗素的西方观众》(The Problem of China：Orientalism，“Young China”，and Russell's Western Audience）一文。他运用爱德华·W. 萨义德（Edward W. Said）的东方主义理论重新思考罗素的《中国问题》一书，并将它置于罗素其他有关中国的著述和当时中国知识分子对罗素来华反应的语境之中进行考察。

阿尔贡认为，罗素在中国问题上的观点与其说是对他在华旅行的分析，不如说是他先前的哲学思想和西方影响的一贯延续，而这些观点正是他的西方读者想要的。这位曾不断撰文“为中国请愿”的哲人虽然意识到了以西方为中心的东方主义的窠臼，却不可避免地复制了一些东方主义的刻板印象。罗素发表一系列关于中国的文章有两个目的，一是向西方读者解释中国，二是基于这个基础对西方社会提出批判。中国对于罗素来说是批判西方的出发点，这让中国问题的讨论再一次事关西方政治辩论，而不是中国的境遇本身。[②]

这篇研究文章的创新之处在于从萨义德的东方主义和西方读者的视

---

① Suzanne P. Ogden, The Sage in the Inkpot：Bertrand Russell and China's Social Reconstruction in the 1920s, in *Modern Asian Studies*, Volume 16, Issue 04 (1982), p. 597, Cambridge：Cambridge University Press.

② Charles Argon, The Problem of China：Orientalism, “Young China”, and Russell's Western Audience, in *The Journal of Bertrand Russell Studies*, Vol. 35 (2015)：Issue 2：Winter 2015, pp. 154-176, The Bertrand Russell Research Centre, McMaster University.

角来分析罗素在中国问题上发表的观点，将罗素访华放到东方主义和中国历史上的西方顾问更广阔历史语境中考察，这些发现有助于理解20世纪20年代西方对中国看法的来源。但笔者认为阿尔贡简单地把罗素的中国之行总结为“东方化”（orientalize）中国，而非“改变”中国；把《中国问题》一书成功的关键归因于再现了西方对中国的经典刻板印象而满足了西方读者的预期，这对罗素和罗素的中国之行的评价是有失偏颇的。罗素《中国问题》一书是基于他在华访学九个月对中国政治、经济、文化和教育领域的实地考察和思考，给中国社会改造提出的建议，他给中国描绘的现代化发展蓝图现在看来依然很有洞见和预见性。

加拿大麦克马斯特大学伯特兰·罗素编辑项目（Bertrand Russell Editorial Project）前主任路易斯·格林斯潘（Louis Greenspan）研究罗素思想数十年。2017年他在上海纽约大学发表题为《伯特兰·罗素眼中的安宁与革命：1920–1921年的中国》（Bertrand Russell on Serenity and Revolution：China 1920–21）的演讲中指出，罗素在华期间密切关注着知识界关于中国应该选择何种政治体制的激烈讨论，而他本人则对找到不同于西方资本主义和苏俄革命社会主义的“第三条路径”兴致盎然。另外，加拿大政治学者贝淡宁（Daniel A. Bell）提出的贤能政治①与罗素1921年提出的改造中国需要德才兼备“一万好人”有相通之处。②

日本学者牧野力（Tsutomu Makino）曾翻译过罗素的一些著作。他

① 山东大学政治学与公共管理学院院长、加拿大政治学者贝淡宁教授（Daniel A. Bell）2016年出版的《贤能政治：为什么尚贤制比选举民主制更适合中国》（*The China Model：Political Meritocracy and the Limits of Democracy*）一书（吴万伟译，中信出版社，2016年）提出，中国选贤任能的政治尚贤制有着深远的历史渊源，影响了过去几十年的社会变革，也比较适合面临复杂政治、社会和经济问题的大国。

② 参见林子人：《罗素谈“中国问题”是出于对中国真诚的理解还是对西方的批判?》，见《界面新闻》，2017年4月18日。

在1972年发表文章《罗素在中国和日本的影响》(Russell's Influence in China and Japan)[1] 中考察了罗素在中、日这两个亚洲国家的影响，认为罗素在中国的影响是潜移默化的和动态的。而罗素访日虽引人注目，但罗素的影响范围有限，原因在于日本人反思意识的局限性。美国《政治事务》(*Political Affairs*) 在线杂志主编助理托马斯·里金斯（Thomas Riggins）在2011年7月发表的《罗素、毛泽东与中国的命运》(Russell, Mao, and the Fate of China)[2] 一文中，尝试将罗素为中国设计的社会改造蓝图与随后中国共产党领导中国人民进行的解放和奋斗事业进行比较，试图指出罗素九十多年前对中国之所需的评价至今依然有价值。

罗素在华期间和离华后还发表了大量有关中国的文章和评论，都收入《罗素全集》(*The Collected Papers of Bertrand Russell*) 第15卷《不确定的自由之路：俄国与中国（1919—1922）》(*Uncertain Paths to Freedom: Russia and China*, 1919-22)[3] 中。《罗素自传》(*The Autobiography of Bertrand Russell*)[4] 回忆了其中国之行，并收录了他与友人的部分信件。英国哲学家瑞·蒙克（Ray Monk）的《罗素传：孤独的精神（1872—1921）》(*Bertrand Russell: The Spirit of Solitude* 1872-1921) 和《罗素传：

① Tsutomu Makino, Russell's Influence in China and Japan, in *Kyoyo Shogaku Kenkyu*（早稻田大学刊物）, No. 41 (Oct. 1972), pp. 55-63.

② 参见 Thomas Riggins, Russell, Mao, and the Fate of China, http://www.politicalaffairs.net。

③ Bertrand Russell, *Uncertain Paths to Freedom: Russia and China*, 1919-22 (*The Collected Papers of Bertrand Russell*, Vol. 15), Richard A. Rempel & Beryl Haslam eds., London and New York: Routledge, 2000.

④ Bertrand Russell, *Autobiography*, London & New York: Routledge, 1998. 中译本见〔英〕罗素：《罗素自传》(第1卷)，陈启伟译，商务印书馆，2002年；〔英〕罗素：《罗素自传》(第2卷)，陈启伟译，商务印书馆，2003年；〔英〕罗素：《罗素自传》(第3卷)，徐奕春译，商务印书馆，2004年。

疯狂的幽灵（1921—1970）》（*Bertrand Russell：The Ghost of Madness 1921-1970*）。[①] 这些传记记录了当时罗素来华时的情况和他本人的所思所想，为研究罗素的中国观提供了重要背景资料。

罗素在华期间的主要信件收录在《精选伯兰特·罗素信件：公共岁月（1914 —1970）》（*The Selected Letters of Bertrand Russell：The Public Years*，1914-1970）[②] 和《忠实的伯特兰·罗素：为和平、正义和真理终生战斗，致编辑的信》（*Yours Faithfully，Bertrand Russell：A Lifelong Fight for Peace，Justice and Truth in Letters to the Editor*）[③] 中。阅读罗素在中国讲学游历时与友人的交往信函，有助于了解罗素是如何看待新文化运动时期中国所发生的一切，对中国社会政治、经济、文化和教育的观察和思考，以及与中国知识界的交往对其思想的影响。

另外，罗素作为英国当时著名的公共知识分子，1948 年受邀成为英国广播公司"里斯演讲"（The Reith Lectures）[④] 的首位主讲嘉宾，发表了以国家权力（"权威"）和人类自由（"个人"）为主题的六次演讲，后整理讲演录于 1960 年结集出版《权威与个人》（*Authority and the Individual*）一书[⑤]。1959 年，罗素还就民族主义、布尔什维克主义、经

① 〔英〕瑞·蒙克：《罗素传：孤独的精神（1872—1921）》，严忠志、欧阳亚丽译，浙江大学出版社，2015 年；〔英〕瑞·蒙克：《罗素传：疯狂的幽灵（1921—1970）》，严忠志、欧阳亚丽译，浙江大学出版社，2016 年。

② Bertrand Russell，*The Selected Letters of Bertrand Russell：The Public Years*，1914-1970，Nicholas Griffin ed.，assisted by Alison Roberts Miculan，London：Routledge，2001.

③ Bertrand Russell，*Yours Faithfully，Bertrand Russell：A Lifelong Fight for Peace，Justice and Truth in Letters to the Editor*，Ray Perkins Jr. ed.，Chicago：Open Court Publishing Company，2001.

④ 英国广播公司（BBC）从 1948 年开始设立"里斯演讲"（The Reith Lectures），每年邀请一位学者通过广播发表系列演讲，首届演讲嘉宾邀请了英国哲学家罗素。

⑤ 〔英〕罗素：《权威与个人》，储智勇译，商务印书馆，2010 年。

济、教育、文化和战争等话题接受了伍德罗·怀亚特（Woodrow Wyatt）的13集电视采访，后整理成《伯特兰·罗素直抒己见》（*Bertrand Russell Speaks His Mind*）[①] 一书。通过阅读这些讲演录和访谈录，可以更全面了解罗素的社会政治思想。

通过以上对“罗素与中国”课题国内外研究成果的梳理，可以看到目前的研究已经有了一定的规模，但此课题仍然有深入挖掘的空间，以及需要进一步阐明的问题。第一，某些史实还需要进一步考证。例如，有关梁启超主持的讲学社出面邀请、接待罗素来华讲学的台前幕后，及其反映的当时中国复杂的政治派别关系。第二，罗素在华讲学历时九个月，足迹遍布大半个中国。那么究竟新文化运动时期的中国在罗素眼中具体呈现何种形象，而罗素回国后又一直持续关注中国问题，在报纸杂志上发表很多文章，他是如何向英国介绍中国的，目前的研究似乎也还没有对此进行深入探讨。第三，当时罗素来华受到中国知识界的欢迎，但除了欢迎之外，知识界各派对这一事件有哪些反应，出现了何种变化，罗素访华如何引起知识界对话语霸权的争夺，等等，这些问题都尚待研究。第四，中国知识界具体从罗素来华讲学演讲的哪些内容中受到启发，也不是很清楚。比如，20世纪20年代胡适、丁文江等人提出“好政府主义”是否与罗素临别演讲中提出的建议有某些联系。

“罗素与中国”这一研究课题的难点之一在于历史语境的处理上。由于当时条件的限制，还没有录像、录音设备，罗素在华的演讲并没有留下任何详细的影音记录，除了罗素临别演讲《中国到自由之路》的英文原文发表以外，他在华其他讲演的英文底稿无法获得，只能通过当时

---

① Bertrand Russell & Woodrow Lyle Wyatt, *Bertrand Russell Speaks His Mind: Dialogues between Bertrand Russell and Woodrow Wyatt*, London: Arthur Barker Ltd., 1960.

的经过翻译的中文讲稿了解其讲演内容。并且保存下来的经过翻译的中文讲稿，除曾以《罗素五大演讲》① 结集出版外，还有部分重要演讲，以及当时中国知识界对罗素讲演的回应都散落在当时的报纸、期刊上，这需要在广泛搜罗的基础上大量阅读。在笔者看来，罗素的演讲除形成文字的演讲稿之外，那些宣传罗素思想的人在翻译和记录的过程中是否带着自己的观点，却通过罗素的名义灌输给听众和读者，罗素的思想在中国传播是否原原本本、一点也没走样的罗素思想，这是一个值得关注的问题，需要在阅读和研究过程中仔细甄别。

其次，罗素作为一位世界级的思想大家，在数学、逻辑学、哲学、政治学、教育学、文化等方面都著作等身，这就要求研究者有较高的哲学思辨能力和较为宽广的知识面，需要全面大量地阅读其著作，才能更有效地与罗素对话，深入体察他在政治、经济、文化和教育方面给中国的改革建议背后的缘由。

另外，罗素是带着自己的问题进入中国知识界的，他在与其互动中表述并修正自己的观点，因而其思想也是不断变动的，需要仔细阅读辨析其前后观点微妙的变化。同时，他来到的中国思想界的知识—派系也是一个不断变化的动态结构，需要仔细考察中国知识界核心人物与罗素交往过程中的思想转变。笔者为了更好地考察这种微妙的动态结构的互动，专门搜集当时报纸杂志上有关罗素行程的报道，以及相关当事人的信函交往、日记和回忆录等，编制罗素在华活动年表，进一步考证相关

---

① 20世纪二三十年代，中国知识界留下的关于罗素及其思想的文字资料，从新闻报道到著作翻译、思想评介等，是相当丰富的。其中影响比较大的是他在北京讲学时留下了“五大讲演”。当年，这“五大讲演”的记录有两个版本。一是《罗素及勃拉克讲演集》，宋锡钧、李小峰等记录，1921年由惟一日报社出版；二是《罗素、勃拉克讲演合刊》，成平编，1921年由北京新知书社出版。另外，这五大演讲也收录入《杜威、罗素演讲录合刊》，张静庐编，1921年由上海泰东图书局出版。

史实，同时编制与新文化运动时期“交往者”的年谱，并与当时的文化史、社会史和政治史进行对勘，探寻罗素来华交往的真实情况和思想变化。

最后，从时间角度来看，先前的学术成果里绝大多数都是将研究范围集中在1920年10月至1921年7月罗素在华期间，对他在华演讲的经历、引起的风波和在当时所造成的影响展开分析，而对罗素在20世纪20—30年代对中国政治和文化的影响论述不多。罗素对中国知识界的影响确实不易量化，也不易进行实证研究。笔者在探讨20世纪20—30年代中国知识界对罗素思想的接受情况时，搜集了大量史料，包括当时五四知识分子们的日记、讲演、著作、回忆录、交往和活动等。比如，20年代胡适、丁文江等人主张的“好政府主义”和张申府提出的“开明专制”等，是否来源于罗素临别演讲中留下的建议，另外他们又是怎样一步步提出这种政治论纲的，这些问题都需要仔细审读考察。

通过对“罗素与中国”这一研究课题现状的梳理，可以看到以往的研究主要侧重文化或政治方面，比如从罗素访华历程、中西文化观、社会主义思想，以及他与中国文化名人交往的角度展开研究。这些成果有一定的参考价值，但多数只涉及罗素与中国关系的某一特定侧面或角度，不够系统和完整，对文化与政治的复杂关系的探讨较少，从思想史的角度，特别是从罗素与新文化运动时期的文化和政治关系角度论述的成果寥寥无几。本书试从“民族—国家”建构的视角，运用文化社会学的研究方法，将这种关系置于1916年之后中国历史进程的全部复杂关系中来探究“罗素与中国”这一课题。

值得注意的是，1920年罗素来华前还在苏俄访问了一个多月，并写成《布尔什维克主义的实践与理论》（*Bolshevism：Practice and Theory*）① 一书。以往关于罗素社会主义思想的研究主要关注他在英国倡导的“基尔特社会主义”，而较少谈及来华前访苏俄之行对其社会主义观具体产生了哪些影响，这其实是他到中国后批评布尔什维克主义的原因。本书在第三章论述罗素与中国知识界的社会主义争论时，结合他访苏俄后所写的《布尔什维克主义的实践与理论》一书，试说明罗素社会主义思想在访苏俄后的转变。

同时，以往关于“罗素与中国”课题的多数研究常常就事论事，在谈及罗素给中国的改革建议时并没有回归到罗素的社会和政治思想中去，或者是分开单独论述这两方面。笔者在本书中尝试在每章中围绕一个核心问题，结合罗素著作中对国家、政府、工业文明、文化和教育的观点，考察罗素给中国的改革方案，试图将罗素的中国之行与他整个思想图谱建立联系，这也是笔者试图将该课题向前推进的努力之一。

第五节　结构与主要内容

本书将用八章的篇幅考察罗素的中国之行，各章的编排整体以时间为潜在逻辑线索，分别以几个重点问题为支点，每章围绕一个核心问题展开，在内部构成一种纵向（时间线索）和横向（具体问题）并存的两条线索。

第一章深描了罗素来华前东西方的历史文化语境，阐明东西方的错

① Bertrand Russell，*Bolshevism：Practice and Theory*，New York：Harcourt，Brace and Howe，Inc.，1920.

位将决定罗素来华可能被误解和利用的命运。20世纪10—20年代，战后的西方从“西方中心主义”转而渴望从古老的东方智慧中寻找希望。罗素来到中国，期待着在中国的土地上能够“探寻一种新的希望”，来挽救日益没落的西方工业文明。而当时中国的新知识分子则热切渴望学习西方先进的思想文化，中国正处于思想界交锋最为激烈的时期，每一派都希望能够引权威人物为同道来加强自己主张的说服力。实际上，罗素是带着他的问题进入中国已形成的知识—派系的动态结构中。而中国与西方的错位或许预示着这位西方哲人在中国可能不被理解或被误解，甚至被当成一种“文化资本”而被利用。

第二章从罗素来华初期发表的言论入手，讨论其在中国知识界引起的中西文化论战，并阐述罗素的中国文化观。经历了第一次世界大战的罗素对西方文明失去了信心，寄希望于东方文明来挽救人类前途。而罗素来到的中国正处在如火如荼进行的新文化运动全盘反传统的激进氛围中，他来华后发表对中国文化赞扬的言论自然和中国知识界反传统的主调背道而驰，引发激烈争论也在所难免。本章首先回顾罗素来华的缘起，再考察他来华之初对中国传统文化的赞美所引发的“保存国粹风波”，之后审视罗素眼中的中国和他赞扬中国文化的真义，随后分析他来华九个月根据对中国社会的实际考察所提出的中国文化出路的建议，最后探讨罗素中西文化观的影响和评价。

第三章将目光转向罗素在中国知识界引起的社会主义论战，着重分析罗素批评布尔什维克的原因及他的社会主义观。实际上，罗素的社会主义观是随着他的经历而有所转变的，第一次世界大战后对国家权力失望的罗素主张在英国实行基尔特社会主义；1920年春夏之际访俄后又对俄国布尔什维克主义提出了批评。而他在华期间关于社会主义的思想也经历了一个演变过程，这位来华前不赞成国家社会主义的基尔特社会主义者，经过在中国不到一年的观察和思考，结合中国的国情为中国社会改造提出了类似苏俄的“国家社会主义”方案。

第四章基于罗素的文化教育观探讨他给中国教育改革的建议。教育对罗素来说是改造中国社会的重要方式之一。来华后他对中国的教育问题非常关注，在忙碌的讲演日程之余还亲自考察了中国各地的学校和教育状况。基于对西方在华推行殖民教育企图的洞察，罗素倡导中国教育主权独立；关于教育发展问题，罗素认为教育必须普及大众，从而培养政治意识，为实现民主创造条件；关于具体的学习内容，他认为中国留学生应学习西方工业实用的知识来发展中国实业，而不是政治或经济理论；另外，他认为统一语言文字，普及教育可以促进并加强国家认同。

第五章将从罗素的工业文明观视角阐述他指给中国的实业救国之路。随着在华期间对中国观察和了解的深入，他看到中国工业落后的状况，认为中国还是世界上最重要的不发达地区之一，而只有工业化才是中国的根本出路。结合中国国内和国际的政治经济环境，他给中国工业发展的建议是：实行“国家社会主义”，用中国自己的资本和技能开发中国工业资源，同时在主权独立的条件下引进外国资本和人才，大力发展那些与独立生存密切相关的铁路、矿产业、钢铁等工业部门，减少贫穷和饥饿；改良农业，消除饥荒。

第六章将结合罗素的政治思想考察他为中国政治改革设计的方案。在罗素看来，中国在走向政治独立和现代化的道路上有不少实际问题亟须解决，而解决这些问题的关键唯有建立有序、稳定的强大政府才能一一解决。他在临别演讲中给中国政治改革的建议包括：建立有序政府，实行国家社会主义，走“开明专制”的道路；在中国弘扬爱国主义，倡导公共服务精神；普及教育，为实行民主政治做准备；另外，罗素还力图说服西方人中国问题要静待中国人自行解决，并对“少年中国”寄予了厚望。

第七章主要考察罗素的临别演讲，是对其整体访华历程，以及对中国问题和改革建议的总结。如果说在当时中国的中西文化和社会主义争论中，罗素是一个被动角色的话，那么在离华前的临别演讲时，他则是一个主动的角色。罗素在演讲中谈到他给中国知识界的改造中国的纲领性建议，可分为政治改革、经济建设、教育发展和文化建设四个方面，他系统地阐述了自己对中国社会改造的主张。

第八章试图回答一个问题：罗素九个月的中国之行对中国知识界产生了什么影响？重点考察罗素与当时中国知识界的互动与相互影响，以及罗素思想在 20 世纪 20—30 年代中国知识界的回音。在临别演讲中，罗素特别强调知识分子的实干精神，他提出中国改革要有“一打好人”，要有“决心之士万人”。此后不久，许多知识分子便开始了将自己的中国社会改造思想付诸实践的行动，如丁文江等人在 20 年代初的“好人政府”运动，20 年代陈独秀和张申府主张的政治、政党改造和“开明专制”，似乎与罗素给中国的改革和发展建议存在着某些深刻的联系。在迫在眉睫的民族危亡前，这些曾经激进反传统的自由知识分子考虑问题的出发点也重新回到“民族—国家”的建构上，增强民族凝聚力，解决国难危机，实现民族主义成为其最高目标，而他们的思想也逐渐向十多年前罗素访华时的观点靠拢了。

另外，本书虽立足于 1920—1921 年的历史语境，但为了“建构问题”，本书的引论部分将向前拓展研究时段，考察早罗素七年多来华的古德诺以及早罗素一年多来华的杜威。因为他们二人所阐发的对中国的认识和改造建议已嵌入罗素来华时中国知识分子的视阈，其中不乏与罗素有相似的洞见，但三位西方学者在中国的命运却迥然不同。他们真正想表达的观点是什么？中国知识界分裂的各派对他们的言论又是如何阐发的？他们的访华给中国社会带来了哪些影响？这些问题都值得深入探究。

综上所述，“罗素与中国新文化运动时期的文化和政治”这一研究课题牵涉到罗素与中国新文化运动时期的复杂关系。本书将以罗素在华所作的重要演讲为主要线索，具体梳理他的哪些思想、学说在中国产生了争论和影响；同时，根据当时报刊上所发表的众多对罗素的介绍和评论，重点研究新文化运动时期中国知识界对罗素来华讲学的反应，以及围绕讲学事件，可能揭示出的学界各派对话语霸权的争夺的微妙关系。

第一章

东就是东，西就是西

——东西方历史语境的错位

从18世纪中后叶到20世纪，是西方世界直接或间接成为全球主人的时期。一方面，西方国家通过武力征服的手段，成为大殖民地帝国，成为“人类的主人”；另一方面，西方学者不断思考怎样使这种帝国主义、殖民主义的武力征服和野蛮扩张合理化、正义化，完成“西方中心主义”的写作，从而构建“西方中心主义”的世界观念秩序。1914—1918年的第一次世界大战是西方历史上的一个转折点，它使许多欧洲人对未来的前途和命运失去了信心。在“西方衰落”思潮的背景下，西方社会开始怀疑西方现代文明的价值核心——理性与进步，开始对现代工业文明进行反思与批判，在世界范围内掀起了反现代化的思潮。于是，西方人开始在西方文明之外，在古老的东方，寻找启示与救赎的希望。

另一方面，在享受了几千年中央大国的文明优越感后，中国文明突然在以帝国主义侵略为形式的西方近代文明冲击下，面临生死存亡的紧急关口。这种局势令中国士大夫普遍地意识到亡国的威胁，中国人之前的自大和优越感变为自卑，他们担心中国要亡国亡种，从此陷入历史学家林毓生所说的“中国意识的危机”。“西方中心论”也对中国知识分子产生了深远的影响，此时，中国知识界在其影响下大都试图从西方寻求新的思想和力量的源泉，并努力使本国实现现代化，而西方化在其眼中就等同于现代化。另外，社会达尔文主义的引入，救亡图存的危机意识与急迫感支配了中国新知识分子的心理，造成了这个时期知识界相当普遍的激进状态。

第一节　昨日的世界："西方中心主义"秩序的建立与修正

一、"西方中心主义"写作完成

18 世纪末，英国和法国通过不同的途径变成了现代民族国家，它们有效率地组织了军事力量，较好地发展了经济，科技方面也取得了较大的进步。欧洲因工业革命带来了社会巨变，生产力得到普遍提高，制度也有了更新。与此同时，西方展开了大规模的殖民运动和海外掠夺。武装到牙齿的西方侵略者，当踏上非洲、美洲、大洋洲，甚至印度、中国的土地之时，就一心想奴役当地人民，掠夺当地财富。斯塔夫里阿诺斯在《全球通史》中将 1763—1914 年划分为西方世界直接或间接成为全球主人的时期，在世界历史上具有绝对优势地位。

萌芽于 18 世纪末的"西方中心主义"，最终形成于 19 世纪初。西方中心主义者的主要观点是：西方制度构成现代化的根本内容，其他国家应遵循西方的价值标准和尺度，同时，可以忘掉甚至抛弃本国的历史文化传统。这时，它由原来把东方思想规约为人类文明曙光的认识，又重新回到了欧洲范围的民族认同和文化认同中，声称世界精神已经体现在西方，东方文明已随着历史的终结而衰落，这种以近代文明发生与发展为根据的论说，逐渐成为“西方中心主义”的理论来源。

黑格尔是“西方中心主义”的早期代表人物之一。在他用绝对精神构筑的世界图景中，“世界历史从‘东方’到‘西方’，因为欧洲绝对地是历史的终点，亚洲是起点”。东方处于“历史的幼年时期”，永远无法摆脱蒙昧幼稚的孩童状态，而日耳曼世界则是“精神”的“老年时代”，“是完满的成熟和力量”①。另外，他还武断地批评中国文化，指出“凡是属于‘精神’的一切——在实际上和理论上，绝对没有束缚的伦常、道德、情绪、内在的‘宗教’、‘科学’和真正的‘艺术’——一概都离他们很远”②。19 世纪 20 年代，黑格尔预见“受制于欧洲人，乃是亚细亚洲各帝国必然的命运；不久以后，中国也必然会屈服于这种命运”③。黑格尔的历史哲学观点为 19 世纪西方帝国主义的扩张提供了正义的合法性，并预示着帝国主义的种族征服性意识形态的出现，他完成了启蒙运动开始构筑的“西方中心主义”的世界观念秩序。19 世纪欧洲历史学的代表人物，“近代史学之父”利奥波德 · 冯 · 兰克在其多卷本《世界史》中极端地表达了“西方中心主义”的历史观，他甚至武断地称“印度和中国根本就没有历史，只有自然史”④，世界历史就是西方的历史。在他之后，马克斯 · 韦伯在《新教伦理与资本主义精神》《儒教和道教》等书中提出“韦伯命题”，他认为资本主义是西欧的特产，中国、印度等东方国家没有新教伦理，所以发展不出资本主义。在他眼中理性化是现代化的核心，而中国恰恰缺少这种理性。难

① 〔德〕黑格尔：《历史哲学》，王造时译，上海书店出版社，2006 年，第 95、100 页。

② 〔德〕黑格尔：《历史哲学》，王造时译，上海书店出版社，2006 年，第 128 页。

③ 〔德〕黑格尔：《历史哲学》，王造时译，上海书店出版社，2006 年，第 132 页。

④ 伊格尔斯：《二十世纪的历史科学》，《史学理论研究》1995 年第 1 期。

怪安德烈·贡德·弗兰克称韦伯是“最精心致力于欧洲中心论的集大成者”①。

另外，启蒙思想在加强欧洲民族身份和认同的同时，也企图制造停滞的中国帝国形象。来到中国的西方人，无论是鸦片贩子还是传教士，都认为自己是文明的使者。在他们眼中，进步的西方永远优于落后的东方。在鸦片战争后进入中国的传教士和汉学家的论述中，这种意图清晰可见，他们的论述塑造了与西方式进步相对的“他者”，即东方式的落后。

英国历史学家迪金逊在其《约翰中国佬信札》一书中生动地展现了西方在传教与贸易两个方面对中国的胁迫。他写道：“你们相信，不仅你们的宗教是唯一正确的，而且你们有义务去强加给所有的民族，如果有必要的话，还要以刀剑相威逼。”②

西方文明中心论，不仅仅体现在西方的军事胜利及全球控制权，更多的是西方价值观的建立。西方为了给其残酷的殖民主义暴行寻找借口，炮制了一系列西方文明优越论的理论思想，其核心就是种族主义。种族主义人为把人类划分等级，这是西方统治世界，奴役其他人民的理论根据，其最终表现形式是帝国主义。种族主义在西方被划分为不同的理论，一种是所谓非科学的种族主义，即带有宗教思想的种族主义。在这种种族主义的描述中，西方人被认为是上帝的宠儿，是上帝派来统治世界的；世界其他民族，要么是野蛮人，要么是东方专制主义的愚昧种族，都是被奴役和统治的对象。在这种思想的影响下，不少欧洲人真诚

---

① 〔德〕安德烈·贡德·弗兰克：《白银资本》，中央编译出版社，2000年，第32页。

② Goldsworthy Lowes Dickinson, *Letters from John Chinaman and Other Essays*, London: George Allen & Unwin Ltd., 1946, pp. 14–15.

地相信他们在通过帝国主义帮助东方，而实际上他们正利用各种方法——文化、经济、政治和军事的手段，给东方造成了大量的压迫、痛苦和不幸。正如维克托·基尔南在《人类的主人：欧洲帝国时期对其他文化的态度》一书中所言："西方人将变革、进步、精力、投资贸易等新伦理（etho）和旧有的君权神授相结合，并随时准备诉诸武力。欧洲人相信他们这么做是天经地义，正如刺刀带着自由，纵横欧洲各地的法国大革命的军队所想的一般。"[①] 对欧洲人作为"人类主人"的颂扬和欧洲人自我优越感的强化，实际上是通过传教士、政治家、官员、旅行家、学者、教师、科学家、新闻记者、小说家来实现的。传教士传播基督教的福音；科学家为全人类推动科学知识的进一步发展；教师传播欧洲的知识；官员普及理性的官僚政治；政治家则输送民主。[②]

盛行于19世纪的东方专制主义理论对欧洲中心主义的形成至关重要，它不仅解释了亚洲落后的原因，同样重要的是，它巩固了欧洲作为"先进的、民主的文明发源地"的身份。在一些欧洲旅行者和孟德斯鸠、韦伯等学者的作品中，这种观念随处可见。它宣称欧洲是民主的发源地，是经济和政治进步的承载者，而亚洲则被视为专制主义的原产地，是经济停滞的牺牲者。在18世纪末19世纪初，欧洲人通过对希腊的重新想象，"迅速将古希腊提升为欧洲文明的发源地"，从而"表明欧洲是民主的发源地"。通过一种可以追溯至古希腊时代的虚构界线，把东西方分离开来，并将自己想象并塑造成"自由主义者和民主主义者"。于是，"作为永久落后、专制或倒退的东方的对立面，就是一个完美的、

---

① 〔英〕维克托·基尔南：《人类的主人：欧洲帝国时期对其他文化的态度》，陈正国译，商务印书馆，2006年，第25页。

② 〔英〕约翰·霍布森：《西方文明的东方起源》，孙建党译，山东画报出版社，2009年，第200页。

先进的永恒民主或进步的欧洲”。这种理论将“欧洲人提高到永恒进步的主体或施动者的地位，而同时将东方民族贬抑成世界历史上永远落后的、消极的客体”，其结论是“欧洲历史是一种进步的线性发展史，而东方却是退化与停滞的历史循环”。①

而对欧洲人帝国文明使命这一思想形成起重要作用的另一理论是彼得·潘理论。它“把西方描绘成理性、独立、具有父亲般意志的‘男性’的同时，又将东方人描绘成一个非理性、不独立、无助的孩童或妇女”。只有父亲般的西方才能把孩童般的东方解放出来，也只有男性般的西方才能去征服、拯救女性般的东方。于是，欧洲人开始把帝国主义视为一种“文明使命”，而西方人的“道德天职”就是来教化、解放或拯救东方。英国诗人拉迪亚德·吉卜林在其 1899 年的名诗《白人的负担》里把这种想象表现得淋漓尽致。在诗中他把东方人描述成“半是孩童半是魔”，这种“负担”构成了一种“救赎”堕落、贫穷的东方的道义上的责任。②

另外，西方的人类学家和生物学家还从“科学角度”分析了世界各人种的差异。为了证明这些理论，甚至有很多科学家用科学实验来推理，譬如有人认为是气候造成了人类发展的不均衡，而居住在北方的人种，因为寒冷，面对无常的气候必须要多动脑子才能获取食物，必须有更强健的身体才能适应寒冷和多变的天气；而居住在南方炎热地区的人类，因为食物获取容易，加之不需要房屋和衣物御寒，因此进化很慢。

---

① 〔英〕约翰·霍布森：《西方文明的东方起源》，孙建党译，山东画报出版社，2009 年，第 199、203、204 页。

② 〔英〕约翰·霍布森：《西方文明的东方起源》，孙建党译，山东画报出版社，2009 年，第 206 页；〔英〕吉卜林：《白人的负担》，见王佐良等编《英国二十世纪文学史》，外语教学与研究出版社，1994 年，第 170 页。

故造成了种族差异。甚至还有科学家通过脑容量及颅骨剖面的研究，说明白种人的生物特征明显优越于黄种人和黑种人，头骨薄，脑体积大，所以人种优越。白种人由于头骨较薄，在去东方之前必须要买一顶遮阳帽防暑。于是薄头骨和遮阳帽成了白人至上的象征。这在乔治·奥威尔看来无疑是件荒唐的事，他在《缅甸岁月》这部小说中不无讽刺地指出："头骨薄是人种优越的标志，遮阳帽是帝国的一种象征。"这种"科学分类"到19世纪40年代后，当科学的种族主义（即达尔文主义）在英国兴起时达到鼎盛。①

在达尔文的《物种起源》出版后，达尔文主义随即被引入社会科学，其在社会科学界比在科学界影响更大。启蒙主义进步观加上后来的达尔文主义构成了社会达尔文主义，它将生物科学中的"适者生存"概念引入社会科学。代表人物赫伯特·斯宾塞用自然选择的理念来解释文明进化过程。他指出，人类历史以贫困、战争、奴役等方式淘汰那些劣等的个人与民族。

社会达尔文主义为种族主义理论提供了合法性。它更强调把人种分为先进和落后，即把人种"科学"地分为"欧洲—雅利安人"与"东方—非洲人"，如法国阿瑟·德·戈比诺的《种族的不平等》、英国罗伯特·诺克斯的《人类的种族特征》等书籍便设计出一种基于肤色的三种种族分类方法——白种人、黄种人和黑人。在西方种族主义者眼中，西方是常态的、先进的，而东方则是不正常的、落后的、野蛮的或未开化的。他们高喊"物竞天择""弱肉强食""适者生存"的口号，疯狂地杀戮那些在他们眼里未进化好的人民。这种种族主义的思想迅速渗透

① 〔英〕约翰·霍布森：《西方文明的东方起源》，孙建党译，山东画报出版社，2009年，第207-209页。

到风靡一时的帝国主义论调里，用来证明“自我”（欧洲人）对“他者”（黄种人和黑人）的征服是合理正当的，来证明其对劣等民族实行灭绝和种族隔离政策的正义性。①

吉卜林在诗中写道，东西方永不相会，白人高人一等。19世纪的西方也普遍认为，白人担负着改造世界，传布文明的重任。“他们深信上帝创造了不同的人。它将白人造得更聪明，所以白人能指挥劳动，能指导宽背、低能的劣等种族的发展。因而有了‘白人的责任’这一概念。”② 在野蛮征服中，西方人感觉不到负罪感，因为各种理论为西方殖民霸权提供了正义的合法性支持。

二、 西方反现代化思潮与战后“西方中心主义” 的修正

18世纪末19世纪初，当英法成为现代民族国家，走上现代化道路后，各种反现代主义的思想已经开始在欧洲出现。在英国浪漫派诗人如华兹华斯、布莱克、雪莱、柯尔律治的诗中就对功利个人主义、庸俗的商业化人生，以及把所有的人类关系简约为金钱关系等感到厌恶。19世纪法国思想家托克维尔是一个典型的反现代主义者，在其名著《论美国的民主》中，论述了国家集权、社会病态、个人主义和物质主义的关系。

到了19世纪后半叶，欧洲各国都可以听到批评现代化的声音。约

① 〔英〕约翰·霍布森：《西方文明的东方起源》，孙建党译，山东画报出版社，2009年，第212-213页。

② 〔美〕斯塔夫里阿诺斯：《全球通史：1500年以后的世界》，吴象婴、梁赤民译，上海社会科学院出版社，1999年，第565页。

翰·亨利·纽曼、托马斯·卡莱尔、马修·阿诺德、约翰·罗斯金、拉尔夫·瓦尔多·爱默生等人同属人文主义的道德批判传统。卡莱尔批判了工业革命和功利主义引起的人的机器化现象。在他看来，工业化的后果就是由内及外地对人性的摧残："不光人的手变得机械了，而且连人的脑袋和心灵都变得机械了。"① 纽曼大主教针对认为教育不过是训练人在社会中执行某种技能的功利的想法，提出了大学教育的理念在于熏陶和完善自我。阿诺德在《文化与无政府状态》一书中对英国当时物质至上的弊病进行了抨击。②

面对人类在工业革命下以前所未有的速度前进，罗斯金显得忧心忡忡。他继承了卡莱尔、阿诺德的传统，把批评的矛头对准了工业革命以来，机械的进步所导致的精神贫乏和社会畸形发展。台湾学者陈德如博士在论著《建筑的七盏明灯——浅谈罗斯金的建筑思维》中总结："西元 1777 年，瓦特（James Watt，1736—1819）的蒸汽机将文明进展提升到前所未有的速度，人类不再以己身的体能与感知系统来掌握物质的速度与重力，机械之崛起从此改变了生活的内容。"③ 在罗斯金看来，机械的高速进步则会导致社会的畸形发展。20 世纪初，在"西方衰落"思潮的背景下，西方社会开始怀疑西方现代文明的价值核心——理性与进步，开始对现代工业文明进行反思与批判，批评现代主义的声音大量出现，在世界范围内掀起了反现代化的思潮。④ 于是，西方人开始在西方文明之外，在古老的东方，寻找启示与救赎的希望。

---

① Raymond Williams, *Culture and Society*, New York: Penguin Books, 1984, p. 86.

② Matthew Arnold, *Culture and Anarchy and Other Writings*, Cambridge: Cambridge University Press, 1993, p. 65.

③ 陈德如：《建筑的七盏明灯——浅谈罗斯金的建筑思维》，台湾商务印书馆，2006 年，第 2 页。

④ 〔美〕艾恺：《世界范围内的反现代化思潮——论文化守成主义》，贵州人民出版社，1991 年。

在这种东方热情中，英国历史学家迪金逊 1901 年出版的《约翰中国佬信札》具有代表性。他在书中借长期旅居英国的华人“约翰中国佬”之口，将中国描述为智慧、宁静、纯朴的人间乐园，以想象中的中国传统文明作为评价尺度，来批判现代工业文明和物质主义。①

1914—1918 年的第一次世界大战是西方历史上的一个转折点，许多欧洲人在战后对未来失去了信心，悲观和迷茫笼罩着欧洲大陆。大战给人们带来更多的则是绵绵不断的痛苦——它对人类社会造成了巨大破坏，引起战后出现的世界性政治动乱、尖锐的社会矛盾和经济危机，更使许多人对现实产生了悲观的幻灭感。

欧洲知识分子情绪低落，他们感到有秩序、和平、理性的西方文明已经失去了原有的活力并陷入低谷，西方文明已失去它的精神中心。西方的科学技术取得了巨大的物质成就，但却脆弱得如此不堪一击，持续四年之久的战争显示了 20 世纪文明人的野蛮，失落、怀疑、迷惘的情绪代替了战前对理性、自由、科学的信任，以及对人类不断完善发展的乐观信念。一股怀疑主义和相对主义的思潮开始弥漫于西方社会。

艾伦·约翰·珀西瓦尔·泰勒认为：“第一次世界大战难以与循序渐进的理性文明相协调。20 世纪的文明人在野蛮性方面超过了早期所有的野蛮人，而且，他们的文明之优点——组织、机械技术和自我牺牲精神——使战争的野蛮性愈发骇人听闻。现代人类已经发展了不适合他们运用的力量。欧洲文明已被天平称过，并且发现是不足的。”②

法国作家保罗·瓦莱里描述了那些欧洲战后沮丧、迷惘的一代人的

---

① Goldsworthy Lowes Dickinson, *Letters from John Chinaman and Other Essays*, London: George Allen & Unwin Ltd., 1946, p. 12, pp. 21–23.

② 〔美〕马文·佩里主编：《西方文明史》（下卷），胡万里等译，商务印书馆，1993 年，第 369 页。

心理状况：“暴风雨已经平息，我们却依然烦乱不安，心绪难平，仿佛暴风雨又将骤然来临，几乎所有的人类事务依然难以测定。我们在思索已经消失的东西，我们几乎被已经毁灭的东西所毁灭；我们不知道还有什么新东西诞生，我们恐惧未来，这不是没有理由的。我们模糊地希望，我们实实在在地恐惧；我们的恐惧比希望要明确无数倍；我们承认生活的魅力已成为过去。没有一个有头脑的人……能希望战胜这一忧虑，从这种黑暗的感觉中逃脱出去……但是，在所有受到伤害的事物中包括了人们的思想。思想的确被残酷地伤害了，它在有理性的人们心中发出怨声，它就自身作出了一个令人沮丧的判断，它深深地怀疑着自己。”①

而弗洛伊德早在1915年就已预见到，战后欧洲知识分子将被阴暗的情绪笼罩。他写道：“我们不能不感觉到从来没有任何事能如此严重地毁坏人类共同占有的东西，能使如此之多的最清醒的知识分子的头脑如此混乱……我们不愿相信的战争爆发了。战争带来幻想的破灭……战争盲目地、愤怒地、狂暴地践踏一切阻挡它的东西。战争过后，人类似乎将再也不会有和平，不会有未来。它斩断了一切互相斗争的人民之间共同联系的纽带，势必只留下痛苦和悲哀。”② 他在1930年所写的《文明及其缺陷》一书中也充满着悲观的论调。

托马斯·斯特尔那斯·艾略特的《荒原》中充满了欧洲文明破灭的形象。头戴羽冠的游牧部落，现代的野蛮人，一群一群地掠过原野，将城市夷为废墟。曾一度是精神和文化中心的耶路撒冷、雅典、亚历山大

① 〔美〕马文·佩里主编：《西方文明史》（下卷），胡万里等译，商务印书馆，1993年，第369页。

② 〔美〕马文·佩里主编：《西方文明史》（下卷），胡万里等译，商务印书馆，1993年，第455页。

港、维也纳、伦敦现在已经成为“倒塌的塔”。詹姆斯·乔伊斯在他1922年出版的实验小说《尤利西斯》中，通过主人公的流落来象征西方文明的愚蠢、无意义和荒芜。

德国青年教师奥斯瓦尔德·斯宾格勒（Oswald Spengler）博士的《西方的没落》一书则是当时影响最大的表现悲观主义情绪的著作。该书第一卷在大战结束前夕1918年7月出版，第二卷在1922年出版。斯宾格勒认为历史是许多不同文化的集合，而文化正像生命的机体一样，要经历出生、青年、成年和死亡。他在书中坚持认为西方的“浮士德文化”已进入最后阶段，正面临着没落的命运。作者在该书导言的末尾加入一个个人附记，“在那时（1911年），世界大战在我看来既已迫在眉睫，亦是历史危机不可避免的外部表现，因此，我努力想从考察前此各世纪——不是各年——的精神出发来理解这一历史危机”。① 此书成于1914年大战前夕，书中的预言似乎不幸言中。该书初版9万册，出版后震撼了整个欧洲文化界，其影响之巨在西方的哲学文化界是史无前例的，曾被翻译为英、法、意、西、俄等多种文字。

斯宾格勒认为文化是一种精神倾向，它渗透到人民的文学、艺术、宗教、哲学、政治和经济当中。他借用歌德的《浮士德》，称现代的西方文化是一种“浮士德文化”，散发着发展和扩张的浮士德精神，这种精神最典型的特征就是对无限的渴望。这种精神体现在科学中，就是数学中的微积分和物理学中的动力学；体现在建筑中，就是贵族的城堡和僧侣的哥特式教堂；在这种精神的指引下，欧洲创造了透视艺术，即在画面上表现遥远的距离；他们航海，征服地球上的广大地区，通过电报、电话与在遥远地区的人们互通信息。

---

① 〔德〕斯宾格勒：《西方的没落》，吴琼译，上海三联书店，2006年，第45页。

根据斯宾格勒的观点，文化正如生物机体一样，经过必然阶段——英雄的青年、创造的壮年、衰退的老年。他论述西方文化的发展过程：在它的青年时代，即文艺复兴时期，西方文化经历了米开朗琪罗、莎士比亚和伽利略的胜利；18 世纪到了壮年，产生了莫扎特的音乐、歌德的诗歌、康德的哲学；而现在浮士德文化已进入了老年，显示出黯淡衰退的景象：日益增长的物质主义和怀疑主义、疯狂的战争、建立大帝国的竞争、颓废的艺术形式。

据此他得出结论说，对于西方人来说，再也不会有是否会产生伟大的音乐和伟大的绘画一类的问题了。通过对不同文化形态的研究，他在书中了揭示西方文化走向没落的历史必然性，并认为视恺撒主义或帝国主义为文明发展的最后一幕，“恺撒式的强人政治的最高形式就是战争，帝国主义的时代就是世界战争的时代，战争成了人们处理一切现存问题的唯一手段……文明时代的一切，最终都将在战争的面前灰飞烟灭，人类的历史重又进入它的野蛮时期，开始了新一轮的文化循环”。①

另外，在 19 世纪下半叶，人们受达尔文进化论的影响，常按照单一的直线发展的图式来描述一切文化的进化，把不同地区、不同民族的文化强行纳入一个既定的框架中。而斯宾格勒则用文化有机体的观念批驳了这种线性的进化论的文化传播观念，明确反对“西方中心主义”，承认世界文化的多元化，确立其他各种文化在世界历史中的位置。他认为“文化作为一个有机体，是独立自足的存在，是在各自独特的环境或景观中形成和生长起来的，并将按照自身独特的节奏走向成熟和完成”。在斯宾格勒的历史形态学体系中，他不认为“古典文化或西方文化具有比印度文化、巴比伦文化、中国文化、埃及文化、阿拉伯文化、墨西哥

① 〔德〕斯宾格勒：《西方的没落·译者导言》，吴琼译，上海三联书店，2006 年，第 24-40 页。

文化等更优越的地位——它们都是动态存在的独立世界，从分量来看，它们在历史的一般图像中的地位并不亚于古典文化，而从精神之伟大和力量之上升方面来看，它们常常超过古典文化”①。

1914年爆发的欧战让西方人对自己的文化更加丧失了信心，在欧洲出现了崇拜东方文化的热潮。“东方文化在欧洲之势力及影响早已超出少数消遣文人及专门古董家之范围，而及于大多数之人，凡今世精神激扰不宁之人皆在其列。”② 老子的思想由此在西欧影响广泛，当时有位名叫魏时珍的中国学生到欧洲留学，发现大学的教授十分热衷于与他探讨中国文化。当时老子成为欧洲人心中最知名的中国人之一，不少家庭都收藏有一本老子的《道德经》。③

1921年6月21日，在伦敦召开的英国帝国会议发言中，南非联邦总理扬·克里斯蒂安·史末资将军（Jan Christian Smuts）甚至宣称：“我们的诱惑仍是将目光首先投向欧洲的舞台。此后将不再如此。毫无疑问的是，历史的舞台已由欧洲转向了远东和太平洋地区……太平洋地区的问题，在我看来，是未来50年或更长时间内的世界问题……因此，我相信，人类历史的伟大的篇章将被书写。”④

---

① 〔德〕斯宾格勒：《西方的没落·译者导言》，吴琼译，上海三联书店，2006年，第24-40页。

② 〔德〕雷赫完：《孔子老子学说对于德国青年之影响》，吴宓译，《学衡》第54期，1926年6月。

③ 魏时珍：《旅德日记》，见《少年中国》第3卷第4期。

④ Stanley High, “Preface”, *China's Place in the Sun*, Press of J. J. Little & Ives Company, p. vii.

第二节　中国渴望西方：在激进与保守之间

一、中国意识的危机：从自大到自卑

清末民初，在西方文明的不断冲击以及本国各种力量的消长中，中国处于大变革时期。尽管中国在鸦片战争以后曾连续败于西方，但发生在1894—1895年的甲午中日战争才迫使中国人认真思考自己的命运以及儒家文明的价值，特别是迫使中国人质疑他们的传统认同。

在明清时期，中国政府在很大程度上保持着文化中心以及政治与道德上的优越感，中国秉承着几千年来儒家思想占统治地位的中国大一统的理想。由于这种理想化的世界观，中国就是中央帝国，是世界秩序的中心所在。如学者徐国琦所说："中国传统世界观是以文化、道德和友善等软权力为基础，西方主宰的世界体系与此截然相反，自18世纪以来，它更倚重的是军事经济实力和竞争力等硬权力。这是一个政治体系而非文化体系，其特征就是侵略与领土扩张。在欧洲体系里，其主要核心观念是民族国家而不是文明，拥护这一国际体系的主要是那些领土扩张主义者。工业革命、资本家的进取精神使西方体系比中国朝贡体系更具活力，更具开拓精神。"① 19世纪晚期，两个不同的世界秩序的撞击使长期充满自我优越感的中国从心理上无法很快适应。

① 〔美〕徐国琦：《中国与大战：寻求新的国家认同与国际化》，马建标译，上海三联书店，2008年，第21页。

实际上，中国自1895年以后就存在着非常严重的国家认同危机。它发现自己已处于世界的边缘，而西方则成为世界的中心，于是中国之前的自大和优越感变为了自卑。甲午中日战争失败后，列强进一步瓜分中国，这种局势令中国士大夫普遍地意识到亡国的威胁，他们担心中国要亡国亡种。这场战争给中国人造成的心理冲击更为严重，面临西方的入侵和已经西化了的日本，中国人感到沮丧、耻辱和无助，让他们陷入了历史学家林毓生所说的“中国意识的危机”。梁启超指出，甲午战争“唤起吾国四千年之大梦”。[①] 梁启超的同时代人著名翻译家严复对这场战争对中国所造成的影响写道：“呜呼！观今日之世变，盖自秦以来未有若斯之亟也。”[②] 日本在甲午战争中的胜利不仅是中国的转折点，也是中国人在观念上反思自身和世界的起点。

这种情绪使他们意识到，主宰世界新秩序的是军事和经济的硬力量，而不是文化和道德的软实力。许多中国人出于对中国国际地位的担忧，开始认真反思中国的传统文化、历史、语言甚至儒家文明的价值，激发了中国人强烈的变革愿望。在很多方面，1895年前后的中国失去了同一性和历史连续性。“西方中心论”也对中国知识分子产生了深远的影响，此时，中国知识界在其影响下大都试图从西方寻求新的思想和力量的源泉，并努力使本国实现现代化，而西方化在其眼中就等同于现代化。中国如果要生存图强，国民就必须彻底改变生活方式，而且要进行一系列的变革。

1912年，通过一场快速且基本平和的革命，中国推翻了两千多年的封建帝制，在当时的亚洲率先建立起了共和制度。在当时，共和体制仍

---

① 梁启超：《改革起源》，《饮冰室合集》（第6册），中华书局，1989年，第113页。

② 胡伟希选注：《论世变之亟——严复集》，辽宁人民出版社，1994年，第1页。

然是一种激进的政治体制，那时在世界范围内只有美国、法国和瑞士采用共和政体。而实际上，辛亥革命的思想根源不是来自中国传统的价值观念，尽管当时有人曾将此附会于“周召共和”，而是一套崭新的国际化的政治语言，是经过中国人调适后的各种外国思想和政治学说，如国家主权、国民身份、民族国家、国家主义、共和主义和社会达尔文主义。

二、社会达尔文主义与中国国民性批判

社会达尔文主义在19世纪末20世纪初的欧西是盛极一时的政治学说，该学说认为个人、集体和种族都受制于达尔文在动植物界所发现的自然选择法则，它强调变化、斗争和优胜劣汰。甲午中日战争后，社会达尔文主义的输入在中国知识界产生了强烈反响，对世界观产生了深远影响，而严复的翻译则功不可没。1895年，严复开始着手翻译赫胥黎的《天演论》。到了戊戌变法开始的1898年，《天演论》出版。在《天演论》的28篇译文中，严复在每篇前都写了按语，在按语中阐明了优胜劣汰和救亡图强的思想。此书出版后，社会达尔文主义在知识分子中迅速普及，许多中国人已经把适者生存的进化论原则铭记于心。于是，世界民族间优胜劣汰的进化秩序逐渐取代了以天朝帝国为中心的华夏天下秩序。

特别是到了新文化运动时期，当时大多数中国知识分子对它到了近乎狂热的地步，都把达尔文主义的观点视为自然界和社会的普遍定律。中国人找到了表达他们思想的理论体系。在《新青年》《新潮》及其他国内的报刊中，无论讨论什么问题，几乎每篇文章都援引达尔文的“生存竞争”“物竞天择”“优胜劣败”等风靡一时的口号。胡适回忆：“在

中国屡次战败之后，在庚子辛丑大耻辱之后，这个‘优胜劣败，适者生存’的公式确是一种当头棒喝，给了无数人一种绝大的刺激。几年之中，这种思想像野火一样，延烧着许多少年的心和血。‘天演’、‘物竞’、‘淘汰’、‘天择’等等术语，都渐渐成了报纸文章的熟语，渐渐成了一班爱国志士的‘口头禅’。”①

当时新文化派的领袖人物如陈独秀、胡适、鲁迅和蔡元培等人在不同时期也表示他们对达尔文主义深信不疑。他们总的信念是：达尔文主义不仅是生物界，而且是宇宙和人类的普遍定律。陈独秀在给毕云程的信中写道："仆误陷悲观罪戾者，非妄求速效，实以欧美之文明进化，一日千里。吾人已处于望尘莫及之地位。然多数国人犹在梦中，而自以为是。不知吾之道德、政治、工艺甚至于日用品……无一不在劣败淘汰之数。虽有极少数开明之士，其何救于灭亡之运命！？"②

胡适在《四十自述》中指出自己的名字就是这种风气下的"纪念品"，来自达尔文主义所宣扬的"物竞天择，适者生存"口号的渊源。③

达尔文主义为何对当时的知识圈产生如此大的吸引力？学者林毓生认为这是因为它可以解释中国当时被列强奴役和压迫的苦难，达尔文主义的自然法则同样可以用来解释在国际斗争的舞台上弱国被强国消灭的事实。强国在进化过程中能使自己进步所以强大，而中国人民为了生存和进步必须改变自己，传统的道德、风俗、文化都要被淘汰，成为生存竞争中的适者。这就产生了新文化派知识分子全盘反传统的思想。④

---

① 胡适：《四十自述》，见《胡适作品集》（第1集），台湾远流出版公司，1986年，第53-55页。

② 《通信》，《新青年》第2卷第3号，1916年11月1日。

③ 胡适：《四十自述》，见《胡适作品集》（第1集），台湾远流出版公司，1986年，第53-55页。

④ 林毓生：《中国意识的危机："五四"时期激烈的反传统主义》，穆善培译，贵州人民出版社，1988年，第96-97页。

杜亚泉在1913年就撰文指出，中国风靡一时的天演论，在欧美国家已早过时了。他谈到，十九世纪后半叶，物质主义风靡欧美而流行世界，我国受之，“初则为富强论，其继则为天演论，一时传播于上中流人士之间，眩耀耳目，渗入腹脏。而我国民之思想，乃陷于危笃之病态，卒至抛掷若干之生命，损失若干之财产，投入于生存竞争之漩涡中，而不能自拔，祸乱之兴，正未有艾。而此十数年来欧美社会之思潮，乃急转直下，全然改变其面目，唯物论破碎，唯心论复兴，物质主义一转而为精神主义。而我国民乃犹彷徨于唯物论之魔障中，述达尔文、斯宾塞之绪余，跼蹐于此惨酷无情之宇宙中，认物质势力为万能，以弱肉强食为天则，日演日剧，不亦可为长太息者乎？”①

学衡派的梅光迪曾对西方的文化殖民渗透有着深刻的洞见：“由尊重各个民族之天才与特性，而倡优胜民族说，法国文人戈宾诺，于一八五三至五五年，著民族优劣论，谓世界各人种，智愚不齐，只有白种能创造文化。同时而比较语言学，比较宗教学，比较道德学，及其他类似新说，喧腾一时，皆以鼓吹白种优胜，他种卑劣为其主旨……而白人对于‘有色人种’之‘领导责任’，白人之‘文化使命’，及他类似之谬说，皆习闻于欧美人之耳，积久成为信条。野心政治家与军事家，既得时髦之学说，为之根据，为之后盾，更放胆横行。十九世纪百年之间，非洲全部，为白人瓜分，太平洋印度洋群岛，亦皆为白人攫去，亚洲弱小国家，悉被蚕食，中国受创亦巨。吾人只知帝国主义者之行为，乃武力侵略，抑知其有强有力之学说，为其背景耶。”②

在社会达尔文主义和把黄种人视为低劣民族的种族分类学的影响

① 杜亚泉：《精神救国论》，见《杜亚泉文选》，华东师范大学出版社，1993年，第88页。

② 梅光迪：《近代大一统思想之演变》，见《国命》，1938年5月第6号。

下，新文化派知识分子对中国国民性和代表中国的事物都予以强烈的指责，现代中国知识分子常常心甘情愿进行自我批评。这些新文化派知识分子用夸张的语言把中国人的缺点统统概括为所谓的中国国民性。《新青年》杂志上对中国国民性的批判比比皆是："苟偷庸懦之国民""爱和平尚安息雍容文雅之劣等民族""半开化""浅化""野蛮不识字无经济能力之豚尾民族""腐败堕落到人类普遍资格之水平线以下""卑劣无耻、退葸苟安、诡易圆滑之国民性"①。

罗素也曾说，中国人能够心甘情愿地接受对自己的否定性批评："在我离开中国之际，有一位著名的作家请我指出中国人主要的弱点，我推辞不过，说了三点：贪婪、怯懦、冷漠。他听了之后，不但不生气，还认为评判恰当，进而探讨补救的方法。"② 罗素认为这体现了中国知识分子的正直诚实。而实际上，这也反映了民族劣等情结影响着他们的自我批判。

而著有《中国人的特性》一书的美国传教士阿瑟·亨德森·史密斯（中文名明恩溥）就是一个鲁迅所佩服的人。作为上海英文报纸《字林西报》的通讯员，史密斯根据他在中国传教约二十年的观察，陆续在该报上发表了一系列介绍中国人生活、风俗和性格的文章，并于 1890 年在上海结集出版。此书于 1892 年在英国出版，此后陆续在英美等国出了十几个版本，成了西方汉学中最重要的奠基作之一，在西方人的中国观形成过程中，在西方传播中国国民性方面发挥了巨大、持久的作用。史密斯以一个文化征服者、殖民者的身份来到中国，这就决定了他的观察视野和解读方式是"西方中心主义"式的。书中总体色调是阴暗的，

① 陈独秀：《抵抗力》，《独秀文存》，安徽人民出版社，1987 年，第 24 页。

② 〔英〕罗素：《中国问题》，秦悦译，学林出版社，1996 年，第 166 页。

是东方主义式的对中国卑劣国民性的描写。该书对西方认识中国产生了极大的影响，在中国也影响了一代新知识分子“国民性批判”的思潮。

鲁迅颇为赞赏该书批评中国民族性格的缺陷，这本书对其改造国民性的思想产生了重要影响。他在逝世前不久写的一篇文章中，还希望有人翻译该书，因为其意义重大：“看了这些，而自省，分析，明白那几点说的对，变革，挣扎，自做工夫，却不求别人的原谅和称赞，来证明究竟怎样的是中国人”①。

与鲁迅对《中国人的特性》的赞赏形成鲜明对照，辜鸿铭则对其表示严厉批评。他在 1915 年出版的《中国人的精神》中盛赞“中国人的精神”，而史密斯的书是辜鸿铭潜在的对话者。辜鸿铭在《中国人的精神·序言》中指出：“比如那个可敬的阿瑟·史密斯先生，他曾著过一本关于中国人特性的书，但他却不了解真正的中国人。”② 他认为史密斯写书的目的无非是想证明西方人比中国人优越，他在书中写道：“约翰·史密斯极想成为一种凌驾于中国人之上的优越者，而阿瑟·史密斯牧师则为此写了一本书，最终证明他、约翰·史密斯确实比中国人优越得多。于是，阿瑟·史密斯牧师自然成为约翰·史密斯非常亲爱之人，他那本《中国人的特性》一书，也就成了约翰·史密斯的一部圣经。”③

---

① 鲁迅：《“立此存照”（三）》，见《鲁迅全集》（第 6 卷），人民文学出版社，1981 年，第 626 页。

② 辜鸿铭：《中国人的精神》，黄兴涛、宋小庆译，海南出版社，1996 年，第 4 页。

③ 辜鸿铭：《中国人的精神》，黄兴涛、宋小庆译，海南出版社，1996 年，第 112 页；参见程巍：《鲁迅：“幻灯片事件”与“国民性”的构建》，《中华读书报》，2010 年 6 月 9 日，第 13 版。约翰·史密斯特指那些自以为比中国人优越，想要以盎格鲁·撒克逊观念开化中国人的英国人。

三、中国留学生

而基于民族共同记忆和经验的语言文字、文化、习俗、道德乃是维系国家团结和民族认同的根本。在基于民族主义的对等文化时代，如梅光迪所说“国家竞争，兼含有文化竞争，灭其国家者，必灭其文化”①。西方人相信，不仅科学技术可以用来证明西方文化的优越，宗教伦理、价值观念、社会制度也可以用来证明西方文化的优越，所以科技和价值观念总是作为文化的先行，逐渐渗透到东方各国。19 世纪末 20 世纪初，西方列强的炮舰政策和文化政策双管齐下，目的是全面征服。而西方特别想在文化上征服中国，企图改变中国人的思想和习惯，进而改变中国的制度和权力结构。正如梅光迪所指出的，“异族统治者之唯一目的，在打破被统治者之自重自信心，久之主奴之优劣，强弱智愚之歧异，成为习惯，成为传统观念，而使被统治者甘居下流，万劫不复矣。……帝国主义者，则绝然相反，自居于统治者之地位，而居他人于被统治者之地位。自认其文化为大一统文化，而不容任何他文化之并存。其性质为独占的，为无同情的，为盗贼的，为疯狂的。……今人仍欲言大一统文化，而亦知事实完全相反，故造作‘优胜民族’、‘民族使命’之种种邪说，欲以武力侵略，独享全世界主人翁之大乐”。②

教育是一个国家的未来。西方帝国主义企图文化殖民的有效工具之一就是推行殖民教育。他们一方面竞相在中国开办语言学校、教会学校、外语报纸杂志、派遣外国教师，推行其国的语言文化，在中国培植

① 梅光迪：《斥伪教育》，见《国命旬刊》第 4 号，1937 年 11 月。

② 梅光迪：《近代大一统思想之演变》，见《国命旬刊》第 6 号，1938 年 5 月。

服从于他们的知识阶层；另一方面，将中国学生送到本国，“西化”中国留学生，在思想和精神上控制中国未来的知识精英。

甲午中日战争改变了中国人的日本观，也改变了日本人的中国观。中国开始放下架子学习研究日本，纷纷派留学生、学者、官员赴日考察，寻求取得西方式富强的奥秘。而日本战胜后，反过来开始向中国输出西洋化的日本文化，其影响超过了欧西国家。日本方面甚至已将中国留学生与日本东亚大陆的战略联系在一起，“如果将在日本受感化的中国新人才散布于古老帝国，是为今后树立日本势力于东亚大陆的最佳策略”①。据统计，1909 年在华的日本教师多达 443 人。②

甲午战争后，随着日本在华势力不断扩张，西方逐渐感到了日本对其在华利益的威胁，便开始对中国展开强大的文化争夺，努力吸引中国学生前往其国家留学。于是在 20 世纪初，东西方列强掀起了一个以美国为倡导者的“退庚兴学”浪潮，纷纷争夺中国的教育阵地。在他们企图控制中国教育主权的竞争背后，实际上彰显了列强为了在华利益更为激烈的政治斗争。

1906 年 3 月 6 日，美国传教士阿瑟·亨德森·史密斯晋见罗斯福总统，他建议用“多余的庚子赔款”在中国兴学和资助中国学生来美国留学。1907 年，美国伊利诺伊州立大学校长埃德蒙·詹姆斯在致美国总统的“备忘录”中很清楚地表达了列强文化渗透的竞争关系，他最终谈到了美国的利益所在——文化侵略将比武力侵略获得更多的利益和回报。“哪一个国家能够做到教育这一代中国青年，哪一个国家就能够由于这

① 李喜所：《中国近代社会与文化研究》，人民出版社，2003 年，第 660 页。

② 汪向荣：《日本教习》，中国青年出版社，2000 年，第 176 页。

方面所支付的努力，而在精神和商业上的影响取回最大的收获。”① 为了美国的长远利益，即造就一批能为美国服务的“熟悉西方价值观的人才”，从而以“最圆满与最巧妙的方式而控制中国的发展”，美国总统罗斯福接受了两人的建议，并于1908年宣布退还剩余的庚子赔款，并将其作为教育专用。

在美国的影响下，英、日、荷、法、比、意等列强也都纷纷退款以“帮助”中国兴学。这虽然对中国的教育发展客观上有一定的推动作用，但从根本上说，这种退款是列强代替武力侵略，对华进行的文化渗透和思想侵略。列强退款兴学，其背后的真实目的是想控制中国的教育，企图借此在精神上支配和影响中国的未来知识阶层，使中国人民在不知不觉中对它发生好感，心甘情愿的受其统治与奴役。从某种意义上说，也是对中国教育主权的一种干涉。

事实上，新文化派知识分子大多都是在西方或者日本接受的教育。他们留学时深受“西方中心主义”影响，接受了西方现代主义直线式发展的历史观念，把中国看成是西方的过去，将西方现代主义等同于现代性，并以此当作反中国传统文化合法性的武器，建立自己的话语霸权，对那些站在所谓“保守”立场上的人们加以攻击。他们天真地相信，西方现代主义可以帮助中国实现现代化。史书美称之为“西方主义”，这是一种浮躁的、盲目的、非理性的对待西方文化的态度，一厢情愿地认同西方文化，不顾一切地排斥本民族的传统文化，他认为：“西方主义不仅没有对西方构成‘表述遏制’，反倒是帮助他者（西方）获得了超

① 清华大学经济系二年级银行专修科团支部：《美帝退还庚款的阴谋》，见舒新城编：《中国近代教育史资料》（下册），人民教育出版社，1981年，第1105页。

越于当时被特殊化了的中国文化之上的普适价值。”①

正如学者周宁所指出的，“新文化运动的文化自省与批判，从一开始就具有某种虚幻性”，因为“其观念基础不是建立在中国现实上，而是建立在西方的中国形象上”，即“西方之中国”，于是，“中国文化自省中最强烈的言说掩盖着一种集体失语的过程”。②

四、新文化运动

20世纪初，当中国的新知识分子声称要与过去彻底断绝关系时，他们实际上也在致力于重建中国人的国家记忆。这些知识分子参与到关于中国认同的政治辩论中来，其中一个方案就是“全盘否定正统的中国历史，然后重建中国的历史”。伍廷芳认为“清政府就是传统中国的缩影，是旧中国自大、愚昧和耻辱的象征”，“辛亥革命就是对清政府的彻底否定”。而梁启超的思想尤为激进，他不仅认为“满清王朝一无是处，而且中国以往的历史也是毫无价值”，甚至认为“中国只有历代王朝的历史以及达官贵族的‘家谱’”，而没有国家的历史。③

作为中国传统世界观的思想基础，“儒家传统得以传承下来的基础主要是科举制度以及用于培养封建官僚的儒家教育传统”。然而，1905年，清政府废除科举制，这一重大改革措施表明“清政府无疑在与传统的文化、思想和制度断绝关系”。此外，由于“科举制度一直是士绅阶

---

① 〔美〕史书美：《现代的诱惑：书写半殖民地中国的现代主义（1917—1937）》，何恬译，江苏人民出版社，2007年，第18页。

② 周宁：《停滞/进步：西方的形象与中国的现实》，《书屋》2001年第10期，第19页。

③ 〔美〕徐国琦：《中国与大战：寻求新的国家认同与国际化》，马建标译，上海三联书店，2008年，第29-30页。

层赖以存在的基础，而士绅则是中国传统文化的象征”。科举制度废除后，“士绅作为一个社会阶层逐渐消失，而传统社会也因此丧失了它强大的凝聚力”①。

在中国传统的儒教中，皇帝是被赋予了绝对的、超自然的、全能的力量，这种皇权信仰给予了中国人民以安全感，这如同基督教国家中对上帝的信仰是一样的。正如辜鸿铭在《春秋大义》一书中指出的：“孔子对中国人民最伟大的贡献是给予中国人一个真正的国家观念——一个有着真实的、合理的、不朽的、完善基础的国家观念，并且给中国人创立了一个宗教——国家宗教。”在《春秋》这部书中，“孔子首次确认了忠诚之道，称之为春秋名分大义，或简称为春秋大义。孔子的这部传授忠诚之道的著作，就是中华民族的大宪章。它使全国人民和整个国家绝对地效忠于皇帝”。②

1912 年，中国建立了共和政府，辛亥革命不再是一次封建皇权的改朝换代，中国的王朝制度崩溃，几千年的皇权消失，几千年来古老的民族共同体的核心“皇帝或天子”也消失了。中国传统的政治、社会与文化最大的特点是三者的中心定于天子的位置上，政治秩序与文化秩序是密切结合，这种政教合一的现象是导致文化大解体的重要原因之一。政治秩序在帝国主义侵略之后崩溃，文化秩序也因此分解了。约瑟夫·列文森（Joseph Levenson）认为：“在几千年的封建帝制结束之后，即使中华民国徒有其表，她也赋予了新思想存在的合法性，而这种新思想正好瓦解了中国人的忠君观念。”③ 这种信仰来源的消失，也带走了“忠

---

① 〔美〕徐国琦：《中国与大战：寻求新的国家认同与国际化》，马建标译，上海三联书店，2008 年，第 30-31 页。

② 辜鸿铭：《中国人的精神》，黄兴涛、宋小庆译，海南出版社，1996 年，第 57 页。

③ 〔美〕列文森：《儒教中国及其现代命运》，郑大华、任菁译，广西师范大学出版社，2009 年。

诚之道”和“春秋大义”的意义源头，剩下的只有无政府主义。

在构造民族共同体的过程中，历史意识发挥重要作用。本尼迪克特·安德森在《想象的共同体》中指出，“民族”是一种“想象的政治共同体”，即一种社会文化建构，而国家是一个民族共同体，共同的历史文化背景和民族记忆将一个国家的众多成员凝聚团结在一起。而作为民族意识的历史记忆是民族记忆的重要组成部分。此外，历史表述与政治和文化认同之间的关系非常明确。马修·阿诺德在 1867 年就指出“文化暗示了国家的观念”。[①] 学者徐国琦指出：“当人们设法寻求新的国家认同时，他们必须重新构建他们国家的历史记忆，因为历史记忆牵涉到对待他们国家的文化与传统的态度，正是这种对待传统文化的态度决定了国家的认同。”[②]

清末民初之际，从“洋务派”到“戊戌变法”，从辛亥革命再到新文化运动，中国人对自己传统文化似乎逐渐失去了信心。一个民族对自己的固有文化看不起，便自然会失去自信心，特别是在强势的外国文化入侵时变得更加自卑。

在激进的新文化运动的影响下，中国在观念上彻底接受了西方文化的世界秩序与价值，即认同西方进步和东方落后的观念。在儒教的源头消失后中国亟须从以“共同的想象”为象征纽带的古老的民族共同体转化为以“国家主权”和“国家全面控制”为标志的现代民族国家，“通过世俗的形式，重新将宿命转化为连续，将偶然转化为意义”，而“民族”的概念更适于完成这个使命。

---

① Matthew Arnold, *Culture and Anarchy: With Friendship's Garland and Some Literary Essays*, Robert H. Super ed., University of Michigan Press, 1965, p. 135.

② 〔美〕徐国琦：《中国与大战：寻求新的国家认同与国际化》，马建标译，上海三联书店，2008 年，第 28 页。

20世纪10—20年代，正当中国需要恢复历史记忆，塑造安德森所说的“想象的共同体”，从而为建构民族国家提供合法性思想基础，为中国人建构自己民族国家提供动力、源泉和精神力量时，激进的新文化派则试图从历史、语言、宗教、道德、风俗、礼仪等各方面消除国家历史记忆、消灭国性，显示出反民族国家的世界主义倾向。

（一）文化：反传统的全盘西化论

在欧洲爆发第一次世界大战的同时，陈独秀等激进的中国新知识分子以《新青年》为阵地发起了新文化运动。中国知识分子一扫昔日的绝望和悲观情绪，致力于生气蓬勃的文化复兴运动，新文化运动在短时期内深刻地影响了一代中国人。同欧洲的1914年一代不同的是，这一批中国人并不“徘徊在两个世界之间”，他们决心彻底改造中国的面貌。他们向“旧的”霸权——旧文化、旧传统和旧认同发起文化战争，该运动的根本目标就是促使中国与过去彻底断绝关系，破坏而非建设实际上成为新文化运动的主要特征。

新文化派以极大的激情拥抱新文化，批判旧文化，以“打倒孔家店”为口号的“全盘反传统”特色极为突出，这与当时中国新知识分子所处的历史环境有关，也与他们的心态和思想方法有关。中国近代史几次革命的失败，使得当时的知识界产生急躁情绪与无力感，同时，他们又试图从文化上寻找失败的原因。新文化运动青年知识分子内心强烈的“反传统”思潮涌动，从历史根源上说是由中华民族的危机造成的，另外，这也与青年的激进性格、政治文化体验的不成熟有密切关系。

在整个东西文化问题论战的过程中，新文化派人物将辫子、小脚和鸦片等象征中国落后的事物作为中国文化的象征，另外，把中国社会的落后和腐败一律归于传统文化，甚至还专门将中国的缺点和西方的优点对比。陈独秀在1918年的《今日中国之政治问题》一文中写道："若是决计革新，一切都应该采用西洋的新法子，不必拿什么国粹，什么国情的鬼话来捣乱。"① 他列举的"中国老法子"多是传统文化的糟粕，如专制政治、天神、圣王、鬼神、灵魂、炼丹、符咒、算命、卜卦、扶乩、风水、阴阳五行等，而他积极倡导的"西洋新法子"都是西方制度的优点，如民权、法制、平等、科学、卫生等，而这种比较的结果当然是很明显的。在另一文章中，陈独秀还把"温良恭俭让信义廉耻诸德及忠恕之道"等儒家倡导的核心价值观排除在儒教外，并认为"此等道德名词，乃世界普通实践道德，不认为孔教自矜独有者耳"。②

另外，陈独秀还坚信"要拥护那德先生，便不得不反对孔教，礼法，贞洁，旧伦理，旧政治。要拥护那赛先生，便不得不反对旧艺术，旧宗教。要拥护德先生又要拥护赛先生，便不得不反对国粹和旧文学"③。学者陈来指出，陈独秀由"三纲五常"便引申到否定全部孔子思想，否定整个儒学传统及整个传统文化，把传统与现代截然分开并对立起来，显然是以偏概全的。陈来认为，传统的价值系统应经过创造性的转化可以继续成为现代人生存不可或缺的部分。④

在陈独秀眼中，东西、新旧似乎是水火不容的两极，他写道："无论政治、学术、道德、文章、西洋的法子和中国的法子，绝对是两样，断断不可调和迁就的。……因为新旧两种法子，好像水火冰炭，断然不能相容；要想两样并行，必至弄得非牛非马，一样不成。"⑤ 又如，他

---

① 陈独秀：《今日中国之政治问题》，《新青年》第5卷第1号，1918年7月。

② 陈独秀：《答〈新青年〉爱读者》，见《独秀文存》，安徽人民出版社，1987年，第714页。

③ 陈独秀：《本志罪案之答辩书》，《新青年》第6卷第1号，1919年1月。

④ 陈来：《传统与现代——人文主义的视野》，北京大学出版社，2006年，第48页。

⑤ 陈独秀：《今日中国之政治问题》，《新青年》第5卷第1号，1918年7月。

说："一方面提倡西洋实验的医学，一方面又相信三焦、丹田、静坐、运气的卫生。我国民的精神颠倒错乱，怎样到了这等地步！"①

钱玄同则将反对国粹、输入欧化的主张推向了极致，"我以为今后的中国人，应该把所有的中国旧书尽行搁起，凡道理，智识，文学，样样都该学外国人，才能生存于二十世纪，做一个文明人"②。"旧则旧，新则新，两者调和，实在没有道理，制度是有机体，牵一发而动全身，我以为真应该是：东方文化连根拔去，西方文化全盘承受才是。"③

这些新文化派人物试图在根本上改变中国的文化和传统，与此同时，也变成了西方的皈依者。对于寻求新的国家认同，陈独秀在 1916 年这样说："妄欲建设西洋式之新国家，组织西洋式之新社会，以求适今世之生存，则根本问题，不可不首先输入西洋式社会国家之基础，所谓平等人权之新信仰，对于与此新社会、新国家、新信仰不可相容之孔教，不可不有彻底之觉悟，猛勇之决心；否则不塞不流，不止不行！"④在对西方优越性的认可崇拜中，诞生了这种五四式的全盘性反传统主义，以及由此衍生的全盘西化论，这些激进的知识分子创造出中国文化的自我形象。

陈独秀的这种主张得到很多人的赞同。因为这些舆论精英的呐喊、鼓吹，创建一个以西方观念为基础的国家认同成为 20 世纪 10 年代许多中国公众的庄严目标。毛泽东也曾认为中国在第一次世界大战时期的思想状况是"向西方寻求真理"。毛泽东后来回忆起他在一战时期的思想

---

① 陈独秀：《今日中国之政治问题》，《新青年》第 5 卷第 1 号，1918 年 7 月。

② 钱玄同：《对于朱我农君两信的意见》，见《钱玄同文集》第 1 卷，中国人民大学出版社，1999 年，第 220 页。

③ 钱玄同：《钱玄同日记》（第 6 册），福建教育出版社，2002 年，第 2844 页。

④ 陈独秀：《宪法与孔教》，见《独秀文存》，安徽人民出版社，1987 年，第 79 页。

追求时说道："要拯救中国，我们必须改革；要改革，我们必须向外国学习。那时在列强中间，只有西方资本主义国家是进步国家。"①

新文化派的领袖人物陈独秀在谈到东西文明的差异"西洋民族以战争为本位，东洋民族以安息为本位"时，竟然大力称赞"西洋诸民族，好战健斗，根诸天性，成为风俗。自古宗教之战，政治之战，商业之战，欧罗巴之全部文明史，无一字非鲜血所书。英吉利人以鲜血取得世界之霸权，德意志人以鲜血造成今日之荣誉"②。与之形成鲜明对比的是，他对注重和平与文化教养的东方文化极力排斥，把爱好和平当作东洋民族"卑劣无耻之根性"，甚至提出"爱和平尚安息雍容文雅之劣等东洋民族"。③ 在社会达尔文主义的影响和鸦片战争以来中国饱受侵略的现实下，陈独秀丧失了价值理性标准，他几乎变成一个战争与鲜血的崇拜者，把和平的价值当作文化的劣根性，使他的救亡的现实意识压倒了他在文化上的价值判断。

在五四新旧争论中，激进的新文化派主张新旧完全对立，在他们眼中，西方代表了先进和文明，而中国则是落后、愚昧的象征，并认为要建立以先进西方为代表的新文化，必须彻底铲除落后中国的旧文化。与激进的新文化派不同，中国的文化保守主义者则看到了新旧并非决然对立，而是可以相互融合。他们努力维护国家认同，并开始了对西方文化的反思。

辜鸿铭对当时中国盲目崇拜西方的趋势也有着深刻的洞见："现代中国人，尤其是年轻人，有着贬低中国文明，而言过其实地夸大西方文

① *Selected Works of Mao Zedong*, Beijing: Foreign Language Press, 1965, pp. 1774-1775.

② 陈独秀：《东西民族根本思想之差异》，《青年杂志》第1卷第4号，1915年12月。

③ 陈独秀：《东西民族根本思想之差异》，《青年杂志》第1卷第4号，1915年12月。

明的倾向。”他对此做了形象的比喻，这些青年“都是通过望远镜来观察西方文明的，因而使得欧洲的一切都变得比实体伟大、卓越。而他们在观察自身时，却将望远镜倒过来，这当然就把一切都看小了”。他遗憾地谈到现在“中国之所以处于目前这样悲惨的境地，主要是因为我们中国人，尤其是知识分子将东方文明的精华部分都抛却了的缘故”①。

与激进派要求彻底铲除中国旧传统不同，文化保守派更认为传统的连续很重要，传统并非都与现代对立而应被抛弃。章士钊 1919 年在寰球中国学生会上发表演说时称：“新时代云者，决非无中生有、天外飞来之物，而为世世相承连绵不断。”“今之社会道德，旧者破坏，新者未立，颇呈青黄不接之观，而在此欧战期后为尤甚。人心世道之忧，莫切于此。”他以欧洲第一次世界大战后的情况为例，论证“道德上复旧之必要”。“凡欲前进，必先自立于根基。旧者，根基也。不有旧，决不有新，不善于保旧，决不能迎新；不迎新之弊，止于不进化，不善保旧之弊，则几于自杀。”他强调“固有之道德学问”是本原，如果没有好好保存疏导就是忘本的表现。②

1918 年 11 月 10 日，梁济甚至以殉义来保存“国性”，他在遗书中写道：“我旧说以忠孝节义范束全国之人心，一切法度纲纪经数千年圣哲所创垂，岂竟毫无可贵，何必先自轻贱，一闻新说，遂将数千年所尊信持循者弃绝，不值一顾，对于新人物有自惭形秽、嗫嚅不敢言之概，甚或迎合新人物，毁骂先代遗传，诟辱自家学理，岂国家数百年条教所颁，以及吾人胜衣就傅数十年朝斯夕斯者全属虚伪无物乎？”梁济所殉

---

① 辜鸿铭：《什么是民主》，见《辜鸿铭文集》（下），黄兴涛等译，海南出版社，1996 年，第 312-313 页。

② 章士钊：《新时代之青年》，《东方杂志》第 16 卷第 11 号，1919 年 11 月。

之“义”是忠孝于国家与世界的道德伦理，他认为世局败坏的原因在于失去了“名分大义”，“全国人不知信义为何物，无一毫拥护公理之心，则人既不成为人，国焉能成为国？欲使国成为稳固之国，必先使人成为良好之人，此鄙人所以不自量力，明知大势难救，而捐此区区，以聊为国性一线之存也”[①]。学者程巍评价指出，梁济“期望把作为中国文化本位的责任伦理当成一笔深厚的道德遗产馈赠给民国，不仅如此，他还将自己的‘就义’行为来躬行此种责任伦理，为民国之人树立一个可以效法的榜样。这就使他的‘殉义’完成了从‘殉清’到‘殉中国’再到为共和而殉的一连串转换”[②]。

第一次世界大战也引起了中国知识分子对西方文明的反思和批判。当时中国最早著文指出西方文明缺陷的是《东方杂志》主编杜亚泉，他在欧战初期就发表文章，指出西方文化在战争中已暴露其弊端，欧战将激起中国人的“爱国心”，国人应当重新审视中西方文化而不能全盘照搬西方。[③]

大战爆发的第二年，辜鸿铭的《中国人的精神》出版。辜鸿铭认为“今日欧洲文明的基本谬误，正根源于对于人性的错误认识，即根源于人性本恶的观念，因为这种错误的观念，欧洲的整个社会结构总要依赖于武力来维系”[④]。西方的军国主义已使欧美文明“濒临破产的关头”，而中国人仍“过着真正的生活，过着心灵的生活”[⑤]。辜氏认为欧洲人

---

① 梁济：《梁巨川遗书》，黄曙辉编校，华东师范大学出版社，2008年，第55、53页。

② 程巍：《“遗老”眼中的辛亥革命》，《中国图书评论》，2011年第8期，第23页。

③ 伧父：《大战争与中国》《大战争之所感》，《东方杂志》第11卷第3号、第4号，1914年9月1日、1914年10月1日。

④ 辜鸿铭：《中国人的精神》，黄兴涛、宋小庆译，海南出版社，1996年，第23页。

⑤ 辜鸿铭：《中国人的精神》，黄兴涛、宋小庆译，海南出版社，1996年，第27页。

民战后将在中国“找到解决战后文明难题的钥匙”，中国人的义和礼，这两种和平的力量正是“孔子赋予我们中国人民良民宗教的精华”。此书在西方影响颇大，当时西方一些学者对西方文明已经失望，他们借助此书想象了一个东方文明，并希望它能挽救西方文明。

在杜亚泉和辜鸿铭之后，梁启超根据实地考察，发表了更多更深刻的反思西方文化的文章。从 1918 年底欧战刚刚结束，到 1920 年 3 月，梁启超、张君劢、蒋百里等七人赴英、法、比、荷、瑞、意、德等欧洲国家考察。当时，梁启超还在途中随时记录自己的观察和思考，后来整理为著名的《欧游心影录》。回国后，上海的《时事新报》和北京《晨报》副刊数月连载梁启超的随感录，在国内影响很大。他以耳闻目睹、亲身考察的事实，向国人生动地介绍和描绘了欧洲在第一次世界大战后凄惨衰败的景象，他认为欧洲的物质文明行将破产，中国人对于世界文明之大责任是“拿西洋的文明来扩充我的文明，又拿我的文明去补助西洋的文明，叫他化合起来成为一种新文明”①，用构筑的新文明来拯救西方文明。

梁启超回国后发表了多次演讲，补充了其在《欧游心影录》中的观点，他谈到欧洲之行让他对中国文化的悲观情绪一扫而光。如在中国公学发表的演说中谈到欧洲文明已经是穷途末路，中国不必效法它们。“考欧洲所以致此者，乃因其社会上政治上固有基础而自然发展以成者也。其固有基础与中国不同，故中国不能效法。”演说全文充满了乐观的情绪，他主张“不必学他人之竞争主义，不如就固有之特性而修正扩充之也。……吾人当将固有国民性发挥光大之，即当以消极变为积极

① 梁启超：《欧游心影录》，《晨报》副刊，1920 年 3 月 6 日至 8 月 17 日。

是已。”①

1920年底，梁漱溟出版了其演讲集《东西方文化及其哲学》，提出了世界文化发展著名的“三种路向”说，他认为当前建立在西方哲学基础上的西方文化，已暴露出诸多缺陷和弊病，不得不做出改变，即将由第一路向改为第二路向，未来文化就是“中国文化之复兴”。作为近代中国人系统讨论东西方文化的首部著作，该书一出版就在国内引起了激烈的争论。

中国激进的新文化派则对大战在东西方引起的反响不屑一顾。胡适在《我们对于西洋近代文明的态度》一文中指出，大战后西方人对西方文化产生一种“厌倦的反感”，因此“我们时时听见西洋学者有崇拜东方文明的议论”。他认为这种议论只是“一时的病态的心理，却正投合东方民族的夸大狂；东方的旧势力就因此增加了不少的气焰”②。这种观点没有看到大战后世界和中国社会文化思潮发生的新的变动，即“西方中心论”的修正和东西方文化开始走向对话的现实，因而是主观的、片面的、以偏概全的说法。

（二）文学文字：文学革命与废灭汉语

对于新文化派人物，文学革命是更广泛的思想和伦理道德革命的第一步。文学革命虽号称“建设”，其本身却包含了主动的攻击性，要主动与传统决裂。胡适发表《文学改良刍议》后，林纾敏感地察觉到“古系之绝”，即传统中断的危险，写文章主张中国的古文不宜废，希望

---

① 梁启超：《在中国公学之演说》，《东方杂志》第17卷第6号，1920年3月。

② 胡适：《我们对于西洋近代文明的态度》，《现代评论》第4卷第83期，1926年7月10日。

“延古文一线”。[①] 学者程巍认为，林纾实际上“并不反对白话和新文化，他自己就是白话和新文化的实践者，但他反对以尽废古文为目标的白话革命和以废弃旧文化为目标的新文化运动”[②]。

可是新文化派并不放过他，他是激进派“制造”的一个革命对象。新文化派对林纾的攻击，遵循了主动进攻的革命态度。胡适在《五十年来中国之文学》中指出，文学革命运动与以前的白话文运动一个不同之处就是“老老实实的攻击古文的权威”[③]。1919 年 3 月周作人在《思想革命》一文中说新文化人反对古文，不仅因为其难以表现思想，也因为它“内中的思想荒谬”，故主张“文学革命上，文字改革是第一步，思想改革是第二步”[④]。从某种程度上说，林纾是中国思想激进化的一个受害者。

新文化派人物的一个共同趋向是视“旧制度”为万恶之源，并要尽全力毁灭，另外，他们把“旧制度”和“旧道德”“旧传统”“旧思想”“旧文学”画上了等号，因此他们的“革命”范围并不限于文学和思想范围。如周作人所说：“我们生在这好而又坏的时代，得以自由的创作，却又因为传统的压力太重，以至有非连着小孩一起便不能把盆水倒掉的情形。”[⑤] 他们为了倒掉盆里的水，明知要牺牲小孩也在所不惜。

新文化派把传统与现代截然分开对立更极端的例子是提出废灭汉字，而代以“世界语”为中国国语的主张。钱玄同早在 1918 年就有改

---

① 林纾：《论古文之不宜废》，上海《民国日报》，1917 年 2 月 8 日。

② 程巍：《反对派之殇——从林琴南到梁巨川》，《上海文化》，2009 年第 4 期，第 95 页。

③ 胡适：《五十年来中国之文学》，见欧阳哲生编《胡适文集》3，北京大学出版社，1998 年，第 252–253 页。

④ 周作人：《谈虎集》（上），北新书局，1928 年，第 5–8 页。

⑤ 周作人：《自己的园地 · 〈旧梦〉序》，人民文学出版社，1988 年，第 105 页。

革汉字的主张，他在《中国今后之文字问题》一文中明确提出废除汉文的观点。他写道，“欲废孔学，不可不先废汉文”；而“欲驱除一般人之幼稚的野蛮的顽固的思想，尤不可不先废汉文”①。从字形上说，他认为中国文字是“象形文字之末流”，不像拼音文字那样便于识记；从字义上说，中文“意义含糊，文法极不精密”；从其在学问上的应用来说，“新理新事新物之名词，一无所有”；从其历史来看，绝大多数为“记载孔门学说及道教妖言之记号”。因而他得出结论，汉语“断断不能适用于二十世纪之新时代”②。另外，他还建议废汉文后采用世界语（Esperanto）。在1923年发表的长篇论文《汉字革命》中，钱玄同指出，为了使中国“和世界文化不隔膜”，应对汉字进行“根本改革”，主张“无限制的采纳外国的词儿并且直写原字到国语中来”，从而弥补“国语贫乏的缺陷”，因此“非将国语改用罗马字母式的字母拼音不可”③。

语言文字是一个国家文化的集中表现，而文化又是国家民族认同的基础。19世纪的欧美民族国家都发生了“语言纯化运动”，目的在于强化本国的语言文字，排除外来语言对本国文字的入侵，从而强化民族和国家认同，塑造一种国家主义和民族主义精神。当时怀揣“世界主义”的新文化运动派则主张“废灭汉语而采用世界语”，断言“汉语不灭，中国必亡”，这等于是自动放弃自己本有的语言、文字、文化，即自己的民族性和民族认同的根本。所谓的“世界主义”实际上是“帝国主义列强消解中国的民族认同和国家认同的文化殖民阴谋”④。另外，对于地域辽阔、方言众多的中国而言，若以拼音文字取代汉字，“言文一

---

① 钱玄同：《中国今后之文字问题》，《新青年》第4卷第4号，1918年4月15日。

② 钱玄同：《中国今后之文字问题》，《新青年》第4卷第4号，1918年4月15日。

③ 钱玄同：《汉字革命》，《钱玄同五四时期言论集》，东方出版中心，1998年，第250-251页。

④ 程巍：《“遗老”眼中的辛亥革命》，《中国图书评论》，2011年第8期，第19页。

致”的拼音文字只会导致中国语言的分裂，而这无疑会加强离心力，加剧国家的分裂。

（三）历史记忆：疑古派与历史虚无主义

这些激进的世界主义者，在历史方面的代表疑古派则试图摧毁中国的历史记忆，走向历史虚无主义。由于胡适等人的提倡，当时学术界整理国故，疑古辨伪的风气盛行。1921 年胡适发表《研究国故的方法》的演讲，倡导“疑古的态度”，这直接影响了 1922 年出现的以钱玄同（从 1925 年 8 月起，钱玄同甚至废钱姓而以疑古玄同为名）和顾颉刚为代表的疑古派。

顾颉刚在《与钱玄同先生论古史书》一文中提出了著名的“层累地造成的中国古史”观，即“时代愈后，传说的古史期愈长”，“时代愈后，传说中的中心人物愈放愈大”。① 钱玄同在《答顾颉刚先生书》中甚至对“六经”提出了怀疑的意见，并批评了“六经”注疏，“两千年中的学者对于‘六经’的言传身教，以汉儒为最糟。他们不但没有把真伪辨别清楚，他们自己还要作伪……无论今文家、古文家，都是‘一丘之貉’……他们全是望文生训，闭眼胡说”。② 钱玄同甚至批判许慎的《说文》是一部“集伪古字、伪古义、伪古礼、伪古制和伪古说之大成的书”。③

疑古派的主要目的是以所谓“科学的方法”辨伪——辨伪书，辨伪事，辨伪史，一方面整理、介绍前人辨伪的文献；另一方面自己继续前

---

① 顾颉刚：《与钱玄同先生论古史书》，《古史辨》（第 1 册），上海古籍出版社，1981 年。

② 钱玄同：《答顾颉刚先生书》，《钱玄同文集》（第 4 卷），中国人民大学出版社，1999 年。

③ 钱玄同：《跋汪荣宝〈歌戈鱼虞模古读考〉》，《钱玄同文集》（第 4 卷），中国人民大学出版社，1999 年。

人的工作，把一切伪事、伪书和伪史都揭破出来。他们追溯古氏中一切伪事的来源和变化，企图证明中国古史是虚妄的，并把伪书和真书中的伪史完全推翻。胡适否定《诗经》以外的古文献，否定东周以上关于古史的有关记载和传说；顾颉刚认为尧、舜、禹等人和他们的历史是不存在的。这样，五千年的中国历史经他们这样一辨，只剩下两千余年，中国自东周以前只好说是无史。用顾颉刚的话说，"现在所谓很灿烂的古史，所谓很有荣誉的四千年的历史，自三皇以至夏商，整整齐齐的统系和年岁，精密的考来，都是伪书的结晶品"。[①]

张东荪反对"整理国故"一帮人的态度。"他们把国故当作欧洲学者研究埃及文字与巴比伦宗教一样看待。简直把中国文化当作已亡了数千年的古董来看。所谓国学直是考古学。外国人研究中国学术取这样的态度原不足怪，最可笑的是中国人因为外国人如此，所以亦必来仿效一下，而美其名曰科学方法。"[②]

尽管历史记忆是一个有关过去的信仰和观念的有机体，但是阐释历史过程的主要任务不在历史事实本身，而是在于解释现实，以及沟通过去与当代之间的关系。由于历史记忆有助于群体和社会理解他们的过去和现在，并且能够鉴往知来，所以它与国家认同有着直接明确的联系。政治学家卢西恩·派伊曾指出"人民如何共享集体记忆决定了他们的国家认同的主要内容"[③]，而学者约翰·吉利斯也认为"记忆与认同是相

---

① 顾颉刚：《古史辨》（第1册），上海古籍出版社，1981年，第35页。

② 张东荪：《现代的中国怎样要孔子?》，《正风》半月刊第1卷第2期，1934年。

③ Lucian Pye, How China's Nationalism was Shanghaied, in *Chinese Nationalism*, Jonathan Unger and Geremie Barme eds., M. E. Sharpe, 1996, p. 88.

互作用的”[①]。民族的历史甚至是神话，都是共同的记忆、共享的尊严，通过历史和既有文化把民族的成员连接在一起，形成民族认同，它是建构民族主义的基础。而疑古派的做法切断了中华民族国家认同的集体历史记忆，疑古的结果是走向了历史虚无主义。

艾瑞克·霍布斯鲍姆在《传统的发明》一书中指出，当“一个变化中的社会使传统的国家、社会或政治等级制的统治形式变得愈益艰难或行不通”时，就要求“新的统治方法或建立忠诚纽带的新方法”。他观察到，工业革命后在1870年到1914年间欧洲国家发生了深刻而迅速社会变化，于是国家大规模地“发明”和“生产”“传统”。这些“被发明的传统”总是人为地与“某一适当的具有重大历史意义的过去建立连续性”，其目的是“以确保或是表达社会凝聚力和认同，并建构社会关系”。[②]

1910年代，中国共和制度随即名存实亡，国家陷入无政府状态，中国当时正陷入内部军阀割据，外部列强环伺的危机中，需要的是民族和国家认同，需要的是新的忠诚纽带和社会凝聚力。然而，这些疑古派人物秉承文学革命的反传统和怀疑主义态度，采取试图切断中华民族历史记忆，这无疑加重了国家认同的瓦解。

---

① John R. Gillis, *Commemorations: The Politics of National Identity*, Princeton University Press, 1994, p. 4.

② ［英］艾瑞克·霍布斯鲍姆：《大规模生产传统：1870—1914年的欧洲》，见《传统的发明》，顾杭、庞冠群译，译林出版社，2004年，第338页。

第二章

寻求中国文化独立

——罗素与中国知识界的中西文化论战

在1922年出版的《中国问题》一书中，罗素曾回忆他1920年10月在杭州西湖游览的一段经历："我记得有一个热天，我们一行人出游，坐轿登山。山道崎岖难行，轿夫十分辛苦。到了旅行的最高峰，我们休息十分钟，让轿夫也可休息一会儿。他们于是就坐成一排，取出烟管，互相取笑，仿佛世间万事都已了无牵挂。"①

在罗素看来，即使在国家混乱动荡，经济落后萧条，生活艰难困苦之时，中国人却仍表现出安详沉稳、与世无争、乐天自足的态度和精神，这是争强好斗、私欲膨胀、颐指气使的西方人所缺乏和亟须补充的。实际上，罗素对中国人性格的欣赏与他鼓励"创造性的冲动"，减少"占有性的冲动"② 的主张也十分一致。

然而，鲁迅对罗素欣赏的"轿夫的幸福"颇不能认同，甚至怀疑罗

---

① 〔英〕罗素：《中国问题》，秦悦译，学林出版社，1996年，第159页。

② 罗素对"创造性的冲动"和"占有性的冲动"的定义参见 Bertrand Russell, *Principles of Social Reconstruction*, London: George Allen & Unwin Ltd., 1920, p. 233. 中译文见〔英〕罗素：《社会改造原理》，张师竹译，上海人民出版社，1959年，第137页。

素赞美中国文化的用心。他在1925年写的《灯下漫笔》一文中评论道："外国人中，不知道而赞颂者，是可恕的；占了高位，养尊处优，因此受了蛊惑，昧却灵性而赞叹者，也还可恕的。可是还有两种，其一是以中国人为劣种，只配悉照原来模样，因而故意称赞中国的旧物。其一是愿世间人各不相同以增自己旅行的兴趣，到中国看辫子，到日本看木屐，到高丽看笠子，倘若服饰一样，便索然无味了，因而来反对亚洲的欧化。这些都可憎恶。至于罗素在西湖见轿夫含笑，便赞美中国人，则也许别有意思罢。但是，轿夫如果能对坐轿的人不含笑，中国也早不是现在似的中国了。"① 与罗素欣赏的中国人性格中的"乐天自足、与世无争"截然不同，在鲁迅看来，轿夫们"又说又笑"是中国人"奴性"这一最劣等国民性的表现。他希望被奴使的麻木不仁的轿夫能够觉醒，奋起反抗，摆脱被奴役被压迫的命运。

罗素与鲁迅对轿夫迥异的态度，实际上反映了当时东西方对中国文化态度的差异。在如火如荼进行的新文化运动全盘反传统的激进氛围中，新文化运动派知识分子对中国国民性和代表中国的事物都予以强烈的指责，并心甘情愿地自我批评。在中国人激烈地全盘否定中国文化之时，经历了欧战的罗素对西方文明丧失了信心，对人类的未来忧心忡忡。于是，他怀着寻求希望的心情来到中国，渴望东方文明能够挽救病入膏肓的西方文明。他来华后发表的称赞中国文化的言论与中国思想界反传统的主流背道而驰，引发激烈争论也在所难免。

---

① 鲁迅：《灯下漫笔》，见《鲁迅全集》(第1卷)，人民文学出版社，2005年，第228页。

第一节　罗素来华缘起

1917年11月30日，在辞去北洋政府财政总长后，梁启超开始回归到思想文化领域。这时，在新文化运动的推动下，欧西的新思想、新文化纷纷涌入中国，中国新知识分子也渴求新知。1918年底，他率领包括蒋百里、张君劢、丁文江在内的考察团赴欧洲考察大战后欧洲的新形势。在赴欧洲期间，梁启超时刻关注国际思想文化动态，并拜谒了亨利·柏格森、鲁多夫·倭铿（今译奥肯或奥伊肯）等著名学者。1920年3月，梁启超回到国内。欧洲之行后，梁启超希望在中国文化事业上大干一场，他理想中的目标有二："一为整理国学，一为灌输西方新思想及新科学，融合二者来确定中国的文化路线。"① 当时风靡一时的新文化运动尚缺少一个中心机构，于是，他便发起在北京欧美同学会内设立"共学社"，收集政治、经济、军事、文艺多种文稿和译稿，交由商务印书馆出版丛书。另外，他与蔡元培、汪大燮三人共同发起"讲学社"，预定每年请一位著名的外国学者来华讲学②，在梁启超看来，这是学习西方先进思想文化最直接的方式，其最终目的是要提高国人的思想文化水平。③

1920年5月，北京大学讲师傅铜提议邀请罗素来华讲学，梁启超表示同意，并委托傅铜和蔡元培负责相关邀请工作。考虑到研究系都支持

---

① 陶菊隐：《蒋百里传》，中华书局，1985年，第52页。

② 讲学社所聘请的国际学者有杜威（由北大邀请而由讲学会转请），胡适之担任翻译；罗素，赵元任担任翻译；泰戈尔，徐志摩担任翻译；杜里舒，张君劢担任翻译。

③ 张君劢：《致讲学社谓倭氏不克东来讲学》，《改造》第3卷6号，第108页。

此事，梁启超建议用北京大学、中国公学、尚志学会、新学会这四个团体的名义联合邀请[①]。此外，在讲学社总干事蒋百里与清华校长金邦正交涉后，讲学社聘用到赵元任这个合适人选。[②]

1920年11月9日，当梁启超在北京代表讲学社向罗素致欢迎辞时，表达了讲学社广开门户，自由输入有价值学说的宗旨。他说："我们对于中国的文化运动，向来主张'绝对的无限制尽量输入'。……至于讲学社，是一个介绍的机关，只要是有价值的学说，我们不分门户，都要把他介绍进来。"[③] 他特别提到邀请罗素来华的理由：一方面，他认为罗素的思想和学说最能满足今后人类所需要的"生活的理想化、理想的生活化"；另一方面，因为罗素具有"真正学者独立不惧的态度"，是"为人类自由而战的豪杰"，其人格值得敬佩。最后，梁启超希望罗素授之以渔，将其"研究学问的方法"教给中国人。

经历了欧战后，罗素对西方文明逐渐丧失了信心，对人类的未来忧心忡忡。他在自传中谈到1914—1918年的战争改变了他的一切，也改变了他整个人性观[④]，"作为一个热爱文明的人，向野蛮的倒退使我惊骇"[⑤]。他在战争期间写给美国总统威尔逊的公开信中说："这场战争已然造成的损害是无法估量的。……整个文明的标准被降低了。恐惧已侵入人的最内在的本性，总是与恐惧相伴的残忍亦随之而来。仇恨变成了生活的准则，损人比利己更为人们所渴望。……恐怖和凶残已成为我们

① 丁文江、赵丰田：《梁启超年谱长编》，上海人民出版社，1983年，第917-919页。

② 赵元任：《从家乡到美国——赵元任早年回忆》，学林出版社，1997年，第156页。

③ 《讲学社欢迎罗素之盛会》，《晨报》1920年11月10日。

④ 〔英〕罗素：《罗素自传》（第2卷），陈启伟译，商务印书馆，2003年，第35页。

⑤ 〔英〕罗素：《罗素自传》（第2卷），陈启伟译，商务印书馆，2003年，第5页。

呼吸生活于其间的真正的氛围。”①

尽管罗素对社会主义事业表示同情，但在来华之前的苏俄之行中，他发现俄国的布尔什维克对人民进行全面的控制，并没有像期望中那样给人民带去幸福。这非但没有让他看到一线光明，反而加重了他的忧虑。后来他回忆：“1920 年夏天在伏尔加河畔，我开始意识到我们西方思想中的弊病是多么的严重，而布尔什维克正处心积虑地把这一切强加给亚洲人民，他们的做法与日本和西方正在中国着手进行的做法别无二致。”② 于是，罗素认为西方文明的希望日见苍白，而中国或许是新希望之所在。于是，带着对中国古老文明的景仰，罗素来到中国。

第二节　“保存国粹”风波

当罗素 1920 年 10 月踏上辽阔的中国土地时，中国正处在席卷南北的五四运动的余波之中，而知识界和舆论界的分化也因高涨的新文化运动进一步加剧。由于当时中国知识界在如何改造中国的问题上已产生了严重分歧，他们都从各自的角度来理解和解释罗素的演讲，他也就成为各派关注和争论的焦点人物，其发表的言论被各派利用，在中国引发了几场激烈的争论。

在新文化运动这个风云激荡的时代，被当时中国知识界誉为“新时代的大哲”“世界哲学泰斗”的罗素应邀来华讲学，这无疑是中国知识界的盛事。在罗素来华前，中国知识界已通过罗素《社会改造原理》

---

① ［英］罗素：《罗素自传》（第 2 卷），陈启伟译，商务印书馆，2003 年，第 21 页。

② ［英］罗素：《中国问题》，秦悦译，学林出版社，1996 年，第 8 页。

(1916)、《政治理想》(1917)、《自由之路：社会主义、无政府主义和工团主义》(1918) 等著作的中译本了解到罗素更加公正、进步的社会思想。另外，张申府也率先在中国知识界介绍罗素。同时，在他之前已在华讲演一年有余的杜威在 1920 年 3 月做了题为《现代三个哲学家》的演讲，称罗素与亨利·柏格森、威廉·詹姆士并称近代三大哲学家，他对罗素在数学和社会哲学领域成就的赞誉也增加了人们对罗素的期待。所以，在罗素还没踏上中国的土地，他的名字在中国思想界已经耳熟能详了。

10 月 12 日，罗素一行抵达上海。罗素到沪的第二天，即 10 月 13 日晚六点到十点，七个团体在大东旅社举行了热烈的欢迎宴会，为罗素一行接风。这次招待会是由江苏省教育会、中华职业教育社、新教育共进社、中国公学、时事新报社、申报社这六个团体发起组织的，临时又增加了基督教救国会。根据当时的媒体报道，约有一百人出席。晚上七点，江苏省教育会主席沈信卿致欢迎辞，他表示罗素主张改造社会与思想，正是中国所亟须的，希望罗素在华一年中，给予中国以种种指导，以帮助中国完成改造事业。并邀请罗素在各处讲学之前，在短时间内“即席先予我人以教训”。随后罗素即发表即席演讲，赵元任为翻译。作为严谨的学者，罗素非常谦虚诚恳地表示，他刚从欧洲来到中国，对中国的状况“尚未有充分之体察”，“不能知中国之所需”，因此不能断言中国如何改造。随后，他谈到当时欧洲的状况，并提醒中国要警惕西方近代的商业主义，不必效法欧洲错误的经验。

10 月 14 日一早，《申报》即登出了欢迎宴会的报道。让人觉得饶有兴趣的是，在正标题“各团体欢迎罗素博士记”下专门加了个副标题“罗博士言中国宜保存固有国粹”，在导语部分甚至总结道，“罗素博士演说之精义为‘中国宜保存固有之国粹’”，并在报道中这样翻译罗素的演讲："夫中国古代有甚好之文明，及今中国国民尚谨守之，凡中国人之一举一动、一事一物，未受欧化之影响者，均有至可羡爱之处。此皆中国固有之国粹也，不宜弃之。"①

刚到中国的罗素怎么会有"保存国粹"的主张？还是当时保守色彩较浓的《申报》记者有意为之？我们再看看当时其他几家报纸对宴会上罗素演讲辞的报道翻译，或许会更加清楚。10 月 14 日《民国日报》的报道中，罗素即席演说关于"保存国粹"一段是这样记录的："鄙人以前赖译本之介绍，得知中国为极古、极完全文学美术之国。有此美德，即为改造一切之本能。中国人应珍重保存之。故欧洲一切，有不尽可学者。中国固有之美术文学，有不必抛弃者。此不可不知也。夫在一过渡时代中，重大之牺牲，实为不可。然在中国，苟一面能鉴欧洲之前车，一面要发挥其审美与温厚之善德，或可略减其牺牲量。"② 10 月 16 日《晨报》的报道为："中国固有之文明，如文学美术，皆有可观，且有整理保存之价值与必要。"③ 比较这三篇报道似乎可以看到，罗素只是基于来华前对中国的阅读了解到中国是一个文学艺术之国，他在宴会上想表达的即是不要抛弃中国优秀的文学艺术，而《申报》似乎把其扩大、上升到"国粹"的高度，这恐怕是歪曲篡改了罗素的原意。

在欢迎会上，初来乍到的罗素表达了自己对中国文化的欣赏之情。而当时正是新文化派将中国固有之文明视为中世纪的遗留物而必毁之而后快的时刻，而这番出自大哲学家罗素的言论使正遭受新文化派攻讦的国粹派大受鼓舞，当然也立即招致对其表示失望的新文化派的批评。果

① 《各团体欢迎罗素博士记——罗博士言中国宜保存固有国粹》，《申报》1920 年 10 月 14 日。

② 《欢迎哲学家罗素记》，《民国日报》1920 年 10 月 14 日。

③ 《沪七团体欢迎罗素记》，《晨报》1920 年 10 月 16 日。

不其然，10月17日，周作人就对罗素主张保存中国传统文化的观点表示反对："他第一场演说，是劝中国人要保重国粹，这必然很为中国的人上自遗老下至学生所欢迎的。罗素这番话，或者是主客交际上必要的酬答，也未可知，但我却不能赞成。……罗素初到中国，所以不大明白中国的内情，我希望他不久就会知道，中国的坏处多于好处，中国人有自大的性质，是称赞不得的。"①

而张崧年则在致上海《时事新报》的信中指出《申报》的歪曲报道，为罗素澄清。他指出，罗素在宴会上演说事实上表达了一种勉励中国人去创造的新精神，即"于已有的道路以外另开一条新路的精神"，提醒中国人在振兴时不要盲目照搬照抄西方近代的商贾主义、资本主义和军国主义。张崧年认为，罗素只是希望中国人"多多在精神方面注意。何尝如《申报》所说，有中国宜保存固有国粹的话？他固然主张——早就这样主张——中国的美术上，很有些好的地方，为西方商贾主义过胜的社会所不能有的，希望中国不要把他丢掉。但这不是别无选择的话，岂可浑而言之曰'保存国粹'？由'保存国粹'四个字的寻常联想，把此四个字加在最注重创发的罗素身上，吾很恐不但诬了罗素，并要误尽苍生！"张崧年在最后表达他的希望："吾很希望以后翻译和记载罗素讲演的人多加点意，力求不使人误会才好。不然，罗素这次来华不但对于中国无益，必反害之。也害了他自己。"②

12月初，罗素给当时在报道中篡改其言论的《申报》写了一封长信，澄清自己对中国文化的看法。他首先对自己赞美中国传统文化做出解释。他写道，首次访华的西方人刚刚到中国，看到这个古老文明伟大

① 仲密（周作人）：《罗素与国粹》，《晨报》1920年10月17日。

② 皓明：《国人对于罗素的误解》，《晨报》1920年10月20日。

的传统艺术之美不免表示惊异与赞赏，特别是当这个西方人对艺术和美尤感兴趣时，他甚至还会将其保守观念转入思想领域，赞赏那些不同于欧洲文化的中国传统文化，其目的是在于保存其独特之处，为整个世界增加景象的趣味与派别。①

实际上，罗素也是在华讲学的过程中，在对中国现状和问题有了更深入的考察后，不断修正自己先前的观点。比如，随着在华考察的深入，他也看到“中国的古典美已经失去了活力，如果只是试图保存这些传统文化，只能将整个中国当作一个博物馆”。另外，罗素也发现中国知识界反传统文化的风气，意识到自己刚来华时发表的赞赏中国传统艺术文化的言论引起的争议。他说：“最聪慧而精力充沛的中国人完全不欣赏中国的传统文化，而当外国人称赞时显然非常不耐烦。”罗素发现，“只有放弃古旧的传统才可能取得进步，尽管这些传统真的很好”。为了国家的生存和发展，中国不得不像欧洲那样牺牲古典美，发展工业主义、民主、科学和现代教育，虽然它们不具有传统文明的优美，但“中国目前最重要的是向前迈进，而不是过多地在意这个过程中艺术和审美的损失”②。

当时，中国各派包括保守主义者、改良主义者、无政府主义者、共产主义者等，都希望罗素的到来能为自己阵营壮大声势，都把他当作一个可资利用的象征符号。于是，随着罗素的到来及其演讲等社会活动的展开，他对中国文化发表的评论使五四时期已然炙热的中西文化之争进

---

① 罗素：《罗素对于中国之第一感想》，《申报》1920年12月3日。

② Bertrand Russell, First Impressions of China, in *Uncertain Paths to Freedom: Russia and China, 1919-22* (*The Collected Papers of Bertrand Russell*, V. 15), edited by Richard A. Rempel & Beryl Haslam, London & New York: Routledge, 2000, pp. 248-249. 中译文为笔者翻译，译文亦可参考罗素：《罗素对于中国之第一感想》，见《申报》1920年12月3日。

一步升温。后来罗素知道了当时中国的情况，谈话、发言便很谨慎了。其实，罗素本人是站在中立客观的立场上发表言论。正如他自己所说："我现在只讲欧洲的大概情形。你们知道了欧洲的大概情形，你们就可看哪种情形适用于中国，然后可以去运用。"①

第三节　罗素眼中的中国："艺术家的国度"

1920 年 10 月 14 日，罗素一行在半淞园时，当了解到对联匾额和书画题跋的意义后，"深叹华人随处有文学思想"②。10 月 17—18 日，罗素一行赴杭州两天，游览西湖，在湖畔住了三个晚上，中国给他留下了美好的印象。罗素在自传中回忆："头一天我们乘船环湖而游，第二天则是坐在靠背椅上被抬着游览的。西湖美不胜收，那是一种富有古老文明的美，甚至超过意大利的美。"③ 1920 年 10 月他在长江上给其友奥托兰·莫雷尔（Ottoline Morrel）的信中说："中国给人一种印象，如果没有欧洲人的影响，它会达到欧洲未经工业革命或法国革命而从 18 世纪发展至今的地步。中国人似乎是理性的快乐主义者，很懂得如何获取幸福，通过极力培养其艺术感而臻于美妙的幸福，而其有别于欧洲人之处就在于，他们宁愿享受快乐，而不去追逐权力。各个阶层的人都笑颜常开，即使地位最低下的人们也是如此。"④

在罗素眼中，中国是一个"艺术家的国度"。他在给友人的信中说：

① 罗素：《布尔什维克与世界政治》，《民国日报》1920 年 11 月 3 日。

② 《沪七团体欢迎罗素记》，《晨报》1920 年 10 月 16 日。

③ 〔英〕罗素：《罗素自传》（第 2 卷），陈启伟译，商务印书馆，2003 年，第 185 页。

④ 〔英〕罗素：《罗素自传》（第 2 卷），陈启伟译，商务印书馆，2003 年，第 203 页。

“他们有如一个由艺术家组成的民族，有他们的一切优点和缺点。”① 它建立在与西方完全不同的价值观的标准之上，“具有艺术家所具有的所有善恶之德：其善主要有利他人，而其恶却足以危害自己”②。他最喜欢中国人的地方是他们的文雅、谦让、正直、和气等特性，以及对美的欣赏和敏锐感受。然而，中国人也有其缺点，比如，“中国有一种思想极为根深蒂固，即正确的道德品质比细致的科学知识更重要”。尽管罗素赞扬中国人不像西方人那样“认为技术上的功效最可贵而道德则毫无用处”，但是他发现中国人有相反的缺点，即“认为良好的用意是唯一必要的”③。

罗素认为，中国传统文明这些优秀的特点源自像孔子这样古代伟大的智者们。他尤其推崇老庄的道家思想，他发现西方人信奉的人生观很早的时候就遭到中国人的拒斥。庄子曾以寓言的形式对此作了淋漓尽致的发挥。虽然道家不属于占主流的官方意识形态，但是他们崇尚自然，不刻意以求的精神却深入人心，“使中国人的人生比西方的残暴人生更文雅、更宽容，更多反省”④。他认为，老子对“道”的描述言简意赅地反映了中国人对人生归宿的合理理解：“生而不有，为而不恃，长而不宰。”⑤ 这与大多数西方人为自己设定的人生归宿截然相反：“‘占有’、‘自恃’和‘支配’，白人国家和个人趋之若骛。尼采把这一切归结为哲学，而他的信徒绝不限于德国。”⑥

① 〔英〕罗素：《罗素自传》(第2卷)，陈启伟译，商务印书馆，2003年，第207页。

② 〔英〕罗素：《中国问题》，秦悦译，学林出版社，1996年，第2页。

③ 〔英〕罗素：《中国问题》，秦悦译，学林出版社，1996年，第61-62页。

④ 〔英〕罗素：《中国问题》，秦悦译，学林出版社，1996年，第64-65页。

⑤ 〔英〕罗素：《中国问题》，秦悦译，学林出版社，1996年，第154页。

⑥ 〔英〕罗素：《中国问题》，秦悦译，学林出版社，1996年，第154页。

罗素认为老庄哲学也深深地影响了中国人热爱和平、自由和正义的性格。中国人的“和平主义扎根于他们深思熟虑的观点，事实上扎根于他们不愿意改变任何所见到的一切”，罗素在中国绘画中也发现了这种世界观，“他们乐于观察万事万物各得其所，不愿将它们按部就班”①。中国人追求的只是自由，而不是支配，因此他们天性平和、宽容、热爱和平，反对战争，“不名”“不恃”和“不宰”一直是中国人追求的至善目标，文学艺术上以及有教养人士言谈中的幽默、克制和含蓄等特点，乃是他们崇尚恬静平淡、平和安详生活的反映。他们不过激、不偏执的生活态度，从容而悠闲，深得人生之真趣。

与之相反，西方人追求进步、效率和扩张，向外孜孜以求，永无满足，但是他们崇尚进步不过是崇尚一场不息的变更，根本没有把欧洲人朝着向往的目标带近一步；他们崇尚效率却不考虑这种效率是服务于何种目的；扩张势力的结果无非是战争、掠夺和毁灭而绝不会带来其他东西，因而人生的乐趣为西方工业文明时代所严重匮乏。

罗素还专门将中国人的这些美德与西方文明的缺陷进行对比。“中国人不像白人那样，喜欢虐待其他人种。中国在国际上的贫弱，大多数人都以为政治腐败是唯一的原因。其实，‘不恃’、‘不宰’的美德应该与政治腐败一样负相同的责任。如果在这个世界上有‘骄傲到不屑打仗’的民族，那就是中国。中国人天生宽容而友爱、以礼待人，希望别人也投桃报李。……他们所追求的只是自由，而不是支配。”② 罗素随后指出，中国人主要向西方寻求知识，而西方人到中国则是为了“打仗、赚钱、传教”。此外，他也承认“军人、商人、传教士都是强迫世

---

① 〔英〕罗素：《中国问题》，秦悦译，学林出版社，1996年，第155页。

② 〔英〕罗素：《中国问题》，秦悦译，学林出版社，1996年，第155页。

界采纳我们的文化，或多或少抱有强硬的态度”。[1]

他觉得在中国生活的乐趣无处不在，“一个普通的中国人可能比英国人贫穷，但却比英国人更快乐”，“因为他们国家的立国之本在于比我们更宽厚、更慈善的观念。无休止的好勇斗狠不仅产生了明显的恶果，还使我们不知足，不能享受美，使我们失去思考的美德。从这一点来说，在过去的一百年里，我们是迅速地退步了。”[2] 他感到“重视智慧或者美、或者重视人生的快乐的人，肯定会认为在这些方面中国比喧嚣的西方更富有，并视之为乐土”，也期待“中国人给我们一些宽容的美德、深沉平和的心灵，以回报我们给他们的科学知识”。[3]

事实上，罗素对中国文明的赞赏是与他对西方工业文明的批判联系在一起的。1923 年 8 月，罗素回国后发表《余暇与机械主义》一文，批判现代工业文明。他指出，生活的乐趣，友谊的情感，欣赏艺术的能力，对纯粹知识的追求是达到理想人生状态的四个基本条件，而在罗素看来，这些要素都可以在中国文化中找到。

然而，罗素并不是中国文化的盲目崇拜者。他承认中国传统文化已经衰败，不能泥古。“渊源于孔教，调和于佛教之因袭的文明已衰靡不振，不足以启发个人之事业而解决现在所苦之对内对外政治问题矣。……无论何代人皆当求智慧于己，不当求之于其祖先，无论其祖先当生存时若何明哲也。”[4]

罗素认为一些儒家思想现已成为中国文化发展的障碍。在中国文

① 〔英〕罗素：《中国问题》，秦悦译，学林出版社，1996 年，第 156 页。

② 〔英〕罗素：《中国问题》，秦悦译，学林出版社，1996 年，第 157 页。

③ 〔英〕罗素：《中国问题》，秦悦译，学林出版社，1996 年，第 157 页。

④ 〔英〕罗素：《罗素之〈中国的往自由之路〉》，傅铜译，见《哲学》第 3 期，1921 年 9 月，第 358-359 页。

化，特别是儒家思想中还缺乏一种公共精神，因为儒家思想过分强调孝道和族权，而“家族意识会削弱人的公共精神，赋予长者过多的权力会导致旧势力的肆虐”。[①] 孔子所宣扬的思想立足于孝，以宗法血缘关系为基础，推广出所有伦理道德。但是孝与公共精神总是存在着冲突的可能，在这种情况下，儒家必定会舍却公共利益而遂一己之私。例如孔子就对“其父攘羊，而子证之”的行为不以为然，他提倡的是“父为子隐，子为父隐”的道德原则，为了孝道而完全不惜牺牲公共精神。可见，家族观念有碍于中国文明进一步发展，特别与西方的公共秩序观念格格不入，为中国人仿效西方政治体制之障碍。

另外，罗素认为中国落后的原因在于中国文明中缺乏科学精神、科学知识及现代工业主义，“不幸的是，中国文化中有个弱点：缺乏科学。……使我们处于优势的是牛顿、罗伯特·波义耳以及后起的科学家”[②]。由于中国文化中没有科学的因素，所以在19世纪与西方列强一接触，便遭受丧权辱国的厄运，西方人瞧不起中国人和中国文明也是源于此故。

梁启超于1922年8月20日在南通为科学社年会所做的《科学精神与东西文化》的讲演中，认可了罗素的观点，明确地表达了对欧美科学的推崇态度，并且对中国传统文化缺乏科学精神进行了批评，主张中国文化吸取科学精神这种“有利的新成分”。在讲演中，他指出了中国人对待科学三种错误的态度，解释了科学精神的三层含义，即“求真智识”，“求有系统的真智识”，“可以教人的智识”，中国学术界因为缺乏

① 〔英〕罗素：《中国问题》，秦悦译，学林出版社，1996年，第30页。

② 〔英〕罗素：《中国问题》，秦悦译，学林出版社，1996年，第39页。

这三种精神，产生了笼统、武断、虚伪、因袭和散失这五件病症。[①]

然而，梁启超不认可“欧美人是天生成科学的国民，中国人是天生成非科学的国民”，而“科学精神之有无，只能用来横断新旧文化，不能用来纵断东西文化”。[②] 他解释道：“秦汉以后，反科学精神弥漫中国者二千年，罗马帝国以后反科学精神弥漫于欧洲者也一千多年……直到文艺复兴以后……所谓科学者才种下根苗。”[③] 在他看来，一百年的先进后进在历史上并不值得计较，他希望中国文化能够吸收科学精神再放异彩。

在罗素看来，与缺乏科学相联系，中国文化也没有进步及效率的观念。“正因为重视进步和效率，我们变得富强了，而中国人正是由于忽视进步和效率，从总体上来看，直到我们骚扰他们之前，还保持着国泰民安。”这使得中国长期以来故步自封，不思进取，最后终于走到了停滞僵化的尽头。

与罗素等西方人认为中国文化里缺少进步的概念不同，辜鸿铭认为古代中国和近代欧洲对“进步”概念的理解不同。“近代欧洲的进步重点放在产业和机械工业的发达，而古代中国则侧重于人的进步，人的灵魂、理智的进步”，“欧洲人以前犯过，至今仍在犯的错误就在于他们抛开道德秩序去追求进步。就像建造巴比伦塔的古代人一样，他们一心将他们摩天大楼式的文明往高处一个劲地筑，而无视自然法则的存在，结果正如我们现在所看到的，他们的那种摩天楼式的文明正在走向崩溃了”。而在中国传统文化中，“‘文明’的真正含义在于‘秩序与发展’，

① 梁启超：《科学精神与东西文化》，《时事新报》副刊《学灯》，1922 年8 月。

② 梁启超：《科学精神与东西文化》，《时事新报》副刊《学灯》，1922 年8 月。

③ 梁启超：《科学精神与东西文化》，《时事新报》副刊《学灯》，1922 年8 月。

教育不在于知识的积蓄而在于知性的发达。有知性就有了秩序，有秩序——道德秩序，就有了社会的进步”。他对于那些坚持“西方中心论”的欧美人和中国“醉心西化”的知识分子做了批评，认为他们并没有透彻理解“进步与发达”的真正含义，“只有心胸狭窄、目光短浅的人才会认为中国古代经典思想中缺乏进步的概念，而认为西方摩天大楼式的文明才是唯一的最高级的文明”。①

第四节　解决中国问题之路：寻求文化独立

1921年，罗素曾以《为中国请愿》（A Plea for China）为题倡导中华民族的独立，他以见证人的身份向西方世界宣布：“中国的文明并不比我们差，我们不要自封为高等文明的布道士。中国人更有耐心、更为达观、更爱好和平、更看重艺术，他们只是在杀戮方面低能而已。”②罗素希望中国能获得独立，中国人能发展其特有的文明。

罗素将中国当时的主要问题分为经济、政治和文化这三个方面，他承认这三个问题密不可分，但文化问题非常重要。他指出，只要能够解决文化问题，“无论采用哪种政治或经济制度去实现这一目的我都能接受。”③ 在谈到中国的文化问题时，罗素与当时同在中国讲学的杜威，以及新文化运动派人物的观点不同。罗素不像杜威那样强调“内在转化”，也不像新文化派那样批判中国文化的黑暗面。他的关注点是中国

---

① 辜鸿铭：《中国古典的精髓》，《辜鸿铭文集》（下），黄兴涛等译，海南出版社，1996年，第328-330页。

② Bertrand Russell, A Plea for China, in *The Sun*, Baltimore, 24 Nov. 1921, p. 8.

③ 〔英〕罗素：《中国问题》，秦悦译，学林出版社，1996年，第1页。

是否能够保存其文化的优点，在罗素看来，正是这些优点让中国这个美好的国度通向自由之路。

因此，罗素在讨论中国未来时所设定的主题与他对人类未来命运的关切息息相关；“中国的人口占到全世界的四分之一，所发生的问题即使对中国以外的任何人没有影响，本身也具有深远的重要性，事实上，在未来的两个世纪里，无论中国朝好的方向发展，还是朝坏的地方发展，都将对世界的局势产生决定性的影响。”罗素所考虑的问题是：“中国人的这些美德能留传下去吗？”“如果中国真的照搬它正在与之打交道的这些外国的模式，这个世界又将会变得怎样呢？”①

在向那些“自命为高等文化使者”的西方人论证中国的美德时，罗素提出了比较两种文化的标准。首先，他敦促人们应该先问自己一些根本的问题：“我最珍重的是什么？为什么说一种社会制度较另一种社会制度更为可取？当前世界上最迫切需要实现的目标是什么？”对于罗素这位哲学家与和平主义者来说，“知识、艺术、人生乐趣、友谊或温情”是他最为珍视的，这些事物本身就具有内在价值，而不是实现其他目标的途径。在工业文明的时代，西方人逐渐失去了这些生活乐趣和精神价值，生活变成了一种机械的存在；而在中国，这些生活的乐趣无处不在。其次，罗素指出，要判断一个社会的文化之优劣，“不仅仅考虑这个社会内部有多少善与恶，也要看它在促使别的社会产生善与恶方面起何作用，还要看这个社会享有的善较之于他处的恶而言有多少”。在这方面，罗素认为西方不如中国，因为西方获得的繁盛是“依靠侵略弱国而得来的”，而中国“完全是依靠自己的能力来生存的”。②

---

① 〔英〕罗素：《中国问题》，秦悦译，学林出版社，1996 年，第 1-2 页。

② 〔英〕罗素：《中国问题》，秦悦译，学林出版社，1996 年，第 3 页。

心怀对中国文明的热爱和对中国人性格的欣赏，罗素意识到，中国人这种文雅的生活方式过于精致和宁静，而不能在残酷的现代世界中保存下来。他对中国文明的未来充满了担忧："旅行家现在所能看到的中国的自然魅力将无法保存，将来工业发展必然会使之毁损"；另外，罗素认为，现代西方世界亟须学习中国伦理品质中的和气精神，即"以公理为基础而不是以武力去解决争端"，然而，他对中国的未来也不确定，"西方人究竟是能让中国人保留这种美德，还是使中国出于自卫而采用日本式的军国主义，还须拭目以待"。①

如前文所述，罗素对中国命运如此关切，其原因事实上已经远远超越了他个人的偏好，这位和平主义者的目光已经投向了整个世界的未来。罗素看到日本已效仿了西方人的种种短处，保留的也是自己的短处，成为西方在亚洲一个野心勃勃的弟子。这位英国哲学家希望中国向西方学习的同时不要走上日本的老路，而是选择与日本相反的方向，仿效西方"科学的方法"这一长处，同时保留"对人生归宿的合理理解"的优点，致力于维护世界的永久和平。② 罗素看到，中国在西方殖民者的威胁下，中国文化正在发生飞速的变化。现在主要的变化还在于赶超西方的军事技术，他预测不久西方的经济优势也将会受到重视。③

罗素 1920—1921 年访华期间，正是中国新文化知识分子向西方学习的热情高涨之际。他在华期间也观察到他称之为"少年中国"的那些先进的新知识分子"向往西方智慧的习惯仍然很迫切"④，"表现出用西方文化取代陈腐的旧学的迫切心情"。这些新知识分子认为"必须使中

① 〔英〕罗素：《中国问题》，秦悦译，学林出版社，1996 年，第 169 页。

② 〔英〕罗素：《中国问题》，秦悦译，学林出版社，1996 年，第 154 页。

③ 〔英〕罗素：《中国问题》，秦悦译，学林出版社，1996 年，第 4 页。

④ 〔英〕罗素：《中国问题》，秦悦译，学林出版社，1996 年，第 154 页。

国传统文化注入新的元素，而我们的文明正好投其所需”①，于是主张“引进西方工业文明是存国之本”②，他们甚至“向白人民族（尤其是美国）寻求道德格言以代替孔子的语录”③。

而罗素则非常冷静，提醒中国人要避免过于激进和过于保守这两种极端：“第一，全盘西化，抛弃有别于他国的传统。那样的话，徒增一个浮躁好斗、智力发达的工业化、军事化国家而已，而这些国家正折磨着这个不幸的星球；第二，在抵制外国侵略的过程中，形成拒绝任何西方文明的强烈排外的保守主义（只有军事除外）。日本就是这样一个例子，同样的情形也很容易出现在中国。”④ 这两种危险是通过政治和经济的影响产生的，而未来中国的文化与政治、经济问题息息相关，所以要更加重视。

罗素坚持认为，中国不应该为了当前发展的需求而抛弃其传统文化中有价值的部分。他认为，中国寻求独立要取得成功，必须致力于发展和繁荣自己的文化。“中国人一定要自强自立，千万不能依靠外国人发善心。中国的问题不仅是政治独立的问题，文化独立在某种程度上也同样重要。……中国人在某些方面比我们高出一头，但是，中国人为了保持国家独立而降到与我们相同的程度，这无论为他们自己考虑还是为我们考虑都不是好办法。”⑤

在罗素访华期间和离华后，一个问题一直萦绕在他的心头：“中国

① 〔英〕罗素：《中国问题》，秦悦译，学林出版社，1996 年，第 165 页。

② 〔英〕罗素：《中国问题》，秦悦译，学林出版社，1996 年，第 17 页。

③ 〔英〕罗素：《中国问题》，秦悦译，学林出版社，1996 年，第 63 页。

④ 〔英〕罗素：《中国问题》，秦悦译，学林出版社，1996 年，第 4 页。

⑤ 〔英〕罗素：《中国问题》，秦悦译，学林出版社，1996 年，第 193 页。

能否在不大规模发展民族主义和军国主义的情况下保持独立？”① 随着对这个问题思考的深入，罗素为中国的改革者开出了解决问题的“药方”：第一，建立一个有序的政府；第二，在中国人支配下以国家社会主义的形式发展工业；第三，普及教育。② 罗素的主张是为了让中国变得富强来抵御外国侵略保持自身独立，同时避免走上帝国主义的道路，中国必须综合中西文明之长。“寻求政治独立本身并不是最终目的，而是实现中国的传统美德和西方的技艺结合的一条途径。如果达不到这个目的，那么，政治上的独立也没有什么太大的价值。”③

罗素认为一战暴露了西方文明的缺陷，中国不宜全盘仿效。“欧洲文明之恶害，经此次欧战与其结果彰明较著于世人之心目矣。……欧洲文明之基础为资本制度的工业主义。此制度初虽能助长工艺的与物质的进步，然渐渐惹起破坏的战争。……欧洲文明……恐亦日趋于机械的；日益蔑视个人与其特性。文明似此其价值甚少。故中国人欲固中国或世界的幸福不宜惟欧洲是效也。”④

罗素认为中国文明与西方文明各有优劣，互相取长补短对双方都有裨益。西方文明的长处主要在于“科学的方法”。然而，“西方人向来崇尚效率，而不考虑这种效率是服务于何种目的”，“导向破坏的效率最终只能带来毁灭”。而中国文明的长处则在于“对人生目的的合理理解”，它是医治西方工业主义所带来问题的灵丹妙药。“中国人摸索出的生活方式已沿袭数千年，若能够被全世界采纳，地球上肯定会比现在有

① 〔英〕罗素：《中国问题》，秦悦译，学林出版社，1996 年，第 6 页。

② 〔英〕罗素：《中国问题》，秦悦译，学林出版社，1996 年，第 193-194 页。

③ 〔英〕罗素：《中国问题》，秦悦译，学林出版社，1996 年，第 193 页。

④ 〔英〕罗素：《罗素之〈中国的往自由之路〉》，傅铜译，见《哲学》第 3 期，1921 年 9 月，第 358 页。

更多的欢乐祥和。”[①] 西方文明要借鉴东方智慧才能免于毁灭的命运。

正是带着这种对未来的愿景，罗素告诫中国知识分子的主要任务是“学习西方的知识而不要染上西方人机械的人生观”。“机械的人生观把人看作一堆原料，可以用科学方法加工处理，塑造成任何合我们心意的模式。在有这种想法的人看来，当务之急是培植个人的意愿，哪怕牺牲感觉也无所谓。”[②] 罗素认为这种人生观与中国人的人生观不同，并且十分有害，它存在于帝国主义、布尔什维克主义和基督教青年会中。

罗素尤其寄希望于中国能够实现中西文明长处的结合，鼓励中国人要敢于创造一种新的文明。“中国人如能对我们的文明扬善弃恶，再结合自身的传统文化，必将取得辉煌的成就。”[③] 他告诫中国的改造家：“吾以为中国之改革家不但对于欧西之文明不愿为鄙贱的效法以求新奇，其对于中国之旧文明亦必不愿为顽固的保守以存国粹。至于中国之将来我敢断言其必犹中国之往日，对于世界之精神的文明皆有特著之贡献也。”[④]

辜鸿铭 1924 年在日本东京工商会馆所做的《东西文明异同论》演讲中所发表的观点，与罗素的东西文明观不谋而合。他认为东西文明的差别在于“欧洲文明是把制作更好的机器作为自己的目的，而东洋则把教育出更好的人作为自己的目的”。在辜氏眼中，“真正文明的标志是正确的人生哲学”，而欧洲人没有这种哲学，因此没有真正的文明，欧洲文明“是比物质文明还要次的机械文明”；在人生观方面，“西洋人为

---

① ［英］罗素：《中国问题》，秦悦译，学林出版社，1996 年，第 7 页。

② ［英］罗素：《中国问题》，秦悦译，学林出版社，1996 年，第 63 页。

③ ［英］罗素：《中国问题》，秦悦译，学林出版社，1996 年，第 4 页。

④ ［英］罗素：《罗素之〈中国的往自由之路〉》，傅铜译，见《哲学》第 3 期，1921 年 9 月，第 359 页。

运动而生活，东洋人则为生活而运动，他们为赚钱而活着，我们则是为享受人生而创造财富”，因此，“西洋人贪得无厌不知足，而东洋人则是知足者常乐”；在社会关系方面，在东洋社会，人与人之间的关系是建立在“亲亲、尊尊”，即社会亲情和英雄崇拜的基础之上，夫妻、父子、君臣都是天伦关系，是神圣的道德关系，而在西洋社会，人们的关系建立在金钱的基础之上，人与人的关系只是利害关系；在政治方面，西方在文艺复兴前靠基督教来统治，随后则靠警察的强权政治来保障社会的安宁和秩序，而东洋社会靠的是“三纲五常”，靠礼义廉耻和道德观念来维持社会秩序。[①] 对于东西方文明的差异，辜氏认为，东方文明“即便不优越于西方文明，至少也不比他们低劣”。[②] 虽然东西方存在诸多差异，但辜鸿铭认为，其差别将逐渐消失并走向融合，“我是希望东西方的长处结合在一起，从而消除东西界限，并以此作为今后最大的奋斗目标的人”[③]。

梁漱溟在1920年所做的《东西文化及其哲学》的讲演中表达了与罗素类似的看法。他认为建立在西洋哲学基础上的西方文化，已经暴露出诸多弊端，已形成不得不改变之势。在物质生活方面，他指出中国人“很少向前要求有所取得的意思。他很安分知足，享受他眼前所有的那一点，而不作新的奢望，所以其物质生活，始终是简单朴素，没有那种种发明创造。此在其结果之不好的一面看，则为物质文明之不发达……

① 辜鸿铭：《东西文明异同论》，《辜鸿铭文集》（下），黄兴涛等译，海南出版社，1996年，第302-309页。

② 辜鸿铭：《什么是民主》，《辜鸿铭文集》（下），黄兴涛等译，海南出版社，1996年，第312页。

③ 辜鸿铭：《东西文明异同论》，《辜鸿铭文集》（下），黄兴涛等译，海南出版社，1996年，第302页。

然在其结果之好的一面看，则吾人虽有此许多失败，而却又莫大之大幸。因为从此种态度即不会产生西洋近世的经济状况……中国人以其与自然融洽游乐的态度，有一点就享受一点，而西洋人风驰电掣的向前追求，以致精神沦丧苦闷，所得虽多，实在未曾从容享受。”① “中国人的那般与自然浑融的样子，和那从容享乐的物质生活态度，的确是对的，是可贵的，比较西洋人要算一个胜利。”② “中国人总是持容让的态度，对自然如此，对人亦然，绝无西洋对待抗争的态度。”同时，他也反思了这种人生态度的缺点。“数千年以来使吾人不能从种种在上的权威解放出来而得自由，个性不得申展，社会性亦不得发达，这是我们人生上一个最大的不及西洋之处。”③

罗素希望未来的中国既能善于利用现代科技，又能继续尊重人道价值。为了建立这样的国家，中国人需要承袭其传统的智慧，而不能像布尔什维克主义者那样以暴力剧烈的方式进行变革。罗素所推荐的渐进式改革有两大要素：教育和领导力。针对这两个要素，他指出在改造中国的长期过程中需要为解决三个问题付出巨大的努力。第一，教育必须普及大众，从而培养政治意识。“如果大多数国民不能看书阅报，就无法真正地实现民主。”④ 第二，必须终止外国人插手中国教育的管理，因为那些在教会学校接受教育的学生多半会“丧失其本国的特性”，而

---

① 梁漱溟：《东西文化及其哲学》，《五四前后东西文化问题论战文选》，陈崧编，中国社会科学出版社，1989 年，第 423–424 页。

② 梁漱溟：《东西文化及其哲学》，《五四前后东西文化问题论战文选》，陈崧编，中国社会科学出版社，1989 年，第 425 页。

③ 梁漱溟：《东西文化及其哲学》，《五四前后东西文化问题论战文选》，陈崧编，中国社会科学出版社，1989 年，第 424 页。

④〔英〕罗素：《中国问题》，秦悦译，学林出版社，1996 年，第 197 页。

“倾向于西方文化”，这使得他们“不适于参与国事，并使其道德水准下降”①。第三，在不同留学生团体中应该出现形成“对某一文化有明确的设想和追求”，并且应该在这些团体中发展出智力超群又有实干精神的知识和政治领袖。

在罗素眼中，中国这些知识和政治领袖所追求的目标不仅与中国的前途息息相关，对整个世界同样重要。“如果中国能免受外国的戕害，那么，从现在起，这一复兴的精神可以发展出一种较世界上任何文化都更加优秀的文化。这就是中国新青年所应该订立的目标：保存中国人的文雅、谦让、正直、和气等特性，把西方科学的知识应用到中国的实际问题中。……如果中国的改革者在国力足以自卫时，放弃征服异族，用全副精力投入于科学和艺术，开创一种比现在更好的经济制度，那么，中国对世界可谓是尽了最恰当的义务，并且在我们这样一个令人失望的时代里，给人类一个全新的希望。”② 同时，陷于穷途末路、日薄西山的西方文明，若能从中国文明中汲取有价值的成分，借鉴东方智慧，或许能自救于危难而重获新生。

徐志摩也感受到罗素对“少年中国”的殷切期望，他写道：“现在我国正当文艺复兴，我们要知道罗素先生正在伸长了头颈，盼望我们新青年的潮流中，涌出无量数理想的人格，来创造新中华的文明的哩。”③

梁启超在其《欧游心影录》中的看法与罗素的期望相呼应，他在文章的结尾对青年也提出了同样的殷切期望。“我希望我们可爱的青年，第一步，要人人存一个尊重爱护本国文化的诚意；第二步，要用那西洋

① 〔英〕罗素：《中国问题》，秦悦译，学林出版社，1996 年，第 198 页。

② 〔英〕罗素：《中国问题》，秦悦译，学林出版社，1996 年，第 199-200 页。

③ 徐志摩：《罗素与中国——读罗素著〈中国问题〉》，《晨报副镌》1922 年 12 月 3 日。

人研究学问的方法去研究他，得他的真相；第三步，把自己的文化综合起来，还拿别人的补助他，叫他起一种化合作用，成了一个新文化系统；第四步，把这新系统往外扩充，叫全人类都得着他好处。”①

第五节　罗素中西文化观的影响和评价

与胡适这位激进的、主张全盘西化的新文化运动健将不同，罗素在各个领域都没有找到中国人不如白种人的理由，这位英国哲学家以其超群的眼光透过当时“政治无能、经济落后”② 的中国的外表，指明了东西方文明各自的价值。而这一话题曾令自中国晚清以降的很多知识分子感到忧心忡忡。罗素对传统中国文化的赞扬自然得罪了当时很多五四激进派人物，但他也被温和派推崇为少数能真正站在中国人的立场上思考中国问题的西方人之一。难怪孙中山先生在 1924 年初撰写的著名的《民族主义》一文中，评价罗素是真正了解中国的为数不多的几位西方人之一：“外国人对于中国的印象，除非在中国住了二三十年的外国人，或者是极大的哲学家像罗素那一样的人有很大的眼光，一到中国来，便可以看出中国的文化超过欧美，才赞美中国。”③

林语堂在其 1935 年的《吾国与吾民》一书中指出，与那些丑化中国人的外国人不同，“罗素曾精确地指出：‘在艺术上，他们（中国人）追求精美，在生活上，他们追求情理’”。“像罗伯特·哈特爵士、伯

① 梁启超：《欧游心影录》，《晨报·副刊》，1920 年 3 月 6 日至 8 月 17 日。

② 〔英〕罗素：《中国问题》，秦悦译，学林出版社，1996 年，第 49 页。

③ 孙中山：《三民主义·民族主义》，见《孙中山全集》（第 9 卷），中华书局，1986 年，第 248-249 页。

特兰·罗素这样的人，他们都能看到一种与自己如此不同的生活也有其特定的含义。然而，有一个哈特爵士，就有一万个罗德尼·吉尔伯特；有一个罗素，就有一万个伍德海，于是形成了舞台化的中国人的模式，他们还不间断地为这个模式增添一些笨拙的细节——幼稚，虚假——而西方人对此又是那么熟悉。"①

1921 年 7 月 11 日，罗素离开中国。他回到英国以后，曾在报刊上发表了不少文章，阐述他的中国观。他对在中国游历讲学九个月的所见所闻思考后，在 1922 年完成并出版了关于中国的专著《中国问题》，全面而系统地阐述了对中国的看法，反映了一位西方进步学者的中西方文化观。作为一个旅行者和观察者，罗素在来华不到一年的时间内，能对中国有一个相当准确的认识，并向世界发表其看法，这给中国人留下了难以磨灭的印象。在中国人看来，罗素就像博学的中国人一样对中国的观察敏锐而有洞见。因此，中国人一直难以忘记的并非是罗素给中国的社会改造建议和解决中国问题的办法，而是他对中国人和中国文化的积极评价。

徐志摩称"罗素这本书，在中西文化交融的经程中，确实地新立了一块界石"②。他认为罗素"是真了解真爱惜中国文化的一个人，说的话都是同情化的正确见解……他惟其了解，所以明白我国过去文化的价值和将来发展的方向；惟其爱惜，所以不厌回复地警告欧人不要横加干涉，责备日本不应故意蹂躏，隐讽美国不要用嬉笑的脸温存的手，来丑

---

① 林语堂：《中国人》，郝志东、沈益宏译，学林出版社，1994 年，第 23、24、119、241 页。罗伯特·哈特（Robert Hart，1835—1911）英国外交家；罗德尼·吉尔伯特（Rodiley Gilbert，1889—1968），美国新闻记者，著有几种有关中国的著作；伍德海（H. G. W. Woodhead，1883—1959），英国记者、报刊评论家，著有多种有关中国的书籍。

② 徐志摩：《罗素与中国——读罗素著〈中国问题〉》，《晨报副镌》1922 年 12 月 3 日。

变低化我们的遗产”。[1] 他相信罗素对中国的态度是极其诚恳的，“他所厌恶的，却并非欧化的全体——那便成了意气作用——而是工业文明资本制度所产生的恶现象；他的崇拜中国，也并非因为中国刚巧是欧化的反面，而的确是由贯刺的理智和真挚的情感，交互而产生的一种真纯信仰，对于种种文明文化背后的生命自身更真确的觉悟与认识”。[2]

哲学大师梁漱溟似乎受罗素思想的影响很大，他在自己的书和文章中多次引用罗素的观点。比如，“世有不屑于战争（Too proud to fight）之民族乎？中国人是已。中国人天然态度，宽容友爱，以礼待人，亦望人以礼答之。道德上之品行，为中国人所特长”。[3] 梁氏也指出中西文化的巨大差异，中国人互以对方为重，含有一种让的精神，而西洋社会不论团体或个人均以自己为中心，相互对立，必然就要相争了。让与争是中西文化的一大不同，中国人尚让，在几千年来的伦理生活中所以就养成他一种讲礼让，尚和平的精神；而西洋人尚争，在近二三百年的欲望生活中就形成他一种尚竞争，好侵略的精神。

梁漱溟认为，西风东渐百年以来，西洋文化的入侵对中国社会带来了消极的影响。中国几十年来历次变革运动都在盲目仿效西方，而破坏了中国传统社会文化的根基。而创造新文化必须基于原有的旧文化。他指出：“中国社会构造的崩溃，社会秩序的紊乱……多半是从观念心理的不统一，态度行为的不一致而来。……自从西洋文化过来后，遂引起我们对固有文化的怀疑批评，这便是固有文化动摇的开始，也就是社会构造崩溃的开头。中国文化为什么受了西洋文化的影响，便开始动摇破

① 徐志摩：《罗素与中国——读罗素著〈中国问题〉》，《晨报副镌》1922 年 12 月 3 日。

② 徐志摩：《罗素与中国——读罗素著〈中国问题〉》，《晨报副镌》1922 年 12 月 3 日。

③ 梁漱溟：《中国文化要义》，上海人民出版社，2005 年，第 245-246 页。

坏了呢？这又是因为中西文化不同的原故。”梁漱溟认为西洋的个人主义（个人本位，自我中心）或反个人主义的集体主义都与中国的伦理道理相冲突。这种文化上的不同，实在是近百年来引起我们社会构造崩溃破坏、内战内乱的根本原因。[①] “中国社会在失其自身原有组织条理时，更失去其应付环境的能力。”[②]

1943 年，梁漱溟在《中国文化问题略谈》一文中引述了罗素《中国问题》一书中的一段话：“无论为中国人打算，为世界人类打算，都应当宝爱中国文化而莫要损坏它。……为了解决中国问题，它的政治、经济都必须改造。在改造时，都要顾及中国文化才好。不问用何种政治制度、经济制度，只要能达到中国文化长存于世界之目的，罗素他都赞成。”他指出：“他这番意思真是可敬可感。恐怕中国人真正抱着这种心肠者，还不多有。”他最后提出：“质言之，‘中国本位’是将来自然到达之结果……这是我的态度。”[③] 梁氏在《中国以什么贡献给世界呢?》一文中也谈到：“中国就是以其人生态度贡献给世界，而为世界和平奠立其基础。”“中国人之特长为人生目的之正当概念（A just conception of the ends of life）。中国可以贡献给世界者，就是这点东西。”[④] 梁漱溟所说的“人生目的之正当概念”直接引用罗素《中国问题》一书中的原话：“我们的文明的显著长处在于科学的方法；中国文明的长处则在于

---

① 梁漱溟：《中国社会构造问题》，见《梁漱溟全集》（第五卷），山东人民出版社，1992 年，第 849-857 页。

② 梁漱溟：《乡村建设理论》，见《梁漱溟全集》（第二卷），山东人民出版社，1989 年，第200 页。

③ 梁漱溟：《中国文化问题略谈》，见《梁漱溟全集》（第六卷），山东人民出版社，1993 年，第 439-441 页。

④ 梁漱溟：《中国以什么贡献给世界呢?》，见《梁漱溟全集》（第六卷），山东人民出版社，1993 年，第 458 页，第 462 页。

对人生归宿的合理理解。”① 由此可见罗素对梁漱溟的影响。

罗素积极评价中国传统文化，实际上旨在救治病入膏肓的西方文明。然而，当时中国思想界的主流却是改造甚至抛弃中国传统文化，积极吸收、仿效西方文明。

鲁迅曾说：“我常常想，凡有来到中国的，倘能疾首蹙额而憎恶中国，我敢诚意地捧献我的感谢，因为他一定是不愿意吃中国人的肉的！……我们的古圣先贤既给与我们保古守旧的格言，但同时也排好了用子女玉帛所做的奉献于征服者的大宴。中国人的耐劳，中国人的多子，都是办酒的材料，到现在还为我们的爱国者所自诩的。……所以倘有外国的谁，到了已有赴宴的资格的现在，而还替我们诅咒中国的现状者，这才是真有良心的真可佩服的人！”② 罗素也观察到了中国人对有关自己的否定性批评能够心甘情愿地接受的现象。“在我离开中国之际，有一位著名的作家请我指出中国人的主要弱点，我推辞不过，说了三点：贪婪、怯懦、冷漠。他听了之后，不但不生气，还认为评判恰当，进而探讨补救的方法。”③ 罗素认为这体现了中国知识分子的正直诚实。实际上，这反映了民族劣等情结深刻影响着中国人的自我批判。

当时中国思想界的明星胡适始终没有表示出应有的热情，这与罗素对他的赏识，形成鲜明对照。胡适在 1926 年发表的《我们对于西洋近代文明的态度》一文似乎对罗素的东西方文化观作出了回应。“近几年来，欧洲大战的影响使一部分的西洋人对于近世科学的文化起一种厌倦的反感，所以我们时时听见西洋学者有崇拜东方的精神文明的议论。”④

---

① 〔英〕罗素：《中国问题》，秦悦译，学林出版社，1996 年，第 154 页。

② 鲁迅：《灯下漫笔》，见《鲁迅全集》（第 1 卷），人民文学出版社，2005 年，第 226-227 页。

③ 罗素：《中国问题》，秦悦译，学林出版社，1996 年，第 166 页。

④ 胡适：《我们对于西洋近代文明的态度》，《现代评论》第 4 卷第 83 期，1926 年 7 月 10 日。

胡适在文中批判了儒家传统中的“知足”“安命”思想以及道家的消极无为思想，高度赞扬了西方文明中追求物质享受的“不知足”精神和科学精神。他认为那些崇拜东方文明的议论，只是“一时的病态的心理”，助长了东方旧势力的气焰。然而，胡适把儒道中的消极思想当作儒道思想的全体，并进而把它当作东方文明的全体，从而完全抹杀了东方传统文化的全部价值，同时盲目崇拜西方，没有看到西方近代工业文明的缺点。

1929 年胡适仍坚持他全盘接受西方文化的主张。他认为罗素等西方学者提供的“选择性的现代化”方案，即“尽量保持她（中国文明）的传统价值，而从西方文明中只采用那些适合现实迫切需要所必需的东西”并不可取，在他看来，这种主张“是自命为中国之友和中国文明的热爱者的一些外国作家做鼓吹的一种最有力的态度”。在胡适眼中，贫穷、疾病、愚昧和贪污这“四大祸害”是“中国旧文明残存至今的东西”，而西方的“科学和技术文明”的到来才能为中国“新的活文明提供唯一可能基础”，中国应该以日本为榜样，“毫无保留地接受西方文明”，从而“中国也可能像日本那样实现文化复兴”①。

1922 年从美国留学回国后，汤用彤看到当时国内学者在文化上崇西学贬国学的现象，在《学衡》上撰文《评近日之文化研究》指出，知识界对国学和古人“轻谩薄骂”，对西学则顶礼膜拜。在这样的文化乱象中，“学者沦于圆滑之习，风俗遂陷于嚣躁之域”②。他还批评中国知识界对罗素、杜威等外国学者顶礼膜拜的态度，“罗素抵沪，欢迎者拟之孔子；杜威莅晋，推尊者比之为慈氏。……此种言论不但拟于不伦，

① 胡适：《文化的冲突》，张景明译，原载 1929 年《中国基督教年鉴》（*China Christian Year Book*），见罗荣渠主编：《从“西化”到现代化》（中册），黄山书社，2008 年，374-382 页。

② 汤用彤：《理学谵言》，原载《清华周刊》第 13 至 29 期，1914 年 9 月至 1915 年 1 月，见汤用彤：《汤用彤全集》（第五卷），河北人民出版社，2000 年，第 3 页。

而且丧失国体”①。实际上，在1914年新文化运动开展之初，汤用彤就指出了国人精神被西化后的自我奴役状态：“盖吾辈类无深入之理想，取毛取皮而不究其根源，即如今日国学之不振，亦未尝非由于此病。自西化东渐，吾国士大夫震焉不察，昧于西学之真谛，忽于国学之精神，遂神圣欧美，顶礼欧学，以为凡事今长于古，而西优于中，数典忘祖莫此为甚，则奴吾人，奴吾国并奴我国之精神也。”② 他对文化研究的建议是主张在深入研究中西文化的基础上有所取舍，不可偏执，不可盲从。他精辟地概括了中外文化思想接触的过程和结果：“文化思想的移植，必须经过冲突和调和两个过程。”③ 一方面，本地文化受外来影响而发生变化；另一方面，外来文化必须有所改变来适应当地的文化环境和性质。在经过了这个过程后，外来文化就在本地生了根，融入其本有的文化血脉中去，外来的文化就被同化了，方可发生作用。

值得注意的是，罗素与当时同在中国访学的杜威对中国问题的观察和对中国文明的欣赏有很多共通之处。比如，他们二人都谴责西方列强联合起来剥削中国，都意识到中国的自由和未来世界和平的密切联系，也都发现他们访华期间从中国人那里学到很多东西。正因为他们二人看法的相似性，杜威这位美国哲学家在为《中国问题》所写的书评里高度赞扬了罗素这位英国哲学家。“《中国问题》一书在罗素先生的笔下变成了西方文明的问题。……罗素的写作手法让他清晰地阐述了中国外在的，或者说政治和经济的问题。这种清晰的表达展现到晦涩难解的世界中时，总是接近于一种讽刺。因为正是西方人自身，以及由此传染给日本人的

---

① 汤用彤：《评近日之文化研究》，《学衡》第12期，1922年12月。

② 汤用彤：《理学谵言》，原载《清华周刊》第13至29期，1914年9月至1915年1月，见汤用彤：《汤用彤全集》（第五卷），河北人民出版社，2000年，第31页。

③ 汤用彤：《文化思想之冲突与调和》，《学术季刊》第1卷，第2期文哲号，1943年11月。

那种捕食性的精力，造成了中国当前的政治和工业问题。通过尖刻准确的用词和他常用的写作艺术，罗素先生给现世的人们描绘了中国的状况。”①

尽管杜威注意到罗素将中国文明理想化了，并把它作为鞭子来“抽打得意忘形的西方人”，但他并不认为这是一个严重的缺点。他写道：“我自己的中国的经历让我相信罗素先生正确地阐释了中国的卓越之处。”但在中国的内部更深的问题上，杜威不赞成罗素的观点：“罗素先生的书中没有谈到中国更深层的问题，它们存在于善解人意的中国人的思想中。作为一名优秀的欧洲人，他或许主要对欧洲文化以及欧洲能从中国学习到的东西感兴趣；相对而言，他的注意力并没有放在那个古老的、坚固的、博大的文明的内在改造问题上。……与西方的接触给中国带来了再度觉醒的骚动，一场真正的文艺复兴……这种觉醒似乎对于防止中国古老文化中有价值部分的继续衰败非常必要，同时对于创造一种新的更丰富的生活也非常必要。”②

从某种程度上说，杜威的评论是准确的，但他也没有完全公正地对待罗素所努力实现的东西。我们看到，罗素就像杜威和其他中国开明人士一样，主张通过渐进改良的方式来解决中国的问题。他们确信中国最好的选择就是通过一个阶段内政治、经济和教育的现代化来开发国家内在的潜能。然而，列强侵略以及中国政治中激进的成分给中国人带来的苦难与日俱增，这让罗素时常感到中国内部改革可能的糟糕结局。因此，罗素的判断（比杜威的判断更加现实），国家主义和军国主义将不可避免地成为中国唯一的选择，故必须强调中国和平主义的传统才能确保世界和平的希望。

---

① John Dewey, China and the West: Review of *The Problem of China* by Bertrand Russell, in *John Dewey: The Middle Works*, vol. 15, pp. 216-217.

② John Dewey, China and the West: Review of *The Problem of China* by Bertrand Russell, in *John Dewey: The Middle Works*, vol. 15, pp. 217-218.

第三章

推行国家社会主义

——罗素与中国知识界的社会主义论战

1921年7月罗素离华后不久，胡适写了首题为《一个哲学家》的白话诗，诗中颇多讽刺，不指名地表达了他对罗素给中国改造建议的不理解乃至不满。该诗写道：

“他自己不要国家，
但他劝我们须要爱国；
他自己不信政府，
但他要我们行国家社会主义。

他看中了一条到自由之路，
但他另给我们找一条路：
这条路他自己并不赞成，
但他说我们还不配到他的路上去。

他说救中国只须一万个好人，

但一两‘打’也可以将就了。——

我们要敬告他：

这种迷梦，我们早已做够了！”①

显然，罗素的临别演讲让胡适这位自由主义者失望了。

实际上，中国新知识界对罗素失望和不满的不仅仅是胡适一个人。罗素讲社会政治思想并不一边倒，他赞同社会主义，却批评苏维埃政治体制的种种弊端；他主张在中国发展实业，但却批评资本主义。总之，他主张不要墨守成规，但也不要全盘西化，更不要全盘俄化。他的见解，在今天看来固然让人受益匪浅，但处于新文化运动风头中的激进人物，又如何能够满足呢？以张东荪为代表的保守派对他失望，以陈独秀、毛泽东为代表的激进派对他也不满意，如学者朱学勤所说，罗素的确让中国知识界各派“为难”了②。

罗素在华期间专门就布尔什维克主义做的两场演讲《布尔塞维克与世界政治》和《布尔塞维克的思想》，以及他的临别演讲《中国到自由之路》都引起了中国思想界的强烈反响。罗素本人都没有想到，他的中国之行会给当时中国的思想界带来这样的震动。而罗素在华期间关于社会主义的思想也经历了一个演变过程。这位来华前不赞成“国家社会主义”的基尔特社会主义者，经过在中国不到一年的观察和思考，为什么给中国开出了类似俄国的“国家社会主义”的药方？其中的道理确有探究的必要。

---

① 胡适：《胡适的日记》（上），中华书局，1985 年，第 140 页。

② 朱学勤：《让人为难的罗素》，见《读书》1996 年第 1 期。

第一节　社会主义争论风波

罗素来到的中国正处于新旧文化、经济社会制度的大争论之中，资本主义、马克思主义、基尔特社会主义、工团主义都是争论的热门话题。然而，不同阵营对罗素也有不同的期待。一方面，马克思主义者认为杜威的改革方案过于保守，因此更渴望从罗素那里得到社会变革的方法；另一方面，自由主义人士赞赏他的很多观点。比如，一种社会体制的好坏主要取决于它鼓励创造性的程度，占有性是战争的最终来源，是政治世界所有问题的源泉；又如，罗素反对工团主义和国家社会主义，而支持基尔特社会主义（尽管罗素提出这些主张时并没有考虑中国的情况）。

1920 年 10 月 6 日，罗素收到来自中国无政府主义者——共产主义者联盟书记的一封信。信中写道："我们非常高兴，您这位世界上最伟大的社会哲学家来华抵达本埠，来救治中国学生的历史性的思想病。自从 1919 年以来，学生界似乎是中国未来的最大希望；因为他们已经准备迎接中国社会的一个革命的时代。在那一年，约翰·杜威博士极其成功地影响了中国的知识阶层。但是我胆敢代表大多数中国学生向您说几句话：杜威博士在这里虽然是成功的，但是我们大多数学生并不满意他的保守的学说。因为我们大多希望得到关于无政府主义、工团主义、社会主义等等的知识；一句话，我们亟欲求得关于社会革命哲学的知识。我们是克鲁泡特金的信徒，我们的目的是在中国建立一个无政府的社会。我们希望您，先生，能提供我们基于无政府主义的彻底社会哲学的基本原理。再者，我们希望您来纠正杜威博士这位美国哲学家的学说。

我们希望您在中国具有与在英国不同的绝对自由。因此我们希望您在这里能取得比杜威博士更大的成功。”①

罗素来华讲学期间，张东荪负责接待和陪同。此前张东荪就致力于把西方的哲学思想引进中国，在他的主持下，上海《时事新报》的副刊《学灯》被誉为五四时期四大报纸副刊之一。作为学者，他也被称为输入西洋哲学方面最广、影响最大的人。张东荪对罗素来华抱有极大的期望，希望倾向温和的社会主义的罗素能够为中国指出一条光明的出路。

继陪同罗素到杭州、南京等地游历和演讲后，按照预定计划，张东荪与杨端六等人又亲自陪同罗素到湖南演讲。中国内地经济的落后给张东荪留下了深刻的印象。11 月 6 日，当他回到上海后，立即在《时事新报》上发表《由内地旅行而得之又一教训》的时评。他根据到内地的实际考察，指出“中国的惟一病症就是贫乏，中国真穷到极点了”，“中国人大多数都未经历过人的生活之滋味”，当务之急是让中国人“都得着人的生活，而不是欧美现成的甚么社会主义、甚么国家主义、甚么无政府主义、甚么多数派主义等等”。他引用罗素的感想指出，“罗素先生观察各地情形以后，他也说中国除了开发实业以外无以自立”②。他认为罗素的话“非常中肯又非常沉痛”。于是，张东荪提出自己的看法：救中国的唯一办法是“增加富力”，而增加富力的方法是“开发实业”。这是张东荪通过内地旅行得出的“很切实的”教训，因此，他劝告那些“空谈主义”的人不要好高骛远，而应把重心放在“开发实业”“增加富力”的实际上。

张东荪公开地批评社会主义宣传活动，这是正在积极为成立中国共

① 〔英〕罗素：《罗素自传》（第 2 卷），陈启伟译，商务印书馆，2003 年，第 199-200 页。

② 张东荪：《由内地旅行而得之又一教训》，《时事新报》1920 年 11 月 6 日。

产党进行筹备的马克思主义者所不能接受的。李达、陈望道、邵力子、陈独秀、蔡和森、李大钊等社会主义者表示不满，他们先后发表文章，批评张东荪主张走资本主义道路的理论。于是，由此发展成一场相当激烈、影响广泛的社会主义论战。

就在张东荪文章发表的翌日，李达和陈望道二人在11月7日的《民国日报》副刊《觉悟》上分别发表《张东荪现原形》和《评东荪君底〈又一教训〉》，根据张东荪之前主张社会主义的文章提出质问和反诘。第二天，《觉悟》主编邵力子也亲自披挂上阵，发表《再评东荪君底〈又一教训〉》反驳张东荪。他指出，在中国振兴实业不一定非要用资本主义的方式，社会主义方式同样可以实现，而双方的主要分歧就在于此。邵力子写道："硬说要开发实业便不能谈社会主义。这不是资本家的愚昧，便是资本家的自私自利不得不如此说法。"于是，他反问张东荪："东荪君难道也认定谈了社会主义便不能开发实业么？"① 邵力子在11月18日《民国日报》的"随感录"中写道："'罗素对于中国现在的情形，暂时不主张社会主义。'我们只听见这句话，却不知罗素究竟是怎样说的，很觉得怀疑。有一位想转向的人，便赶紧奉为至宝，拿来鼓吹一回，有教大家切记罗素的忠告。隔了三天，又另一位出来劝大家莫误会罗素的话，须记得罗素是相信共产主义者，须知道罗素不曾对我们斥共产主义。这两句话出在一家，真是奇怪。但如果后一位是想取消前一位的话，那么这种矛盾抵触，虽然可笑，仍是我们所欢迎的。"②

12月1日，张东荪发表《大家须切记罗素先生给我们的忠告》一

---

① 邵力子：《再评东荪君底〈又一教训〉》，《觉悟》1920年11月8日。

② 邵力子：《仍是我们所欢迎的》，《民国日报》1920年11月18日。

文指出："第一宜讲教育，使无知识的有知识，使有知识的更进一层。第二是开发实业，救济物质生活；至于社会主义不妨迟迟。"① 过了半个月，他又发表《现在与将来》一文，一方面对各方批评做出回应，另一方面也总结了自己的观点。他指出，中国当时非常落后，目前的急务是用资本主义方式发展实业，实行社会主义要到遥远的未来。张东荪和梁启超两人在罗素讲学的同时连续发表文章，认为目前中国经济落后，缺少真正的劳动者，在中国建立代表劳动阶级的政党的条件还不成熟，"真的劳农革命决不会发生"。两人一致认为救中国的办法只有一个，即依靠"绅商阶级"来振兴实业，发展资本主义。

1920年12月初，陈独秀还专门致信罗素希望他澄清关于社会主义的主张。他在信中写道："近来中国有些资本家的政党的机关报屡次称赞你的主张：中国第一宜讲教育，第二宜开发实业，不必提倡'社会主义'，我们不知道这话真是你说的，还是别人弄错了呢？我想这件事关系中国改造之方针很重要，倘是别人弄错了，你最好是声明一下，免得贻误中国人，并免得进步的中国人对你失望。"② 罗素似乎注意到也非常重视陈的一番言说，据称他曾专门给陈独秀回过一封信，可惜中途遗失了。他在临别演讲中向中国人推荐"国家社会主义"作为改革方案时说："中国行社会主义之方法不外先以国家社会主义发达工业，振兴教育，或先铲除资本制度。吾信前者较后者易达社会主义之目的焉。"③ 这似乎是对陈独秀的答复，因为罗素此时的观点和陈独秀当时写给他信中的观点非常相似："幸而我们中国此时才创造教育、工业，在资本制

---

① 张东荪：《大家须切记罗素先生给我们的忠告》，《新青年》第8卷第4号，1920年12月1日。

② 陈独秀：《独秀致罗素先生的信》，《新青年》第8卷第4号，1920年12月1日。

③ 罗素：《罗素之〈中国的往自由之路〉》，傅铜译，见《哲学》第3期，1921年9月，第365页。

度还未发达的时候，正好用社会主义来发展教育及工业，免得走欧、美、日本底错路。”①

罗素本来是梁启超等组织的共学社请来中国讲学的，张东荪等人还在一段时间陪同他在各地讲学，而罗素本人在英国国内也支持基尔特社会主义，这种温和的社会主义思想确实也是梁启超派着力宣扬的。因此，人们往往把罗素当作梁启超等研究系一派的支持者。另外，罗素言谈中的话语又被张东荪等借来发挥，于是造成了种种误解。

直到1921年7月6日，罗素离华前夕，发表了题为《中国到自由之路》的演讲，揭开了他对中国各种问题的看法。这次演讲也把这场社会主义的争论推向了高潮。经过九个月对中国状况的观察和思考，他最后明确提出，类似俄国的道路比较适合中国，经济文化落后的中国，只有采用苏俄式的“国家社会主义”，才能开发工业，进而走向实现现代化的道路。

最早引发社会主义争论的张东荪首先遭到了知识界的质疑和嘲讽，人们批评他“假借名义”②，说在中国没有可能实行劳农主义，不可能进行社会革命；而现如今罗素本人直截了当地指出，中国第一步只有实行国家社会主义。后来，张东荪还发表了一篇《后言》，他抱怨说：“罗素先生的这一篇中国往自由之路上有许多地方和他向来的主张相矛盾。”③

中国知识分子各派从自己的利益出发，把罗素作为象征资本，借用他在不同场合发表演讲的只言片语来巩固各自派系的主张，或者根据他们自己的需要来解释甚至歪曲罗素的理论和观点。其实，早在这场争论

---

① 陈独秀：《独秀致罗素先生的信》，《新青年》第8卷第4号，1920年12月1日。

② 汉胄：《“假借名义”的听得吗?》，《民国日报》1921年7月15日。

③ 张东荪：《后言》，《时事新报》1921年7月31日。

一开始，明眼人邵力子就一语道破张东荪等研究系派借用罗素作为象征资本的意图。“中国除了开发实业外无以自立，这是小学生也知道的，用不着引罗素先生的话。罗素先生最要紧的教训，是中国必须开发实业，而开发实业不可再蹈欧美资本主义的覆辙。东荪君不要只采用他半截话啊！……罗素先生教训我们不要再蹈欧美资本主义底覆辙，正是恐怕‘有了资格’以后已是焦头烂额感受十分痛苦；那么，现在谈论社会主义，至少也可算是‘曲突徙薪’，怎能说是‘必定无结果’呢。”①

另外，陈独秀也写道：“中国底贫困在先生办《解放与改造》以前就是如此，何以先生到了湖南听了罗素观察未久几句主观的说话，才知道呢？”② 当时比较激进的知识分子有时把罗素和张东荪放在一起加以批驳，这其实是一种误解。邵力子当时就指出：“他初到中国时，即被人误解、附会，先闹什么‘保存国粹’的笑柄，后来更被人借他发展实业的话断章取义，做了反社会主义的资料。”汉胄也批评这种假借附会的手段：“只有被一般无聊的中国人，借着他发展实业的话，断章取义地做反对社会主义，赞成资本主义的资料，是他最不幸的事情。”③

第二节　罗素社会主义思想的形成与主张

第一次世界大战期间，西方列强自我毁灭的战争，使罗素对资本主义文明倍感失望，也使他开始疏离自由主义并转向社会主义。一战开始

① 邵力子：《再评东荪君底〈又一教训〉》，《觉悟》1920 年 11 月 8 日。

② 陈独秀：《复东荪先生底信》，《新青年》8 卷 4 号，1920 年 12 月 1 日。

③ 汉胄：《罗素底不幸》，《民国日报》1921 年 4 月 1 日。

后不久，罗素就加入英国工党，并投身于工人运动。欧战后的罗素，似乎已从一个自由主义者转变为反战的和平主义者和反资本主义的社会主义者。1920年2月26日，罗素在伦敦所做的题为《社会主义与自由主义》的演讲中，明确表示自己已从一个自由主义者转向一个社会主义者。他谈道："这次大战的结果，不但自由党失败，便是自由主义也因此减色。威尔逊总统的失败，更是自由主义失败的一个证据。纯粹的自由主义全靠着人与人的相互容忍，使一切事情不至于走到极端。宗教信仰的自由，民主主义，言论自由，出版自由，贸易自由这些理想，意思是说人类各阶级的龃龉，不是不能和解的。我是因战争结果从自由主义改变到社会主义的一人；这并不是因我不信从自由主义，不过我看除非经过社会经济改造的过渡时代，自由主义实在没有什么大意思罢了。"①

一方面，罗素的社会主义思想，是从对资本主义的批判开始的，大约形成于一战期间，罗素认为，资本主义生产资料的私有制与资源垄断，造成了社会贫富分化的加剧与人民政治上的不平等。人们为了生存，不得不放弃应有的自由与权利而为他人驱使，这些都极大地影响了个人的发展。在罗素看来，"资本主义制度在本质上形成了弱肉强食的关系，无论是在民族范围以内还是在民族之间"。② 因此，罗素得出结论："资本主义，是由私有财产制度演化而来的，在工业主义下，激起一种反抗力，这种反抗力，结果必能扑灭它。惟一的问题，是或者劳工在资本主义毁灭后的遗址上，能够建设社会主义，或者资本主义，破坏

① 罗素：《社会主义与自由主义》，《东方杂志》第17卷第18号，第45-46页。

② 〔英〕罗素：《中国问题》，秦悦译，学林出版社，1996年，第50页。

了全部的工业文明，和它同归于尽。[1]

另一方面，罗素对国家权力和“国家社会主义”充满戒备。他虽然赞同马克思对资本主义的批判及其共产主义理想，但他并不是一个马克思主义者。青年时代就信奉自由主义的罗素对国家权力有一种不信任感；另外，他也反对马克思主义的社会革命方式。

在这种背景下，罗素提出了他心目中兼取两者之长的、较为理想的社会主义制度，即“基尔特社会主义”（Guild Socialism）。在1918年出版的《自由之路：社会主义、无政府主义和工团主义》一书中，罗素明确地表达了他的社会主义观，他认为在英国最可行的是“基尔特社会主义”，因为它“既考虑了国家社会主义者保留国家的主张，也考虑了工团主义者对国家的疑惧，它根据国和国之间采取邦联主义的理由采取了企业与企业之间的联合制度”[2]。基尔特社会主义是20世纪初盛行于英国的一个社会改良主义派别，该流派主张用中世纪的基尔特（Guild），即行会制度，来改良资本主义社会。罗素认为，基尔特社会主义的目的在于“实行生产自治，限制而不是完全消灭国家的权力”，“它最能保证自由，而不会有在纯无政府制度下经常诉诸暴力的情况”[3]。因而，对英国来说，基尔特社会主义是“最好的而又切实可行的制度”。

基尔特社会主义区别于其他社会主义之处在于对待国家权力的态

---

① Bertrand Russell（in collaboration with Dora Russell），*The Prospects of Industrial Civilization*，London：George Allen & Unwin Ltd.，1959，pp. 62-63. 中译文见〔英〕罗素：《工业文明之将来》，高佩琅译，上海太平洋书店，1929年，第42页。

② 〔英〕罗素：《自由之路：社会主义、无政府主义和工团主义》，何新译，商务印书馆，1959年，第3-4页。

③ 〔英〕罗素：《自由之路：社会主义、无政府主义和工团主义》，何新译，商务印书馆，1959年，第54页。

度。一方面，它反对无政府主义取消国家的主张，因为国家可以保证社会法律和秩序的维护。另一方面，它反对马克思社会主义给予国家过多的权力。罗素认为，国家权力必须减少到必需的最低限度，而自治和地方分权是限制权力的最好办法。国家只是实现个人自由发展这一目的的手段，因此必须减少使用。

因此，在罗素眼中，赋予国家太大权力的“国家社会主义”和取消国家权力的“无政府主义”，皆非理想的社会制度。他写道：“纯粹无政府主义的社会尽管应该是我们逐步接近的终极理想，然而，在目前还没有实现的可能，即使实现了，它的寿命至多也不会超过一两年。相反地，马克思社会主义和工团主义虽然缺点很多，但据我看来是可以产生一个比现在这个世界更美好更快乐的世界的。但是，我并不认为它们就是最好的切实可行的社会制度；我担心马克思的社会主义给予国家的权力太大了。另一方面我也认为，旨在取消国家的工团主义，为了结束各生产者团体之间的敌对行为，恐怕将被迫再建立一个中央权力机关。”①

第三节　罗素对布尔什维克主义的评判

1919 年俄国爆发的十月社会主义革命的胜利给罗素很大的启发和鼓舞，他高度赞扬俄国布尔什维克将社会主义理论付诸实践。1920 年 2 月 26 日，罗素在伦敦所作的演讲中说：“从大战争产生出来的一切新事实中，最重要的便是现在有一大国居然已把社会主义实施起来了。从前，

① 〔英〕罗素：《自由之路：社会主义、无政府主义和工团主义》，何新译，商务印书馆，1959 年，第3 页。

社会主义不过是一种理论，寻常人都当作可望而不可即的一种幻境。现在过激派的设施，为功为罪且不去管它，但至少可以证明社会主义是适合于大国家的。”①

1920年5月11日，罗素以英国工党代表身份踏上了去俄国访问考察之路，并在莫斯科会见了列宁。罗素充分肯定了俄国十月革命的意义，认为它是人类实现美好理想的一次尝试，“布尔什维克主义应该受到全世界进步人士的感激和敬仰”②。罗素认同布尔什维克主义的地方是他们共产主义的理想。踏上俄国的土地后，罗素看到布尔什维克主义就像新宗教一样向人们许下了很多美好的诺言：“它承诺要结束富人与穷人间的不公正、结束经济上的奴隶制度、结束战争；它承诺要结束那毒化我们的政治生活，以及将要把我们的工业大生产推向毁灭的阶级差别；它承诺要结束那巧妙地将人类引向迷途的商业主义；……它承诺将把悲观、游惰、忧虑及一切痛苦情绪一扫而光。再也不会有宫殿与茅棚的对照，再也不会有罪恶和悲哀，有的只是健全有益的工作，人们无从产生悲观与绝望。”③ 通过在俄国的观察，罗素并不认为这些诺言在俄国已成为现实，但他认为这是人类应该努力的方向。

从1920年5月11日到6月16日为期一个多月的俄国之行，让对新文明满怀希望与憧憬的罗素有些失望，他也开始对俄国式的“国家社会主义”进行理性的反思。虽然罗素高度赞扬俄国社会主义的胜利，但作

---

① 罗素：《社会主义与自由主义》，愈之译，原载《东方杂志》第17卷第18号，见刘福增主编《罗素论社会主义与自由主义》（哲学丛书29），台湾水牛图书出版事业有限公司，1989年，第83页。

② Bertrand Russell, *Bolshevism: Practice and Theory*, New York: Harcourt, Brace and Howe, Inc., 1920, p. 4.

③ Bertrand Russell, *Bolshevism: Practice and Theory*, New York: Harcourt, Brace and Howe, Inc., 1920, p. 15.

为一个自由主义学者，对俄国的社会主义他依然很慎重。罗素并不赞成布尔什维克建立共产主义的方法。在俄国，他看到了布尔什维克统治依靠强制、暴力和少数人专政，权力分配极不平等，以及将马克思主义宗教化和教条化的倾向。在他看来，布尔什维克依靠暴力、专政和宗教般的狂热是无法实现共产主义理想的。罗素批评俄国布尔什维克的缺点主要有如下几个方面：

一、反对布尔什维克的残酷无情

五周的俄国之行让罗素看到了布尔什维克统治的残酷无情，并对俄国“无产阶级专政”的含义提出质疑。他指出，俄国布尔什维克派所谓的“无产阶级专政”和英国国内一般进步的社会主义者所理解的含义大有不同。英国人想到的“无产阶级专政”以为不过是代议制政府一种新的形式，以为“无产阶级”就是无产阶级，“专政”却不意味着独裁专制。这恰好与事实相反，他说：“俄国共产党人讲‘专政’，他是照这个字的字义用的，但说到‘无产阶级’，却有一种特别的含义，指的只限于无产阶级中有‘阶级的觉悟’那部分人，即共产党。”“他们实际上是俄国唯一掌握权力的人，享受了数不清的好处。他们并不奢侈，但他们中的绝大多数人比其他人吃的好，更为安全舒适……千条万条，那里的共产主义者比其他人生活的更幸福。”他虽然承认这些共产党人具有“英勇、精力充沛、善于指挥、随时准备为国家服务”等优点，但他们“专制，也从不考虑平民的需求”，就像对待雇佣的人那样让人民过度工作。①

虽然罗素赞成共产主义是“人类所必需的”，但他对布尔什维克建立共产主义的方法不满，因为这种方法基于他们的“激进哲学”，“这种哲学试图建立一个新的世界，然而实际情况是国内普通大众的思想和感情还没有做好充分准备”，② 所以他们最终失败了。这种实验是“粗糙和危险的，过于英勇而没有考虑到反对者抵抗将会付出的代价”。他认为俄国通过这种方法并不能建立一种稳定的、令人满意的共产主义。所以罗素说他在实现共产主义理想等根本的问题上是赞同布尔什维克的，“只是当布尔什维克所采取的手段已经偏离了他们自己的理想时，我才在政治方面批评他们”③。因为这些方法充满了暴力、残酷、鲁莽，以及对大众教育的漠不关心，所以除了布尔什维克原本所怀有的社会主义理想外，罗素没有太多赞成的了。

在罗素眼中，俄国人民的生活和清教徒时期的英格兰一样。“在许多地方都违背了人的本能。如果布尔什维克主义最终失败了，其失败的原因和清教徒失败的原因一样：因为人有时总会觉得戏乐和安闲比其他别的好处合在一起都值得。”④

罗素并不反对社会主义，他坚决反对的是布尔什维克主义。他一方面承认布尔什维克所攻击的有产阶级资本主义的劣迹，但另一方面，作

① Bertrand Russell, *Bolshevism*: *Practice and Theory*, New York: Harcourt, Brace and Howe, Inc., 1920, p. 30.

② Bertrand Russell, *Bolshevism*: *Practice and Theory*, New York: Harcourt, Brace and Howe, Inc., 1920, p. 5.

③ Bertrand Russell, *Bolshevism*: *Practice and Theory*, New York: Harcourt, Brace and Howe, Inc., 1920, p. 5.

④ Bertrand Russell, *Bolshevism*: *Practice and Theory*, New York: Harcourt, Brace and Howe, Inc., 1920, p. 29.

为和平主义者的罗素很反对布尔什维克倡导的战争革命论。他谈道："我的反对，并不是说资本主义不如布尔什维克所说的那么坏，乃是凡由战争得来的社会主义，其好处总是要少的，也并不是最好的形式。因为战争的恶果，尤其是国内战争，是确定无疑的而且是巨大的；另外，战争胜利所得到的好处也很有问题。在无所顾忌的战争中，文化的遗产很可能就消失了，而同时怨恨、疑虑、暴虐等等却要成为人类关系上的常态。要打胜仗，必须要集中权力，而权力集中造成的祸害并不小于资本主义社会中财富的集中。"①

他指出布尔什维克主义在中国只是对年轻的学生有吸引力，他们相信"布尔什维克主义可以越过资本主义阶段发展工业"。"等到布尔什维克不得不逐渐恢复实行资本主义时，中国学生对它的信仰自然也会减少。而且在俄国实行的布尔什维主义并不适合中国的国情。"②

二、反对国家专制干涉个人自由

中国的社会主义者与罗素另一个很大的分歧在于对"无产阶级专政"的认识。罗素对布尔什维克不能在国家中合理地平衡权力表示遗憾。布尔什维克主义者仅占全俄人口的百分之五，他们强压百分之九十五所恃的不是民意，而是武力，这是布尔什维克主义的"贫民独裁政治"（Dictatorship of Proletarist）；另外，这种专政带来了最少的自由，却带来了最大的政府干预。

① Bertrand Russell, *Bolshevism: Practice and Theory*, New York: Harcourt, Brace and Howe, Inc., 1920, p. 32.

② 〔英〕罗素：《中国问题》，秦悦译，学林出版社，1996 年，第 140 页。

然而，这种独裁专制按照中国人的价值评判则不同：自由不是社会的目的，而是丰富生活和增进幸福的方法。一些中国人看到了世界的两种潮流：一个是发展政府干预的范围和国家在社会上的功用（甚至在资本主义社会），另一个是人民参与管理国家的机会日益增多。这两种趋势发展的结果是“政治经济社会的问题合一，而成一个最大的国家范围人民与政府合一”，故认为在扩大国家的趋向方面是布尔什维克代表潮流之处。① 这暗示了布尔什维克控制下的大政府意味着人民更多地控制国家，而不是罗素所说的少数人的独裁。在西方的资本主义制度下，基于自由放任的学说，那些资本家可以自由剥削工人，而不受政府的限制。大资本家可以竞争自由吞并小资本家，而不受法律的干涉。个人主义应该被痛斥，因为它认为穷人的贫穷是他自己造成的，所以结论是布尔什维克主义要比西方资本主义好得多。

但是，罗素从来没有主张极端发展个人主义，以致危及别人自由的程度。事实上，他曾明确谈到，在工业化的初始阶段，需要更大更复杂的社会组织，这时政府就发挥更大的作用，在短期内个人的自由会有损失，为公共利益所束缚。然而，当实业发展以后，生活上的必需品可以充分供给，个人就可以得到自由和闲暇来从事教育、科学、文学和美术之事，整个国家也就会有更大的公共利益。② 作为一个自由主义者，罗素把自由看作是最终目的和发展实业的主要原因。而布尔什维克并不看重这种自由，因为他们的哲学是历史唯物主义的，即所有人类行为背后所支配的都是经济动机。在强调物质方面时，他们忽略了精神需求。

---

① 何思源：《布尔塞维克主义》，《新潮》第 3 卷第 2 号，1921 年。

② 罗素、勃拉克：《罗素及勃拉克讲演集·社会结构学》，北京惟一日报社，1921 年，第 21–23、42 页。

中国的社会主义者积极地拥护马克思主义的学说，而罗素的理论则攻击了他们对共产主义信仰的重要哲学基础。马克思社会政治理论认为人的经济动机决定一切，而罗素则认为人的权力欲望比经济动机更为根本。原因在于人的物欲是有限的，但权力欲却是无限的；在满足了基本的物质需求后有人仍追求财富，此时人们已将财富作为满足其权力欲望的手段。①

罗素认为，并不是经济决定论控制了有政治觉悟的人民，在他看来，人类政治行为的真正动力来源是他们对权力的欲望，以及对个人的骄傲和自尊的满足。“人类对战胜对手的欲求非常强烈，甚至会制造出一个对手来达到在心理上获胜的目的。所有这些动机都超越了单纯的经济动机，并且以实际上很重要的形式表现出来。”② 在他看来，在苏俄社会中那种权力的集中，其祸害并不小于资本主义社会中财富的集中。③

三、反对作为宗教的布尔什维克主义

罗素对布尔什维克主义的宗教倾向极为厌恶，比如他们常常引用马克思或恩格斯关于唯物主义的观点，并把这些教条当作真理。有着“科学世界观”的罗素坚决反对布尔什维克“对于客观上有争议事物毫不质疑的激进和盲从”④。他反对布尔什维克主义主要不是反对这种政治理

① Bertrand Russell, *Bolshevism: Practice and Theory*, New York: Harcourt, Brace and Howe, Inc., 1920, p. 131. Bertrand Russell, *Power: A New Social Analysis*, New York, 1938, p. 10.

② Bertrand Russell, *Bolshevism: Practice and Theory*, New York: Harcourt, Brace and Howe, Inc., 1920, p. 130.

③ Bertrand Russell, *Bolshevism: Practice and Theory*, New York: Harcourt, Brace and Howe, Inc., 1920, p. 32.

④ Bertrand Russell, *Bolshevism: Practice and Theory*, New York: Harcourt, Brace and Howe, Inc., 1920, p. 6.

论，而是反对把它当作一种宗教和教条来信仰。就像罗素在华讲演中谈到的，对所有事物都应该怀疑，因此都应该进行科学的验证。并且，他认为应通过理性而不是暴力来解决问题。

罗素还将布尔什维克主义和基督教相比较，他认为尽管二者都有人道的目的，它们的共同之处是都充满了一种宗教狂热，并由此带来残酷和无情。他写道："我来到俄国时自信是共产党；但是既和这些无疑于共产主义底人接触了，我反加多了一千个疑团，不但怀疑共产主义，并怀疑到人们不惜忍受许多愁苦以欲求达到的一切信条。"① 罗素在二者的比较中似乎更倾向于布尔什维克主义。一方面，是因为与基督教相比，布尔什维克主义带来的流血牺牲是极其微小的；另一方面，基督教用了1920年来试图重振世界却归于失败，而布尔什维克现在刚开始三年，他认为再过1917年，布尔什维克会比基督教徒做得好。②

罗素是赞同科学而反对宗教的。罗素眼中的布尔什维克主义已然成为"布尔什维克教"。布尔什维克主义是武断主义，不是自由思想；是情感的信仰，而非理性判断。罗素回忆他在俄国与列宁等布尔什维克的交往。"当列宁想证明他的观点时，总是尽可能引用马克思和恩格斯的言论。……一个真正的布尔什维克是拥抱很多复杂的和教条式的信念——比如哲学上的唯物主义。"③ 在罗素看来，马克思的《共产党宣言》被布尔什维克们尊为"马克思圣经"，而列宁的《国家与革命》一

---

① Bertrand Russell, *Bolshevism: Practice and Theory*, New York: Harcourt, Brace and Howe, Inc., 1920, p. 41. 罗素：《游俄之感想》，雁冰译，《新青年》第8卷第2号，第20页。

② Bertrand Russell, Bertrand Russell on the Religion of Bolshevism, *Peking Leader* (December 19, 1920). 罗素、勃拉克：《罗素及勃拉克讲演集·社会结构学》，北京惟一日报社，1921年，第6-7页。

③ Bertrand Russell, *Bolshevism: Practice and Theory*, New York: Harcourt, Brace and Howe, Inc., 1920, p. 6.

书则是他们的《新约》，布尔什维克以武力限制人民的思想言论自由，即使是宗教也不是基督教和佛教一类的仁慈宗教，而是穆罕默德式的武力宗教。他们的宗教不是精神的，而是物质的；不是个人的，而是社会的；不是个人自由醒悟，而是以武力强迫人皈依。他认为这种教条与他科学的世界观格格不入。

中国人对罗素的批评似乎略有微词。何思源认为资本主义社会将私产权尊为神圣不可侵犯的天赋人权也是一种宗教①。罗素对此当然不会反对。然而，罗素对布尔什维克主义的批评却让中国人误以为他赞成资本主义，由此引发一系列的争论也就在所难免了。

四、反对布尔什维克滥用权力

按照罗素的观点，布尔什维克的世界观造成了共产主义在俄国的失败。也就是"仇恨的教条主义，以及认为可以通过武力彻底改变人性的观点"②，这也是俄国政府开发工业和农业失败的原因。布尔什维克在夺权后就变得专制起来。在布尔什维克控制的俄国，权力集中所带来的恶果与资本主义社会财富集中带来的恶果无异。不逊于资本主义，"国家社会主义"也可能发展"占有冲动"，以及随之而来的一系列罪恶，比如社会的不平等。布尔什维克夺权后并没有将权力重新分配。他们在"无产阶级专政"阶段停留的时间太久，作为俄国唯一大权在握的人，他们利用手中的权力建立了一个并不代表人民的政府，而确保自己独揽

---

① 何思源：《布尔塞维克主义》，《新潮》第3卷第2号，1921年，第111页。

② Bertrand Russell, *Bolshevism*: *Practice and Theory*, New York: Harcourt, Brace and Howe, Inc., 1920, p. 180.

大权。布尔什维克所谓的“无产阶级专政”实际上变成了他们获得权力并掌控权力的合法化工具。他们对权力的滥用让罗素觉得他们的阶级意识和阶级利益与那些真正的无产阶级完全不同，“在资本主义国家，政府与资本家联合形成一个阶级，而在俄国，布尔什维克政府则吸收了资本主义国家政府的心态”①。

然而，他对“国家社会主义”的态度似乎经常变动，有时疑虑重重，有时充满信心，有时冷嘲热讽，有时又热情十足。罗素虽然努力将布尔什维克主义和他为中国设计的理想社会主义体系区分开来，但要人们接受对一个有瑕疵的体系进行新的改造，似乎很困难。就是在对俄国布尔什维克主义已生反感的情况下，罗素挑战并修正了一些社会主义的关键内容。

罗素对俄国布尔什维克主义的评价是：“它或许可以作为落后国家快速实现工业化的方法；但作为一种共产主义的实验，它在俄国是失败的。”② 在访俄之行后，罗素虽然批评了俄国的布尔什维克社会主义，但他对共产主义的理想依然充满期待。他认为：“俄国共产主义也许失败了，走向下坡路，但共产主义本身不会死去。”他希望今后的共产主义者心怀希望，而非仇恨，致力于实现共产主义，而不是像俄国那样给全世界带来一场剧烈的革命。一战及其影响已经证明了资本主义的破坏性；他希望在新的时代里，共产主义不会带来更剧烈的破坏，并寄希望于“共产主义能够抚平过去旧的资本主义制度给人类心灵造成的伤害”③。

---

① Bertrand Russell, *Bolshevism: Practice and Theory*, New York: Harcourt, Brace and Howe, Inc., 1920, p. 159.

② Bertrand Russell, *Bolshevism: Practice and Theory*, New York: Harcourt, Brace and Howe, Inc., 1920, p. 175.

③ Bertrand Russell, *Bolshevism: Practice and Theory*, New York: Harcourt, Brace and Howe, Inc., 1920, p. 192.

罗素从俄国回国后，就在伦敦《国民周刊》（*Nation*）上发表了几篇文章，陈述他游俄的感想，在各方面引起很大的反响。1920 年 10 月 24 日，担任俄国第三国际书记的拉迪克（Carl Radek）在布尔什维克政府的机关报《真理报》（*Pravda*）上发表文章，竭力攻击罗素的观点。另外，《苏维埃俄国》（*Soviet Russia*）周刊上也发表了一系列文章挖苦罗素，如《批评罗素论苏维埃俄罗斯》《罗素与哥尔基》《罗素——一个失望的旅客》等，非难的人都表示贵族式的罗素是不会懂得平民的俄罗斯内情的。在英国国内，保守党派则大为欢喜，英国首相路易·乔治在下议院宣布对俄政策时竟引罗素的话为根据，这恐怕是罗素极为懊丧的。罗素在其文章中多次谈到共产党，只是下文中往往加有“but”等字，美国出版的 *Liberation* 甚至给他起了个绰号“Communist but…”。①

罗素在华时和访华前后在不同场合对布尔什维克发表的评论，实际上为中国知识界各派对其言论的误读和误解留下了很多机会。比如上海的《上海生活》杂志在 1920 年 12 月 14 日刊登了一篇关于罗素在长沙讲演的报道，声称罗素在讲演中指出了“俄国无产阶级犯的错误”，并“嘲弄”了俄国。21 日罗素看到报道后立即给该杂志去信，指出这个报道歪曲了事实。俄国的确出现了问题，但他指出这些问题归根到底是因为战争和资本主义国家对俄国的封锁造成的，他的批评唯一的目的在揭露这些罪恶，只是为了强调“资本主义在打击迫害敌人时的无情”。②

---

① 罗素：《游俄之感想》，雁冰译，《新青年》第 8 卷第 2 号；震瀛译：《批评罗素论苏维埃俄罗斯》，《新青年》第 8 卷第 4 号；震瀛译：《罗素与哥尔基》，《新青年》第 8 卷第 5 号；袁振英译：《罗素——一个失望的旅客》，《新青年》第 8 卷第 4 号；愈之：《罗素新俄观的反响》，《东方杂志》第 18 卷第 8 号。

② Bertrand Russell, To the Editor of *Shanghai Life*, *Uncertain Paths to Freedom*: *Russia and China*, 1919–22 (*The Collected Papers of Bertrand Russell*, Vol. 15), Richard A. Rempel & Beryl Haslam eds., London and New York: Routledge, 2000, pp. 214–215.

何思源在《新潮》上发表的对罗素《布尔什维克主义的实践与理论》一书的评论相对比较公允。“各国派往调查去很多，学者作的书也很多。论俄国主义书中罗素的这本《布尔塞维克主义》算是最公平最直爽的。读过这本书不只能知俄国内地真相，还可见罗素是一个坦白的人。”① 他指出，罗素是一个主张社会主义的人，也怀有共产主义的理想。但是发现俄国现在的共产主义中有些错误之处。而就是根据这些错误，他极力反对俄国的方法和制度。

第四节　罗素开给中国的药方：“推行国家社会主义”

欧战的爆发让罗素对资本主义深感绝望。当俄国爆发十月社会主义革命时，他备受鼓舞，期待着社会主义能给人类的前途带来光明。然而，俄国之行，令满怀希望的罗素失望而归。在俄国旅行中，罗素“心中充满了疑惑的痛苦：西方文明的希望日显苍白”②。从绝望到希望再到失望，罗素对他的中国之行寄予了很大的期望：“正是带着这样一种心境，我开始了我的中国之行，去寻找新的希望。”③

从 1920 年 10 月 12 日到 1921 年 7 月 11 日，罗素在华共九个月，他的讲演行程遍及上海、杭州、南京、长沙、北京、保定这六大城市。

1920 年 10 月 26 日至 27 日，罗素在长沙作了题为《布尔塞维克与世界政治》的四场演讲。在演讲中他首先肯定了俄国布尔什维克主义的

① 何思源：《布尔塞维克主义》，《新潮》第 3 卷第 2 号，1921 年。

② 〔英〕罗素：《中国问题》，秦悦译，学林出版社，1996 年，第 10 页。

③ 〔英〕罗素：《中国问题》，秦悦译，学林出版社，1996 年，第 10 页。

社会主义理想，指出布尔什维克主义“是应世界的潮流而生的”，是“现在世界上最紧要、最有趣的东西”，因为布尔什维克主义的实行，可以消除财富不均，防止社会革命，在未来建立共产主义世界。罗素一方面赞扬布尔什维克主义理想，另一方面也对其专制集权的弊端进行了批评。罗素在长沙演讲中批评布尔什维克，实际上，其根本目的是希望中国不再犯俄国人的错误。

然而，当时社会主义思潮正在中国大地上蓬勃涌起，他初抵中国时对布尔什维克主义的批评，以及反对中国立即实行社会主义，而宜先发展实业和教育的观点似乎与时代潮流不合。《晨报》评论说：“先生以英国自由主义的眼光，批评俄国布尔失委克，而归结于共产主义之必应促使实现，见解颇与时流异趣。”[①] 学者高力克也指出，罗素对“苏俄集权官僚制的批评，对布尔什维克主义目的和手段相矛盾之困境的揭示，在五四后期中国知识界的亲俄语境中显得颇不合时宜”[②]。

毛泽东在罗素到长沙讲演后，立即组织新民学会会员讨论中国社会改造问题。他指出，罗素那种“用教育的方法使有产阶级觉悟，可不至要妨碍自由，兴起战争，革命流血”的主张，“理论上说得通，事实上做不到”[③]。劳苦大众要摆脱反动统治，必须采取俄国式的革命，实行劳农专政，什么社会民主主义、无政府主义、资产阶级改良主义，都不过是补苴罅漏的政策“温和方法的共产主义，如罗素所主张极端的自由，放任资本家亦是永世做不到的。急烈方法的共产主义，即所谓劳农

---

① 湘江少年：《罗素在长沙演讲》，见《晨报》1920年11月1日。

② 高力克：《五四的思想世界》，学林出版社，2003年，第254页。

③ 毛泽东：《致肖旭东、蔡林彬并在法诸会友》，见《新民学会文献汇编》，湖南人民出版社，1979年，第103页。

主义，用阶级专政的方法，是可以预计效果的。故最宜采用”①，也是拯救中国的革命道路。

11 月 19 日晚，罗素在北京女子高等师范学校作题为《布尔塞维克底思想》的演讲时，赞扬了布尔什维克的社会正义理想。他谈道：“布尔什维克中最重要的观念就是‘公理’，以为如男女间的关系，国际间的关系，经济上的关系，社会上的关系……一切都应该是公公平平地讲公道的。”② 在罗素眼中，俄国的布尔什维克社会主义并没有成功，但他仍希望各国都尝试推行社会主义。

尽管罗素发现了俄国布尔什维克的不少问题和缺点，但他仍然支持和同情俄国人选择自己的发展道路。他指出：“一种主义或是一个团体，必是有好的地方或不好的地方，固然不能完全都是好处，却也不能完全都是坏处的。但人家所最反对布尔塞维克的地方，正是布党最高尚的最好地方；如果布尔塞维克把所招人反对的最好及最高尚处，着实地行下去，确是一种很好的事。”③

罗素在赴中国各地讲学的过程中，经过深入考察，看到了中国大部分地区贫困的现状，所以他说“中国除了开发实业外无以自立”。罗素认为，发展实业一般可通过资本家、国家或劳动阶级这三种力量。在赴长沙讲学途中，罗素通过与杨端六的谈话了解到，中国的劳动阶级人数少，教育水平低，难以担当发展实业的重任；中央政府又软弱无力，无

---

① 《新民学会会务报告》第 2 号，见中国革命博物馆、湖南省博物馆编：《新民学会资料》，人民出版社，1980 年，第 23 页。

② 罗素：《布尔塞维克底思想——罗素在北京女子高师学生自治会讲演》，《民国日报》1920 年 11 月 30 日、31 日，章廷谦笔记。

③ 罗素：《布尔塞维克底思想——罗素在北京女子高师学生自治会讲演》，《民国日报》1920 年 11 月 30 日、31 日，章廷谦笔记。

法开展国家的实业建设；为了保持国家的独立，在外国和中国资本家当中，罗素更主张中国资本家开发中国实业。①

1920 年 11 月 9 日，罗素在讲学社为其举行的欢迎会上指出："兄弟现对于中国改良的方法，暂不主张社会主义，当开发中国财源；以为现时应该从教育入手，应该从平民教育入手，把人民智识增高，到那个时候，再采用社会主义；若未到这种程度，即行采用，如俄国今日大多数人民智识尚未发达，一旦实行社会主义共产主义，恐怕不免于失败的。"②

在对中国有了更多的观察和思考后，罗素对中国问题的看法也有所改变。1920 年 12 月，来华两个月后，中国经济的落后和知识界的社会主义思潮，让他开始思考在工业落后国家实行怎样的社会主义的问题。12 月 10 日，他在《未开发国的工业》的演讲中指出，俄国的布尔什维克主义虽有集权专制的弊端，但俄国工业化的经验是实业欠发达国家迅速实现工业化的有效手段，将对人类社会有很大的影响③。此时，罗素对苏俄式的"国家社会主义"作了积极的评价，但在中国工业发展的问题上，他并没有给出任何建议或方案。

经过在中国九个月的观察和思考，直到罗素离华前夕，即 1921 年 7 月 6 日在教育部会场作题为《中国到自由之路》的告别演说时，他才明确提出，中国不可能走西欧式的道路，反而是类似俄国的道路比较适合中国。他强调，布尔什维克主义难行于教育和实业发达的西方国家。他在演讲中说："若如中国或俄国其国民多未受教育，工业又不发达之国家，则俄之共产主义似为最良之方法。"罗素比较了各种社会主义："无

---

① 杨端六：《和罗素先生的谈话》，《东方杂志》第 17 卷第 22 号，1920 年 11 月 25 日。

② 《讲学社欢迎罗素之盛会》，《晨报》1920 年 11 月 10 日。

③ 罗素：《未开发国的工业》，见张静庐编：《杜威、罗素演讲录合刊》，上海泰东书局，1921 年。

政府的共产主义，工团主义，及基尔特社会主义，皆豫假定其国之工业已发达，并有工业制度之习惯。若欲行工业主义于工业未发达之国，此三主义皆不可采用。于其始吾以为工业发达之初步，须用资本主义或国家社会主义。故吾对于‘中国如何方可发达工业而不用资本主义’之问题之解答为‘当以国家社会主义为先务’。国家主义之害甚大。在工业未发达之国有许多资本制度之恶害皆可因行国家主义而发生。然中国行社会主义之方法不外先以国家社会主义发达工业，振兴教育，或先铲除资本制度。吾信前者较后者易达社会主义之目的焉。”①

首先，罗素认为中国不具备直接实行民主制度的条件，必须经过一个专制的过渡期，罗素说：“中国政治的改革，非经若干年后，不能摹拟西方的模型，采用德谟克拉西的体制。德谟克拉西以为，一国国民是能读书写字且能略具政事知识的。”“若在俄国和中国这些地方，这类条件全都缺乏，人民既没有教育，又不熟悉实业的方法，所以俄国式的手段，是最适宜最可能的。”

其次，罗素认为中国需要一个纪律坚强的革命组织，以暴力扫除军阀，建立革新政府。罗素说：“只要有一万有决心的人，为一种理想所激动，而志愿冒着自己性命危险。”“这一万人必须是正直的，勇敢的，不沾腐败气习的、工作不倦的。”就可以暴力夺取政权，建立集权的政府，强有力地推动中国的发展。在此，罗素寄希望于“少年中国”，即那些在国外或中国国内的现代学校里接受教育的人们。实际上，中国共产党早期的创始者就属于“少年中国”之列，“这些年轻人正是中国的希望所在。如果再有一些经验和智慧，我相信他们一定能够引导中国人

① 〔英〕罗素：《罗素之〈中国的往自由之路〉》，傅铜译，见《哲学》第3期，1921年9月，第364-365页。

的舆论朝着它应该走的方向迈进。”①

另外，罗素给中国指明“国家社会主义”道路也提出了前提条件：第一，“少年中国”必须建立起一个有效廉洁的政府；第二，在实施过程中必须抱着现实的态度，比如，铁路、矿山等部门需等时机成熟时全部收归国有；第三，要充分利用外国的资金和技术来发展中国的工业。

第五节　罗素社会主义思想的转变及其影响

如果说罗素在来华之初是被动地卷入了中国知识界各派的中西文化论战和社会主义论战的话，那么他在临别演讲时则表现得非常主动。罗素系统全面地阐明了中国在政治、经济、文化、教育等领域的改造建议和方案，试图澄清初来乍到时表达的观点所引起的误解。

他在离华临别演讲中，最终给中国的社会改造推荐了一种“国家社会主义”的形式。罗素认识到，俄国的现实情况与中国当时较为相似，但与西欧各国相差甚远。他认为把俄国式的方法引进西欧各国是“无用”的，因为西欧各国实行民主，“工业发达，人民又有教育”。但在中国，“国民多未受教育，工业又不发达”②。从而，罗素得出结论认为在中国可以走俄国的道路，采用俄国式的“国家社会主义”。

罗素在临别演讲中关于中国走俄国之路的主张，受到中国马克思社会主义者的热烈欢迎和赞赏。此时正着手组建共产党的陈独秀一再引用

① 〔英〕罗素：《中国问题》，秦悦译，学林出版社，1996年，第61页。

② 〔英〕罗素：《罗素之〈中国的往自由之路〉》，傅铜译，见《哲学》第3期，1921年9月，第364-365页。

并赞誉罗素的观点："罗素在《中国人到自由之路》里说：'改革之初，需有一万彻底的人，愿冒自己性命的牺牲，去制驭政府，创兴实业，从新建设。这类人又须诚实能干，不沾腐败习气，工作不倦，肯容纳西方的长处，而又不象欧、美人做机械的奴隶。'又说：'中国政治改革，决非几年之后就能形成西方的德谟克拉西。……要到这个程度，最好经过俄国共产党专政的阶级。因为求国民底智识快点普及，发达实业不染资本主义的色彩，俄国式的方法是唯一的道路了。'罗素这两段话，或者是中国政党改造底一个大大的暗示。"① 费觉天在1921年9月2日发表的《从罗素先生底临别赠言中所见的"政治支配经济策"》一文中，赞同罗素所主张的在中国实行苏俄式国家社会主义经济改造方案，他指出，挽救中国"只有出非常手段，采革命的布尔什维克的方法，取快刀斩乱麻的一刀两断的态度"②。

另外，具有社会民主主义倾向的张东荪、梁启超等研究系知识分子，赞同罗素来华之初对中国问题的看法，即中国当前应开发实业，而非进行社会主义革命。但马克思主义者则主张进行革命，而非温和的改革。研究系与马克思主义者的分歧，引发了一场社会主义论战。罗素的临别演讲实际上支持了中国马克思主义者的社会改造方案，所以杨端六在《罗素先生去华感言》中说罗素的基尔特社会主义"只为英国说法而不为中国立词"③，而张东荪则对罗素的思想变化深表失望和不满④。

罗素曾在《中国问题》一书中提出了他对中国新知识分子的批评：

---

① 陈独秀：《政治改造与政党改造》，见《独秀文存》，安徽人民出版社，1987年，第622页。

② 费觉天：《从罗素先生底临别赠言中所见的"政治支配经济策"》，《民国日报》1921年9月2日。

③ 杨端六：《罗素先生去华感言》，《东方杂志》第18卷第13号，1921年7月10日。

④ 张东荪：《后言》，《时事新报》1921年7月31日。

“向往西方智慧的习惯仍然很迫切，有些年轻人甚至以为苏俄的布尔什维主义正中下怀。他们肯定会大失所望，要不了多久就会发现必须用一种新的信念来拯救自己。”① “我们西方的政治理论（如果有的话）只适用于西方……但中国的留学生急切想学的正是我们的政治理论。”②

东西方社会历史的巨大差异使罗素认识到，经济文化落后的中国，只有采用苏俄式的“国家社会主义”，才能开发工业，进而走向实现现代化的道路。而陈独秀等马克思主义者也看到了东西方社会的差异，陈独秀写道：“由资本主义渐渐发展国民的经济及改良劳动者的境遇以达到社会主义，这种方法在英、法、德、美文化已经开发政治经济独立的国家或者可以这样办，像中国这样知识幼稚没有组织的民族，外面政治的及经济的侵略又一天紧迫似一天，若不取急进的 Revolution，时间上是否容我们渐进的 Evolution 呢？”③

学者高力克认为，罗素虽然批评布尔什维克政治体制的专制集权，但仍肯定了俄国模式作为不发达国家走社会主义道路的价值；“国家社会主义”并不是最终目的，而只是“中国通往自由之路”。他主张中国选择苏俄式“国家社会主义”发展集权经济，从而发达工业而避免资本主义的弊端；同时，他又担忧“国家社会主义”会导致专制独裁，而主张以民主政治来规约“国家社会主义”。④

值得指出的是，罗素思想中有敢于怀疑一切的批判精神。先前，他根据英国国情，得出结论认为基尔特社会主义最为理想。然而，在访问、游

---

① 〔英〕罗素：《中国问题》，秦悦译，学林出版社，1996 年，第 154 页。

② 〔英〕罗素：《中国问题》，秦悦译，学林出版社，1996 年，第 63 页。

③ 陈独秀：《复东荪先生底信》，见《中国现代思想史资料简编》（第 1 卷），浙江人民出版社，1981 年，第 77 页。

④ 高力克：《五四的思想世界》，学林出版社，2003 年，第 258 页。

历俄国与中国后，发现这两个国家的国情并不适合基尔特社会主义，就建议两国走“国家社会主义”的道路，并非是罗素否定了自己心目中理想的社会制度，而是体现了他针对具体问题具体分析的批判精神。

美国学者弗雷德里克·沃特金斯在谈到自由主义在非欧民族的困境时指出，民主政体很难和快速现代化结合，而独裁政治是把西方科技移植给非欧民族最有效的方法。“将经济、社会决策置于民主选民意志下的政治体系，很难和快速现代化结合。在西方工业化的早期，西方国家人民的参政权受到严格的限制，因此少数中产阶级企业家的精英分子，才能在不考虑社群中其他人的欲望的情况下，引进他们的改革。一些工业落后国家的独裁精英分子所扮演的角色，也与此十分相近。历史已经证明独裁政治，不论是早期的殖民主义还是近代的极权主义形式，是把西方科技移植给非欧民族最有效的方法。在西方世界以外的地区，工业近代化的压力或许会逼使独裁政治——而非民主政治——在一段很长的时期内，继续成为主要的政府形式。”他还强调：“有些国家还不充分具备近代文明的技术资源，快速引进这些装备在当前的情况下，势必成为一个生死攸关的问题。要将未工业化的社会工业化，必须将既有的社会习惯彻底革除，这并不是民主化的方法所能做到的。”①

总之，罗素的社会主义立场在中国发生了转变，这说明罗素在访华期间认识到中国问题的复杂性，经过九个月的调查和思考后，在临别演讲中提出中国走俄国“国家社会主义”的道路，这在一定程度上背离了他之前推崇的理想社会制度。罗素临别给中国的建议，击碎了以张东荪为代表的中国基尔特社会主义者的实业救国道路的梦想。此后，中国的

---

① 〔美〕弗雷德里克·沃特金斯：《西方政治传统——近代自由主义之发展》，李丰斌译，新星出版社，2006 年，第 283-284 页。

基尔特社会主义派别也逐渐淡出学术争论。罗素临别演讲时指给中国的“国家社会主义”方案，与其在英国所主张的“基尔特社会主义”颇不相合，这是他在中国政治社会环境中对社会主义的新认识。罗素访华九个月，使他从一个英国的基尔特社会主义者和布尔什维克主义的批评者，转而支持苏俄式“国家社会主义”。罗素希望中国走的是一条避免苏俄式集权制度的、通往民主自由的“国家社会主义”道路。

第四章

须有有决心之士万人

——罗素指给中国的教育改革纲领

1920年10月，北洋政府的教育会联合会通过了《教育经费独立案》，这是当时各界别的人士要求解决教育经费的一个提案。然而，这个提案并没有解决政府挪用、拖欠教育经费的问题。两个月后，政府迫于学界的舆论压力，决定征收所得税，所得款项专门用作恢复教育和振兴实业，但由于当时军阀割据混战，根本无法推行教育税，教育经费的问题依然未能解决。于是，索薪风潮在全国各学校迭起。

从1919年以后，直到北洋军阀倒台，教育经费实际上拖欠了长达七年之久，并且愈演愈烈。1921年，北京的教育界发生了一件大事，有人说这是继五四运动之后，教育界的又一场大波澜，而这次的主角已经不再是学生而是老师。4月8日，北大等八所学校的教职员，因为抗议北洋政府克扣教育经费，全部辞职，并通电全国。6月3日，“北京小学以上各校教职员联合会”罢课，并为维持教育举行了请愿。8月15日，教育部公务员因欠薪达五个月召开全体会议，决定停止办公。

罗素在《中国问题》一书中，也对当时的索薪罢教运动有所回忆：“我在北京时正巧碰到国立学校的教师们罢教，他们罢教不是要求更高的薪水，而是要求付给薪水，因为他们已经几个月没领到分文。一些学生也跟着教师们去向政府请愿，但是遭到军警的驱逐，许多师生被棍棒打得送进了医院。这一事件引起了全国上下的愤怒，差一点酿成了一次革命，政府仓皇地与教师们讲和。"①

教育经费不足是当时中国教育的最大困境，直接影响着中国教育的普及、民主的发展、工业化及现代化实现的进程。除了经费不足以外，新文化运动时期中国教育领域还存在哪些问题？罗素对教育有哪些基本的观点？对中国教育状况进行观察和思考后，他给中国教育改革提出了哪些建议？本章将试图对上述问题做出解答。

第一节　罗素对中国教育的观察和思考

一、新文化运动时期中国教育的新特点

新文化运动高扬民主与科学两面旗帜，在社会各个方面尤其教育界引起巨大反响，教育改革也成为新文化运动的重要组成部分。从 1915 年起，与科学、民主两面旗帜的高扬相一致，科学教育、平民教育思潮风靡一时；与"打倒孔家店"的呐喊相一致，国民教育摒弃了"以孔子之道为修身大本"的陈腐教条；与文学改良和白话文运动相一致，中小学教育取消文言文，采用语体文，并将文言教材重新编定。这一切，都为进一步改革教育打扫了封建路障。同一时期，中国教育界以健全的

① 〔英〕罗素：《中国问题》，秦悦译，学林出版社，1996 年，第 179 页。

开放心态，关注世界各发达国家教育的利弊得失与教育趋向。美国式的自由主义、民主主义教育，对实际应用的注重，一批归国留美学生，如胡适、陶行知、蒋梦麟等人的社会影响与重要行政岗位，加上杜威、保罗·孟禄等美国教育家来华讲学后产生的轰动性效应，使中国教育界把教育改革的参照重心由日本转向美国。

第一，以胡适等人为代表所倡导的用白话文取代文言文的白话文运动。文言文是中国数千年流传下来的书面语，由于先民书写材料及工具的限制，形成高度简约精练的文法结构与书写习惯，并日益脱离人民群众的口语，很难掌握和运用；同时，随着西学的大量输入和新思潮的广泛传播，以及科学实验中详细记录、法律条文上限定释义、商品流通中交接说明提出的新的需求，文言文显得越来越不相适应。此外，民众口语为白话，如以艰深的文言教学，将耗费学生大量时间，不利于教育的普及与发展。所以，提倡白话文为普及教育、发展科学奠定了基础。白话文的运用虽然古已有之，但直到新文化运动时期才由于具备多种条件而获得社会最广泛的响应。新文化运动并非创造了白话文，而是经过一批知识界、教育界人士的努力，最终顺应社会生活的需要，确立了白话文的法定地位。1920 年 1 月 12 日，教育部批准全国教育会联合会的建议，决定“提倡国语教育”，通令各省先从国民学校做起，“改国文为语体文，以期收言文一致之效”①；并在北京率先设立“国语讲习所”，培训各地师资力量，还宣布国民学校文言体教科书分期作废，由商务印书馆特约专家学者编写新体国语教科书。

第二，新文化运动迎来了中国思想界空前活跃的新时代。有关西方的教育理论、方法、制度和模式被大量引进；军国民教育、实利主义教

---

① 《教育部令行各省改国文为语体文》，《教育杂志》第 12 卷第 2 期。

育、国民教育、美感教育、科学教育、平民教育等各种教育思潮此起彼伏。这些思潮拓展了中国教育界的视野，促进了中国新教育的实践和新经验的积累，使民主主义教育力量迅速凝聚起来。各省倡导新教育的民间教育社团、教育研究会纷纷成立，在此基础上形成了全国性的教育社团。如 1915 年全国教育会联合会成立，1923 年中华平民教育促进会成立，并且大多办起了专门的报纸和杂志。

第三，新文化运动时期，中国教育界出现一股学习西方教育的热潮。取法的中心，从日本、德国转向美国。美国不仅科技文化发达，奉行自由主义的教育方针，且以“庚款”创办清华留美预备学校，资助中国学生赴美求学。一批中国留学生赴美期间潜心钻研学术，学取西方知识体系中的精华。新文化运动前后，这批留美学生开始学成归国，他们之中不少人在学术造诣、研究能力、思想方法和对学科的开拓建设各个方面，都成为中国学术界、教育界、文化界的一时之选。中国大学的不少校长、主要教职员以及政府教育部门中的官员，多由他们出任。这种人事结构上的变化，也成为中国教育改革转而取向美国的一个因素。另外，新文化运动前后，一批美国教育家如杜威、孟禄等人访华，在中国各地宣传他们自由主义、实用主义的教育思想，对中国社会产生了很大的影响。

二、中国教育领域存在的问题

19 世纪下半叶以后，随着封建政治制度的崩离，统治中国千年之久的社会主流文化——儒家文化出现了严重危机，并继而在 20 世纪初被“推翻”“打倒”。进入 20 世纪，尤其是新文化运动以来，思想文化的变革异常迅猛。作为新文化运动时期的主流，主张向西方学习的自由知识分子引进了欧美国家的意识形态，用以对抗和更新中国的传统文化。如果说1905年废科举意味着在制度层面传统教育寿终正寝，那么新文化运动则在精神、价值层面引进了新的思想文化资源，并在此后的教育实践中极大地更新了学校教育的面貌。一大批从西方回国的知识分子身体力行地投身于新教育的建设。当时正是世界范围内的进步主义教育运动方兴未艾之时，杜威的学说对中国的新教育产生较大影响。

许多研究认为，在20世纪上半叶，舶来的新式教育并未在中国生根。在大中城市的“洋学堂”里，现代学校教育正在起步。上午“声光电化”、下午“子曰诗云”的“中体西用”固然很快成为陈迹，但与“中体西用”设计者的初衷不同，中学和西学在中国的教育现实中产生了复杂的化合反应。正如李泽厚所言，“‘西学’被吸收进来，加以同化，成为‘中学’的从属部分，结果‘中学’的核心和系统倒并无根本变化”①。学生不再尊孔读经，但传统教育的精神、气质、方法、观念等仍深植于现代教育的体中，教育的“软件”依然是旧的。陈旧的“中学”之体空虚不保，新的“中学”之体尚待建立；在新教育的现实中，西学之用则有渐成新学之体之势。这或许是解释科学主义、技术主义在现代中国得以兴盛的一个特殊的文化背景。

那么，哪些因素阻碍了西方教育在中国的生根？“对外国模式的崇拜造成生搬硬套的移植，很少考虑中国的条件和敏感性。……当少数熟悉新教育体制的人在多数漠不关心的大众中为贯彻新体制而奋斗时，这种生搬硬套一方面导致了浪费、混乱和不切实际的期望，另一方面，又导致民族尊严产生的反冲力。”各派政治势力在评价中国20世纪的教育时都认为，“现代教育是洋化的、不切实际的、昂贵的，且培养出的竟

① 李泽厚：《中国现代思想史论》，东方出版社，1987年，第323页。

是在各方面脱离社会的其他人士的精英分子"①。

新文化运动时期，在中西文化相撞的矛盾冲突中，中国的传统文化几乎在教育中已处于断裂状态。如何在理论和实践两方面，求得中国传统知识体系与西方现代知识体系的优势互补，如何将人伦道德的教化与驾驭自然的本领合理配置，融中西优秀文化于一炉，却是一个长期的、艰难的有机整合的过程。中西教育精神的重大差异在于，中国教育力求养成学生尊重传统、步法先贤的服从精神，所谓"思不出位，行不逾矩"。与之迥异，西方教育则重在培养学生的批判和超越精神，目的在改造环境，反映的是"物竞天择"的精神气息。另外，由于中国传统教育本以儒学履行宗教的某些职能，所以当儒学一旦被革命否决后，失却宗教精神的中国教育很快向科学主义倾斜，加上社会转型期的其他因素，于是民国以后的中国社会，世风日下。在培养学生批判精神和重建社会道德方面，民国教育显得软弱无力。

与此同时，在20世纪上半叶，中国的教育发展都一直受到资金不足的制约。民国时期，工商业凋敝，农村经济濒临破产，国民经济入不敷出，教育经费捉襟见肘，教育经费拖欠问题常常成为此起彼伏的学潮的诱因，进一步加剧了社会的动荡。从中央到地方，教育发展实际上并没有得到各级政府应有的重视。北洋军阀的领袖，除口头上宣称百年大计教育为本，实质上没给教育以多少实惠。另外，从上到下贪污成风，侵吞挪用本来已很有限的教育经费，几乎是民国时期各级政府的通病。1917年前后，北洋军阀连年混战，军费猛增。因教育经费被大量侵占，教师工资难以支付，正常教学秩序受到严重干扰，有些高等学校甚至被

① 〔美〕吉尔伯特·罗兹曼主编：《中国的现代化》，国家社会科学基金"比较现代化"课题组译，江苏人民出版社，1995年，第523页。

迫关门。

“在前清时代，教育经费是从上到下，逐级负责：中央负责教育部和北京大学，省政府负责中学和在省会的其他高等学校，县负责小学(类似的三级教育行政体制在民国时代依然存在)。各级经费都很困难，寅吃卯粮，中央依赖各省靠不住的上交汇款，省、县则靠特别税收来增加教育经费。民国时代的教育经费也没有变得更加可靠：1913年，一个省为了省钱，干脆关闭了所有的学校。1922年北京的教师举行了示威，抗议政府拖欠工资。1911—1926年间，北京教育部的教育经费从来没有超过中央总支出的百分之三，在多数省份少于军费开支的二十分之一。军费与教育经费的差距在省一级甚至更大。由于各省有相当大的自主权，教育发展就形成了严重的不平衡。”①

教育的高定位与经济的严重滞后，是民国教育的一大顽疾。教育优先发展，要求高额投资。然而，民国时期低下的社会生产力，无法给予迅速发展的各级各类教育以必需的财政支持，也难以为源源不断走出校门的毕业生提供广泛的就业机会和施展才干的用武之地。教育发展和经费的尖锐矛盾，迫使许多学校简化教程，以致降低了学生素质；毕业即失业又如雪上加霜，事实上浪费了原已十分紧张的教育投资；就业门路的狭小，更迫使学生拥向高一级的学阶，于是升学主义盛行，整个中国教育的结构严重失衡，教育同社会生产相脱离的态势更难收拾。

在教育的普及性方面，比旧式教育更为昂贵的新式教育，增加了普及教育的困难。旧的科举制度在1905年被废除后，中国决定采用西方—日本式的新式教育体系。然而，中央从没在教育上下本钱，它很难

① 〔美〕吉尔伯特·罗兹曼主编：《中国的现代化》，国家社会科学基金“比较现代化”课题组译，江苏人民出版社，1995年，第528页。

诱使各省交付出足够款项来维持教育部和北京大学。因为“要能真正办得好，新式教育远比老式教育昂贵，需要有训练有素的教师、管理机构、特殊的教材、教学大楼、制服以及设备，这加剧了普及教育的困难”①。由于新式学校和好学校多在城市，而在广大的农村正在进行的仍然是私塾教育，城乡之间受教育的差距进一步扩大。在教育的实用性方面，不少接受新式教育的才子仍热衷于舞文弄墨，学校教育的内在精神、价值仍未更新，它被面向民众的教育家陶行知激烈抨击为是培养小姐、少爷、“高级废物”的教育。

三、中国传统文明的三大特征

中国的汉字、儒家思想和科举制度，在罗素看来是中国传统文明的主要特征，这三大特征与教育都有着千丝万缕的联系。

罗素认为，汉字是中国传统文明的一大特征。他指出，汉字作为表意文字，相对于表音文字更具有稳定性，中国文化能够历久不衰，“或许就是由于使用了表意文字”。但罗素又认为汉字难学，需要花费很长时间才能读写，因此不利于普及初等教育，有碍于推行民主政治。②

儒家思想在罗素眼中是中国传统文明的第二大特征。罗素对孔子通过世俗伦理来教化民众表示赞赏，孔子“灌输给人们严格的伦理道德准则”，但却没有“宗教上的武断意味”，从而使中国文明避免了在其他文明里普遍存在的宗教狂热和宗教迫害。③ 但罗素也看到了儒家学说的

① 〔美〕吉尔伯特·罗兹曼主编：《中国的现代化》，国家社会科学基金“比较现代化”课题组译，江苏人民出版社，1995 年，第 522 页。

② 〔英〕罗素：《中国问题》，秦悦译，学林出版社，1996 年，第 25-26 页。

③ 〔英〕罗素：《中国问题》，秦悦译，学林出版社，1996 年，第 28 页。

缺点。他认为儒家思想过分强调孝道和族权，缺失了公共精神，“家族意识会削弱人的公共精神，赋予长者过多的权利会导致旧势力的肆虐”①。家族观念有碍于中国文明进一步发展。

中国传统的教育模式主要是通过科举制度选拔人才，在罗素看来，它对中国文化的影响相当深远，把它当作中国传统文明的第三大特征。罗素称赞道，这种方式比通过任人唯亲、行贿、以叛乱胁迫等途径来选拔官员要优越得多，它“造成一种尊重学问的风尚；取消了士大夫阶层；选拔出来的人都是勤学者；虽有异族用武力征服中原，但中国传统文化却得以保留”②。但是，科举制也有其缺点，如“完全以经书和纯粹文字为基础”，毁灭了所选拔人才的创造力；这种考试制度使中国“知识上和文学上的发展”停滞不前，“正是由于‘八股文’，中国早就走到了她下坡路的最低点”③。另外，对传统教育内容的深信不疑往往使他们安于现状，一劳永逸。正如罗素所观察到的：“中国教育创造了稳定和艺术，但不能创造进步和科学。”所以，罗素认为，科举制必须淘汰来适应新的形势。

在罗素看来，当时中国的教育模式有三种。一种是中国的旧式科举教育，在清朝灭亡之前，中国只有这一种教育模式，它强调对中国经典作品的学习，特别是儒家经典的学习。人们对科学知识没有兴趣，并认为它与人的幸福无关，教育的目的是培养“修身、齐家、治国、平天下”的能力。个人修身的水平在于他的道德品行和政治能力的高低，在政府的鼓励下，最好的学生往往努力走向仕途。罗素这样描述道：“中

---

① 〔英〕罗素：《中国问题》，秦悦译，学林出版社，1996 年，第 30 页。

② 〔英〕罗素：《中国问题》，秦悦译，学林出版社，1996 年，第 35 页。

③ 〔英〕罗素：《中国问题》，秦悦译，学林出版社，1996 年，第 35 页。

国的旧式教育是让学童先死记硬背经书，及至稍长才作一些有意义的讲解。这就是中国18世纪时典型的教育模式。”这种传统的教育体制当遇到西方科学时必将遭受失败的命运。然而，罗素也看到了这种传统在中国社会产生的巨大影响。他写道：“直到现在，这样的学校仍占有优势，初等教育大都也是由此来完成。”①

罗素指出，在中国除了传统的科举制度，另一种教育模式是由传教士创立的美国式的教育模式。当时他还参观了三所美国在中国所建的学校：清华学校、北京协和医学校和燕京大学。他认为美国在中国教育界的地位是靠退还庚子赔款得到的，美国人“慷慨地”把多于事实损失的赔款支持中国教育，使中国留学生有机会留美深造。这在客观上加速了自然科学的传播，并培养了一大批中国学生，如胡适、蒋梦麟等人，他们后来在中国教育领域也发挥了巨大作用。然而，罗素也清楚地明白美国教育的动机并非像他们描述的那样高尚。罗素认为美国的传教士传播的不是基督教，而是美国主义，即“以整齐取代美感，以道德取代哲学，以娼妓取代小妾（因为这更易于隐蔽），以异常忙碌的气氛取代中国素来的悠闲”②。事实上，推行这种美国式教育的目的是一种文化和教育侵略，试图用美国文化取代中国的传统文化。罗素对美国教育也持批判的态度，认为美国的教育模式并不是十全十美的。

而中国优秀的教育家也意识到这一点，并且创办了新式的但由中国人自己管理的中小学和大学，如国立北京大学等。罗素对前两种教育模式都不很满意，而对中国这第三种本土的现代教育模式颇为赞赏。罗素指出：“由传教士和保守的白种人控制的教育界并不能满足‘少年中

---

① 〔英〕罗素：《中国问题》，秦悦译，学林出版社，1996年，第171页。

② 〔英〕罗素：《中国问题》，秦悦译，学林出版社，1996年，第176页。

国’的需要。”① 而由中国的进步人士所主持的学校教育中，并不像其他国家那样培养强烈的国家主义，而是教学生以自由的思想。尽管它目前有待改进之处很多，如“图书馆的设备欠缺，英文教学还不完全，要动脑筋的课程不多”②，但他认为如果建立的强大政府有充足资金支持的话，这些不足都会被逐渐克服。

与传统的教育模式相比，中国这种新式教育模式更加西化，学生可以学到那些曾被旧式教育所忽视的自然科学、工业、经济等领域课程。另外，这种现代教育的倡导者也强调学术自由。罗素写道：“他们尊重西方的知识，但却把西方人的骄傲悄然搁在一边。”因此，现代中国教育也与美国教育不同。“中国人所设的新式学校和大学则不然，不像别的国家，这些学校不是培养强烈的国家主义的温床，而是教学生以自由的思想的场所，判断他的想法是否正确要看他的才智而不是对入侵者是否有用。”③ 罗素对中国新式教育推崇和赞赏之处在于它对真理的追求和学术的自由。罗素这样描述中国的三种教育模式：“由督军操纵着的深受英国和日本影响的旧式教育代表着保守主义；美国及其商业和教育机构代表着自由主义；而中国本土的现代教育，从实际上而不是从理论上来说，代表着社会主义。顺便说一句，它单独代表着学术自由。”④

① 〔英〕罗素：《中国问题》，秦悦译，学林出版社，1996 年，第 179 页。

② 〔英〕罗素：《中国问题》，秦悦译，学林出版社，1996 年，第 177 页。

③ 〔英〕罗素：《中国问题》，秦悦译，学林出版社，1996 年，第 176 页。

④ 〔英〕罗素：《中国问题》，秦悦译，学林出版社，1996 年，第 179 页。

第二节　罗素的自由主义教育观

在罗素看来，教育可以塑造个人性格，规范个人生活，稳定社会秩序，因而会对人类社会产生巨大影响。成功的教育塑造善良优秀的公民，而善良优秀的公民则是建造理想社会的坚实基础，从某种程度上说，教育赋予了个人与社会之间独特的互动联系。因此，教育在罗素社会改造的图景中占有重要位置，其教育观是从教育对社会影响的视角阐述的。他曾指出，把教育当作一种政治制度，是包含在社会改造的任何希望之中的。

罗素对教育与社会秩序之间关系的论述尤为精辟。他认为，教育与社会相互影响，社会的政治、经济制度，以及国家的历史、传统和习俗都体现在其教育体系中。而公民在接受教育后，也将在未来国家的社会发展中带来自己的影响。他指出，教育是改造社会的重要途径之一，因而，在其教育思想中，现实中的教育与理想社会的教育存在着一种张力。他在批评现实教育的同时，把理想教育作为塑造理想社会的途径。

罗素在 1916 年出版的《社会改造原理》一书中表达了他对现实教育的反思和对理想教育的期待："今天统治着掌握青年教育的那些人的头脑的，是保全过去的愿望，而不是创造未来的希望。教育的目的不应该在于被动地注意死的事实，而应该注重于一种活动，以我们的努力所要创造出来的世界为方向。教育应受鼓舞的，不是以惋惜的心情追求那已灭亡的希腊和文艺复兴时代的美景，而是追求辉煌的远景，指出将来应有的社会，思想在未来的时间内所要完成的胜利和人窥测宇宙的日益广阔的眼界。凡是在这样的精神之下教育出来的人，将会充满了生命、希望和喜悦，能够尽他们的力带给人类一个比较过去更光明的未来，而且对于人类的努力所能创造出的光荣具有信心。”①

在罗素看来，人生的幸福与否，社会的进步与退步，都取决于教育。自由主义教育基于创造性冲动之上，使个人生活幸福，使社会和谐进步。与之相反，专制主义教育基于破坏性冲动之上，使个人生活充满不幸，从而造成许多社会问题，甚至社会危机。与罗素理想中的自由主义教育相对的是专制主义教育。他发现，在专制主义教育制度下，个人及人类的生活充满不幸。精神世界，知、情、意失却平衡；经济生活中，科技虽然发展，但是由于不公正的经济制度，许多人生活仍相当贫苦；意识形态领域，阶级斗争你死我活；国际社会，世界大战惨绝人寰，总之，“我们的世界乃是一个疯狂的世界”。是什么原因造成的呢？“宗教鼓励愚蠢，使一个人对于实际有一种不足的感觉；性教育则往往引起种种神经错乱……使将来的成人生活无幸福可言；学校中所鼓吹的国家主义，也不外教导青年使知最重要的责任就在杀人；阶级的感情则使人们不愿改正不公平的经济；竞争则促进社会争斗的残忍。”②

那么造成人类不幸的根本原因是什么？罗素指出：造成所有这些现象的根源“实是在我们的情欲中，在我们的情绪习惯中；在我们青年时代所注入的情操中；在我们婴孩时代所造成的怕惧病中”③。“情欲”“情绪习惯”“情操”“怕惧病”，都是教育的产物，故人类不幸的根源

---

① Bertrand Russell, *Principles of Social Reconstruction*, London: George Allen & Unwin Ltd., 1916, p. 167. 中译文见〔英〕罗素：《社会改造原理》，张师竹译，上海人民出版社，1959 年，第 97 页。

② Bertrand Russell, *Education and the Social Order*, London & New York: Routledge, 2010, p. 177. 中译文见〔英〕罗素：《教育与群治》，赵演译，商务印书馆，1935 年，第 241 页。

③ Bertrand Russell, *Education and the Social Order*, London & New York: Routledge, 2010, p. 177. 中译文见〔英〕罗素：《教育与群治》，赵演译，商务印书馆，1935 年，第 241 页。

可追溯到教育的不良。

现实社会的教育与理想社会的教育仍存在着不小的差距。在罗素眼中，现实的社会环境对教育主要施加的是消极的影响，是对教育者的压制和损害。比如，教育受到政治的影响，因而，“拥护自己的国家，拥护自己的宗教，拥护男性，拥护资产阶级，历来即已成为教育上的惯例”，被视为天经地义，其结果便是“教育属于各宗教，各阶级，各国家间的权利争斗。学校之对于学生，并不重视他们的本身，而是把他们当做一种新兵；教育机关并不在谋儿童的幸福，却是从事于遥远的政治目的”①。

另外，罗素认为，由于宗教与科学精神相悖，又借助心理恐吓，不利于儿童思想的自由发展。他也猛烈抨击虚伪的“爱国主义”，它在历史教科书上写下许多偏见，并灌输给受教育者，毫无防御能力的儿童在年幼之时就受到歪曲的、充满偏见的教育。他还指出，“教育通常是作为依靠灌输成见，来维持现状的手段，而不是用气度豁达的榜样和大胆思想的刺激来培养自由思想和高尚的眼界”②。因而，接受了现实社会教育后的个人也就难免充满偏见和狭隘的眼光，创造性冲动在受教育的过程中消磨殆尽。更糟糕的是，像军国主义这些危险的观念也很有可能深入受教育者的内心，对人类未来产生更加毁灭性的影响。

罗素认为，当今世界战争、冲突不断，世界大战时刻可能爆发危及人类文明，这些都可以从教育上找到根源。他写道：“现在我们的世界乃是一个疯狂的世界，自一九一四年以后，世界就不再是从事建设，因

---

① Bertrand Russell, *Education and the Social Order*, London & New York: Routledge, 2010, p. 167. 中译文见〔英〕罗素：《教育与群治》，赵演译，商务印书馆，1935 年，第 227 页。

② Bertrand Russell, *Principles of Social Reconstruction*, London: George Allen & Unwin Ltd., 1916, p. 236. 中译文见〔英〕罗素：《社会改造原理》，张师竹译，上海人民出版社，1959 年，第 139 页。

为大家都不愿应用智慧以创造国际的合作，反之将人类分为若干敌对的群体。现在全人类所以不能利用人类保存自我所用的智慧，大半是因为他们在婴孩时代，儿童时代，青年时代受了错误的教育，因此无意识之中便留下了一些不健全的破坏性的冲动所致。”①

罗素对通过教育改造世界寄予了厚望。他说：“这个问题的解决方法，就在使人类的精神健全，而要使人类的精神健全，非施以一种健全的教育不可。”他理想中的教育是“用智慧，精神健全，仁慈，公平的思想”，来代替现代教育造成的“愚蠢，精神不健全，好杀性，经济的不公平，残忍性”。②

在罗素的教育理论里，教育在文明和社会改造中发挥了巨大作用。他指出，现行教育的目标是培养对国家和社会有用的公民，但这一目的常被混同于对社会某个集团、某个宗教有用。这就是问题所在：几乎一切教育都有一个政治动机。因此，他主张为了人类文明的未来，必须重新明确教育的目标，并对其进行改造。

罗素把教育的理想划分为公民教育与个性教育，其差异在于，前者关注社会关系，后者侧重个人心理。他指出，“公民训练与个性教育的争论，不论在教育、政治、伦理以及形而上学上，都是极其重要的”③，而二者最重要的分歧在于“对可疑问题所持的科学态度”。公民教育强调受教育者的服从意识，而品行教育则重视受教育者的怀疑和反思意

① Bertrand Russell, *Education and the Social Order*, London & New York: Routledge, 2010, pp. 176–177. 中译文见〔英〕罗素:《教育与群治》，赵演译，商务印书馆，1935 年，第 240 页。

② Bertrand Russell, *Education and the Social Order*, London & New York: Routledge, 2010, pp. 176–177. 中译文见〔英〕罗素:《教育与群治》，赵演译，商务印书馆，1935 年，第 241–242 页。

③ Bertrand Russell, *Education and the Social Order*, London & New York: Routledge, 2010, p. 5. 中译文见〔英〕罗素:《教育与群治》，赵演译，商务印书馆，1935 年，第 6 页。

识。公民教育强调合作精神，这在现代社会非常重要，但若仅把它作为教育的理想，在某种程度上不利于培养和发挥个人的创造性，有碍社会的进步。而个性教育则恰恰相反，它强调的是自由发问的精神和创造性的培养。

在罗素眼中，公民教育与个性教育都很重要，需要寻求一种方式使二者协调。“由永久的方面而论，我以为个性教育乃是一种比公民教育更优美的东西，但从政治方面考察，就其对时代需要的关系而论，恐怕仍是公民教育占先。”① 他认为，“使人轻信的教育，经过一个时期很快就会引导到思想的腐朽；使自由发问的精神活着，是达到进步所不可缺少的最低限度的要求”②。

但社会现实是，狭隘的公民教育占据统治地位，而个性教育一直遭到压制，其根源在于教育受社会环境的影响，它被当作一种政治制度，渗透着主流政治意识形态的影响，那么个人的自由思想也就不得不遭到压制和禁锢，成为政府利用的工具，为国家统治阶级的利益服务。在这种教育体系下，多数学生所接受的教育更多的是教条和偏见而非真理，他们的想法也与官方试图灌输的观念保持一致。从今天来看，罗素对当时教育现状的观察和思考很有洞见，他所提倡的教育原则至今仍有许多值得我们学习借鉴之处。

罗素对教育问题一直很关注。1916 年初，他发表演讲《社会改造原理》(*Principles of Social Reconstruction*)，探讨了国家、战争、财产及教育、婚姻、宗教诸多问题，认为良好的教育源于建设性的冲动，是建设

---

① Bertrand Russell, *Education and the Social Order*, London & New York: Routledge, 2010, p. 14. 中译文见〔英〕罗素：《教育与群治》，赵演译，商务印书馆，1935 年，第 18 页。

② Bertrand Russell, *Principles of Social Reconstruction*, London: George Allen & Unwin Ltd., 1916, p. 155. 中译文见〔英〕罗素：《社会改造原理》，张师竹译，上海人民出版社，1959 年，第 90 页。

美好生活的根本途径。罗素在长期教育自己子女的过程中深有感悟，1927年出版了《论教育：特别是儿童早期的教育》（*Education*：*Especially on Early Children*）一书，系统地阐述了他的自由主义教育思想；为了实验自己的教育主张，同年9月，罗素夫妇创办了一所新型实验性的学校——比肯山学校（Beacon Hill School）。该实验学校实行较为激进的自由主义，但是教育效果并不理想。1932年，罗素出版《教育与群治》（*Education and the Social Order*）一书，在反思比肯山学校经验教训的基础之上，更深入地探讨了自由与纪律、教育内部及外部多种关系。罗素的自由主义教育思想是英国自由主义民族文化传统在罗素身上的积淀的体现，同时也是罗素对自己人生经历、教育实践经验的深入思考，渗透着他改良社会的期盼。

第三节　罗素给中国教育改革的建议

罗素一直对教育问题非常关注，在论述社会和政治问题的著作中经常论述到教育问题的重要性。罗素刚到中国时，认为中国社会改造应首先从教育入手，在1920年10月13日晚各团体为其举办的欢迎会上就指出："至于中国改造之路径方法，鄙人当竭所知，以供采择。但就最近之感想所及，各种改造方法之中，自以教育为第一义。"① 在随后的几天里，又做了两场关于教育的讲演。10月16日，罗素在江苏省教育会演讲《教育之效用》（Uses of Education）。10月19日，罗素在位于杭州的浙江第一师范学校演讲《教育问题》（Problems of Education）。在罗素

---

① 《沪七团体欢迎罗素记》，《晨报》1920年10月16日。

看来，渐进式改革中教育至关重要。他指出在中国的教育改革中应该注意以下几个方面。

一、倡导中国教育主权独立

首先，罗素认为必须终止外国人插手中国教育的管理，因为那些在教会学校接受教育的学生多半会“丧失其本国的特性”，而“倾向于西方文化”，这使得他们“不适于参与国事，并使其道德水准下降”。[①]

罗素当时对此有深刻的洞见，他看到在中国除了传统的科举制度，另一种教育模式是由传教士创立的，并由美国人把持。美国人“慷慨地”把多于事实损失的赔款支持中国教育，使中国留学生有机会留美深造，这在相当程度上缓和了中美间的民族矛盾。实际上，在美国支持中国教育的背后有其在政治上和商业上的目的和利益。

庚子赔款也的确给美国带来了预期的回报。罗素从刁敏谦的《中国觉醒了》书中了解到，当时中国留美学生归国后从事的职业主要是：在教育部门做管理和教师、政府官员、工程师、医生、商人、社会和宗教工作者等；在美国获得学位的总人数达 1700 人，在英国获得学位的有 400 人。[②] 另外，罗素在北京时，还参加了“归国留学生俱乐部”举办的活动，通过比较从不同国家归来的留学生，他的印象是“美国比起其他国家来说给它的学生盖上了更明显的印记；那些从英国回来的学生被所在国同化的程度远不及从美国回来的学生”[③]。罗素总结说：“越来越

① 〔英〕罗素：《中国问题》，秦悦译，学林出版社，1996 年，第 198 页。

② 〔英〕罗素：《中国问题》，秦悦译，学林出版社，1996 年，第 175 页。

③ 〔英〕罗素：《中国问题》，秦悦译，学林出版社，1996 年，第 175 页。

多受过美国影响的中国人在国内担任要职，而他们都深信美国是世界列强中对中国最友好的。”①

罗素对归国的留美学生的评价也不错，“他们办事的能力、清白的人品和精湛的技艺，无疑大大有助于国家的进步”，美国在中国所建的协和医科大学为中国学生学习先进的医学知识提供了便利，而“健全的医学知识对中国十分重要，这个国家卫生状况差，流行病时常发生”。②他认为从总体上说，美国为中国的教育事业作出了贡献，在客观上促进了当时中国社会的进步。

但是，罗素认为，“外国人指导的教育不能完全适应中国人的需要。中国的文化和国民性有很多地方胜于西方”。在美国的影响下，英、日、荷、法、比、意等列强也都纷纷退款以“帮助”中国兴学。从根本上说，这种退款是列强代替武力侵略，对华进行的文化渗透和思想侵略。罗素也一语道破这种文化侵略背后的商业目的：“人们无法不认为白人办学校，毫无私心在其中。他们通过有关国家的商人和制造商，有意或无意地为资本家渗入中国培养现成的工具，这似乎倒是常有的事。”③列强退款兴学，其背后的真实目的是想控制中国的教育，这是对中国教育主权的一种干涉。

二、普及教育

关于中国教育的发展，罗素认为，教育必须普及大众，培养政治意

① 〔英〕罗素：《中国问题》，秦悦译，学林出版社，1996 年，第 173 页。

② 〔英〕罗素：《中国问题》，秦悦译，学林出版社，1996 年，第 174 页。

③ 〔英〕罗素：《中国问题》，秦悦译，学林出版社，1996 年，第 175-176 页。

识，从而为实现民主创造条件。在1920年11月9日讲学社迎接罗素欢迎会上，罗素指出中国改良的方法："现时应从教育入手，应该从平民教育入手，把人民智识增高……至于教育之范围，应该从基本教育入手，使一般平民皆受相当教育。"① "只有普及教育和提高生活水平才是最根本的办法。但普及教育需要有更完善的政府和足够的税收。此外，合格的教员的缺乏也是普及教育的一大困难。"② "如果大多数国民不能看书阅报，就无法真正地实行民主"③，因此，他热情希望中国人能"以有限的资金和尽快的速度造就尽可能多的教师"④。

罗素刚来到中国，就开始深入了解中国社会情况。在考察了上海的学校后，他对中国教育界现状表示不满，"上海之大，户口之繁，而学校仅此，以与各国比例，殆等于零"。所以他认为，"中国所亟应努力者，首在教育。教育之中，尤以造就师资为第一步。但选聘外人为教员，有不可忽者，即在华外人，类皆商人与宗教家，不足以任教育"。⑤

罗素访华期间也看到，"世界各国最尊重学问的，莫过于未采用西欧标准以前的中国，可是中国经济不足，人民中能受义务教育者，不过百分之五"。罗素认为，一个国家能用于教育的资金是由其经济环境决定的，比如，"西欧各国若没有工业革命使国家的财富增加，普及的义务教育必无法实施"⑥。而中国由于缺乏资金和师资，教育不能普及，特别是在广大农村地区。罗素写道："由于国内局势纷扰，经费短缺，

① 《在讲学社欢迎会上的答辞》，《晨报》1920年11月10日。

② 〔英〕罗素：《中国问题》，秦悦译，学林出版社，1996年，第56-57页。

③ 〔英〕罗素：《中国问题》，秦悦译，学林出版社，1996年，第197页。

④ 〔英〕罗素：《中国问题》，秦悦译，学林出版社，1996年，第198页。

⑤ 《沪七团体欢迎罗素记》，《晨报》1920年10月16日。

⑥ 〔英〕罗素：《教育与群治》，赵演译，商务印书馆，1935年，第193-194页。

有不少普及全民初等教育的计划，除少数地区有小范围的实施外，无法大力推广。”①

罗素认为经济因素在教育上的影响是很大的，他指出，过去世界各方面的改变，已使通常流行关于教育功用的观念完全改变，而这些变化中最重要的，“就是普及义务教育的确立。因为发现了：假若男女儿童都知道读书写字，他们便可变成更良好的国民及更有效率的工人”，“能读能写的民族，其效率当然较高于不能读不能写的民族”。另外，当今“科学及工业之发达”也倾向于“实利主义的教育观”，因为“现在工业上的过程，都需要科学知识，而新发明又是使国家致富强盛的根源”。据此罗素还预言，“假若教育完全被实利主义的思想所支配，则科学与工业技术所占的地位将比现在更大，而文化学问的地盘则较小”②。

中国教育的普及，罗素则寄希望于有序的、稳定的政府的建立，“一旦巩固的政权建立，教育普及的计划就可以实行了”③。

三、学习工业实用知识

关于具体的学习内容，罗素认为中国留学生应学习西方工业实用的知识，来发展中国的实业，而不是政治或经济理论。他写道：“我们西方的政治理论（如果有的话）只适用于西方……但中国的留学生急切想学的正是我们的政治理论。同样，学习制造方法或许是很有用的，但中国人偏好我们的理论经济学，而实际上理论经济学只适用于工业已经很

---

① 〔英〕罗素：《中国问题》，秦悦译，学林出版社，1996 年，第 171 页。

② 〔英〕罗素：《教育与群治》，赵演译，商务印书馆，1935 年，第 192-193 页。

③ 〔英〕罗素：《中国问题》，秦悦译，学林出版社，1996 年，第 171-172 页。

发达的国家。”[①] 关于课程设置，他指出：“有高深知识的专家是十分需要的，但为一般受教育的人设置的普通课程应当以现实的需要为重，尤其是科学、现代语言，以及当代的国际关系。”[②]

有关中国学生出国留学的问题，罗素认为要分情况而言，“对于那些想在专业上有更高建树的学生，他们需要到欧洲和美国的大学深造几年。但对于绝大多数的大学生来说，留在国内接受教育是上策”[③]。另外，罗素认为，在不同留学生团体中应该出现形成“对某一文化有明确的设想和追求”，并且应该在这些团体中发展出智力超群又有实干精神的知识和政治领袖。他为中国新青年订立的目标是“保存中国人的文雅、谦让、正直、和气等特性，把西方科学的知识应用到中国的实际问题中”[④]。

在中国教育领域，罗素更关注年轻的学生。他把那些在国外或中国国内的现代学校里接受教育的学生称作“少年中国”，并认为他们的“眼光和抱负令人钦佩”，是当今中国“最有希望的现象”。

一方面，在罗素看来，这些学生非常聪明并非常渴求西方知识。罗素 1920—1921 年访华期间，正是五四新文化知识分子向西方学习的热情高涨之际。他在华期间也观察到“少年中国”“向往西方智慧的习惯仍然很迫切”[⑤]。这些新知识分子认为“必须使中国传统文化注入新的元素，而我们的文明正好投其所需”[⑥]，于是主张“引进西方工业文明

① 〔英〕罗素：《中国问题》，秦悦译，学林出版社，1996 年，第 63 页。

② 〔英〕罗素：《中国问题》，秦悦译，学林出版社，1996 年，第 172 页。

③ 〔英〕罗素：《中国问题》，秦悦译，学林出版社，1996 年，第 198-199 页。

④ 〔英〕罗素：《中国问题》，秦悦译，学林出版社，1996 年，第 199-200 页。

⑤ 〔英〕罗素：《中国问题》，秦悦译，学林出版社，1996 年，第 154 页。

⑥ 〔英〕罗素：《中国问题》，秦悦译，学林出版社，1996 年，第 165 页。

是存国之本”[①]，他们甚至“向白人民族（尤其是美国）寻求道德格言以代替孔子的语录”[②]。罗素认为，倡导高等教育，让越来越多的中国人能运用和借鉴西方知识而同时不崇媚西学，这是让中国能博采世界各国所长的首要途径。

另一方面，罗素认为“少年中国”是一股强大的力量，比如1919年5月4日学生们反对《凡尔赛条约》将山东割让给日本而掀起的五四爱国运动，罗素评价尤高。他认为：“学生们不仅自己富于公共精神，而且还是唤起全民公共精神的一股强大力量。”[③]

罗素还举他访华时周围所接触学生的例子。他在北京时所主持的由国立北京大学学生参加的研讨班，“学生的讨论锐利而不过激，其直言不讳而又无所畏惧的程度，别处恐怕见不到”。他1920年10月赴南京给中国科学社做《爱因斯坦引力新说》的演讲时，对中国的学术团体也是同样的印象，他们“渴求西方的学问，同时也深知西方的缺点。他们要变得科学一些，而不是机械一些；要学习工业的知识，而不是资本的知识”[④]。罗素认为，“只有在由中国的进步人士所主持的教育中，年轻学生的复兴精神才有活动余地。中国人要用这样一种敢于怀疑和发问的自由精神建设一种与其鼎盛时期的旧文化相媲美的新文化”[⑤]。他甚至预言，“或许再过十年，其势力就足以改造中国”[⑥]。

另外，罗素在华期间感到惊异的是，在中国人所管理的新式学校里

---

① 〔英〕罗素：《中国问题》，秦悦译，学林出版社，1996年，第17页。

② 〔英〕罗素：《中国问题》，秦悦译，学林出版社，1996年，第63页。

③ 〔英〕罗素：《中国问题》，秦悦译，学林出版社，1996年，第177页。

④ 〔英〕罗素：《中国问题》，秦悦译，学林出版社，1996年，第177页。

⑤ 〔英〕罗素：《中国问题》，秦悦译，学林出版社，1996年，第179页。

⑥ 〔英〕罗素：《中国问题》，秦悦译，学林出版社，1996年，第59页。

男女享受平等的待遇，北京女子高等师范学校中女生自由发问的精神也让他耳目一新。罗素在华期间，中国正在进行着一场男女同校的运动，这是一个巨大的进步，而这在英国还只是空谈的改良。罗素还碰到了国立学校的教师们罢教，在罗素看来，“这些接受过现代教育的教师们有中国的刚健、活力和公共精神支持着”①。

四、通过语言文字和教育建构民族国家

罗素对中国文字与中国文化和民族国家建构的关系也有过思考。虽然学习汉字要很长时间才能读能写，让初等教育不宜普及，然而罗素认为表意文字也有它的好处。他说：“中国文化能如此历久不变，足以让后人追根溯源，或许就是由于使用了表意文字。”“中国各地的方言不同，无法沟通，但汉字却全国都能读懂。”“文字胜于口语之处就在于它能存在地更持久，可以沟通不同的时期和不同的地域。口语因为时间和地域的不同而时常发生很大的变化，所以表意的文字自然要比表音的文字更能显示其优越性。”② 罗素还引用了当时在哈佛大学读书的中国留学生李济发表的文章来说明自己的观点：“使用字母文字的文化有一个严重的内在缺陷，那就是缺乏稳定性。……它（汉语）没有字母文字的种种便利之处，但是它所体现的简朴和终极真理却牢不可破，不受狂风暴雨和艰难时日的侵袭，保护了中国文化达四千年之久。它坚固、方正而优美，恰如它所代表的精神。”③

---

① 〔英〕罗素：《中国问题》，秦悦译，学林出版社，1996 年，第 179 页。

② 〔英〕罗素：《中国问题》，秦悦译，学林出版社，1996 年，第 26 页。

③ 〔英〕罗素：《中国问题》，秦悦译，学林出版社，1996 年，第 27–28 页。

美国学者本尼迪克特·安德森在《想象的共同体——民族主义的起源与散布》一书中指出，“想象‘民族’最重要的媒介是语言，而语言因其起源不宜考证，更容易使这种想象产生一种古老而‘自然’的力量”①。英国学者埃里克·霍布斯鲍姆曾在《民族与民族主义》一书中谈到，在现代民族国家的建构中，语言（包括文字与口语）将发挥重大作用。“如果国家能致力消除文盲，让每个国民都能读书识字，就更能有效推动国家政令。”“现代化国家意味着拥有均质性和标准性的居民，而国家通常会利用共同的书写式‘国语’，来达成这项目标。共同的书写文字除了有助于国家直接管理数量庞大的人民，同时也是科技和经济发展的必备条件。因此政府必须提高人民的识字率。……基于实用目的，大众教育势必得以各地的方言进行，只有人数有限的精英教育，才可以采用那种大众无法解读的语言，或诸如拉丁文、古波斯文或中国文言文之类的‘古文’。……随着经济、科技和民主政治的发展，可在大众之间进行沟通的口语显然是不可或缺的。……于是那些最初为让不同语族之人得以沟通而设计的‘混合语’，或作为教育之用的文化语，便成为全国性的语言媒介：例如北京话。”②

在现代“民族—国家”建构的意义上，杜威在华演讲时也指出语言文字的一个重要功用就在于使不同文化和生活习惯的人们养成社会共同生活的观念，而不为自身地方的局部观念所限制。他主张通过教育来推广中国自己的语言文字，在具有不同习惯、风俗和历史的人们之间建立交流与沟通，养成共同的生活习惯、国家观念和爱国之心，形成能共同

① 〔美〕本尼迪克特·安德森：《想象的共同体——民族主义的起源与散布》，吴叡人译，上海人民出版社，2005 年，第 12 页。

② 〔英〕埃里克·霍布斯鲍姆：《民族与民族主义》，李金梅译，上海人民出版社，2006 年，第 90 页。

生活的民族。另外，他还特别指出，统一语言文字对中国这样幅员辽阔的国家而言其作用尤为重要。①

教育对社会与国家有着重要的功能，可以促进并加强国家认同。埃里克·霍布斯鲍姆指出："国家会运用日益强势的政府机器来灌输国民应有的国家意识，特别是会通过小学教育，来传播民族的意象与传统，要求人民认同国家、国旗，并将一切奉献给国家、国旗，更经常靠着'发明传统'乃至发明'民族'，以便达成国家整合的目的。"②

关于教育与民族国家问题的关联，以及在民族主义层面上的功能和意义，美国学者S. 博思威克和T. P. 伯恩斯坦曾评价："教育无疑是可以被计划地用于助长民族整合、爱国主义和新价值观的形成。就语言来说，在20世纪，学校一直被用来教授国语。在课程中取消经书学习之后，经典著作使用的文言的统治地位也随之消失了。1922年，所有小学和师范学校都按指令必须教授标准官语（称作国语，现在顾及少数民族的情绪，称作普通话）以及标明其发音的注音字母。这样，学校就变成了传播标准口语和书面白话文的工具，这一运动对中国的民族整合具有潜在的伟大意义。"③ 因此，说"教育救国"整体上是一种乌托邦，但并不等于可以一概否认教育在中国走向现代化过程中的建设性价值。

此外，美国学者还指出，"教育也可以用来灌输一种政府提倡的意识形态，提供标准的道德观并使人们注重国家的象征，从而最大限度地

---

① 〔美〕约翰·杜威：《教育哲学》（北京），《杜威五大讲演》，北京晨报社编，1920年。

② 〔英〕埃里克·霍布斯鲍姆：《民族与民族主义》，李金梅译，上海人民出版社，2006年，第88页。

③ 〔美〕吉尔伯特·罗兹曼主编：《中国的现代化》，国家社会科学基金"比较现代化"课题组译，江苏人民出版社，1995年，第568页。

减少由于迅速变化所引起的实际存在的或具威胁性的断层混乱”①，比如日本在明治维新的晚期就是借助学校系统来促进官方的全国性意识形态的形成。然而，中国在1905年废除了旧式的科举制度后，并没有充分利用大众教育的潜力来灌输全民性的意识形态。

总之，罗素主张通过普及教育提高中国人的科学文化素养，发展工业，增强民族凝聚力，从而实现国家的统一和富强。他给中国教育改革的建议强调了教育在现代“民族—国家”建构中的重要意义，无疑是具有预见性和启发性的。

① 〔美〕吉尔伯特·罗兹曼主编：《中国的现代化》，国家社会科学基金“比较现代化”课题组译，江苏人民出版社，1995年，第569页。

第五章

工业化是根本出路

——罗素为中国设计的经济发展蓝图

罗素来华期间，各大报刊曾对罗素在华言行进行过沸沸扬扬的跟踪报道，中国南洋兄弟烟草公司甚至别出心裁地用“罗素之名言”做广告以招揽顾客。在1920年11月的上海《民国日报》上，南洋兄弟烟草公司在其大爱国香烟的广告中说：“世界大哲学家罗素先生近在江苏省教育会演讲其言有云：‘无论何国必须经过经营实业之时期，空言终无所补，使实业不发达则国家所受痛苦将莫能喻……’南洋兄弟烟草公司为中国实业之渊源，诸君服膺罗氏之言，当念南洋公司之大爱国香烟于我国实业前途有若何关系？”①

罗素认为只有工业化才是中国的根本出路。他在中国也做了《未发达国家的工业》《社会结构学》等有关工业和经济发展的演讲。回国后，他与妻子勃拉克女士又补充了讲演稿，随后于1923年出版了《工业文明之将来》(*The Prospects of Industrial Civilization*) 一书。另外，罗素在华时与中国知识分子的交流中也谈及在中国发展工业的看法。

---

① 《民国日报》，1920年11月1日。

张东荪在陪同罗素赴湖南演讲后发表了《由内地旅行而得之又一教训》一文，他在文中引用了罗素的话“中国除了开发实业以外无以自立”[①] 后，提出了自己的观点，中国最迫切的任务是发展实业，社会主义应该缓谈。随后便引起了陈独秀等激进的社会主义者的强烈不满，纷纷发表文章批评张东荪走资本主义道路的理论。于是，由此又引发了一场影响广泛的社会主义论战。

在本章中，我们首先来看罗素来华后对中国经济状况的考察，并指出工业化才是中国经济发展的根本出路；随后我们通过其在华的演讲和著作，重点分析罗素的工业文明观；最后再看他来华九个月后在临别演讲中为中国设计的经济发展路线。罗素指出，工业主义在现代社会是难以避免的，他对中国的希望是一方面借鉴欧美经验，避免发达实业后带来的恶果，不要趋步欧美的后尘；另一方面，借鉴俄国经验，即国家发达实业才能独立，从而保证生活必需品不依赖外国。罗素结合中国国内国际的政治经济环境，给中国工业发展的建议是：实行“国家社会主义”，用中国自己的资本和技能开发中国工业资源，同时在主权独立的前提下引进外国人才和资本，着力发展那些与独立生存密切相关的铁路、矿产业、钢铁等工业部门，减少贫穷和饥饿；改良农业，消除饥荒。

第一节　罗素对中国经济状况的考察

杨端六在《和罗素先生的谈话》一文中谈到罗素来华的目的：“我问罗素，‘先生这回来中国的目的果在那里？是为研究中国的哲学呢？

---

① 张东荪：《由内地旅行而得之又一教训》，《时事新报》1920 年 11 月 6 日。

还是研究中国的社会状况呢？'他说，研究哲学并不是他的目的；他此来是为研究中国的社会状况的。他觉得这事不仅有趣味，且非常重要，就是他将来要想对中国有所贡献，也就在这里。"①

而事实上，罗素一踏上中国，就开始考察中国社会的情况。据当时《申报》《时事新报》等报道，10月14日一早，刘南陔陪同罗素、勃拉克乘车前往上海沪南闸北，考察中国社会实况。"罗素先生之意，甚欲得知中国社会之实况，故欣然游上海，而不愿注意租界内情形。往沪南闸北，即系此意。途中所见事事物物一一询问，而于苦力工人生活，注意特甚，屡令停车，步行观察。"②

19世纪中期以来，欧西列强的入侵加速了中国传统农业和家庭手工业的经济基础的解体。机器化大生产的高效率和低成本，使得机制商品在生产和生活上大面积地替代了手制土货的位置。这其中首先和主要的是物美价廉的进口商品的倾销。洋纱冲击了土纱，肥皂代替了皂荚，火柴代替了火镰，电灯代替了蜡烛。其直接的结果是越来越多的农民和手工业者破产，大量涌入城市，成为等待出卖劳动力的产业后备军。外国资本倾销商品和掠夺原料的另一个结果是破坏了中国自然经济，将从沿海到内地的广大地区，纳入世界资本主义的市场体系中。③ 于是，中国成了西方国家的工业原料产地和产品销售市场。

罗素来华后通过在各地实际考察，发现"全国百分之七十到八十的人口从事农业"④，"中国是世界上最重要的不发达地区，它的工业相当

---

① 杨端六：《和罗素先生的谈话》，《东方杂志》第17卷第22号，1920年11月25日。

② 《沪七团体欢迎罗素记》，《晨报》1920年10月16日。

③ 徐建生：《民族工业发展史话》，社会科学文献出版社，2011年，第44页。

④ 〔英〕罗素：《中国问题》，秦悦译，学林出版社，1996年，第55页。

落后”[1]。他在华期间还观察到：“中国除了通商口岸和少数矿区外，都处在工业化前的阶段。……城里没有电车、公共汽车。就我所见，全城只有三两根工厂烟囱。除了讨饭的、做买卖的、偷东西的和政府雇员之外，剩下的都是靠手艺吃饭的。他们的产品……耗时长而报酬低。”[2]

罗素观察到在中国南方的纱厂里“吃苦肯干”的工人们“愿意长时间工作”，但他们得到的工资却很低，“这样低的工资在英国工人看来根本无法糊口”[3]。实际上，处于工业化初级阶段的中国产业工人生活异常困苦。首先是工作条件恶劣。据政府统计，工人每天工作 12 小时，或多达 15 小时，矿工的工作时间更长，而且大部分工厂没有正常的休假日。设有监工、工头、打手等制度的大机器生产，提高了工人的劳动强度，工人变成了紧张运作的机器附件，稍有错迟便要受罚。另外，劳动环境极端恶劣，例如棉纺、卷烟工厂为防止棉花和烟叶受潮，多采用封闭空气法，拥挤的厂房里棉屑飞扬，空气污浊。其次，中国工人的工资十分低微，还要遭到种种克扣和盘剥，生活极端贫困。据政府调查，纺织、机械、缫丝和采矿等工业中，工人月均工资最高 20 元，最低 6 元，女工则为 3—10 元，童工更少。[4] 罗素也得出结论：“中国的工业处于初创阶段，和别的国家一样，这是一个不择手段和残酷的阶段。”[5]

根据中国的现状，罗素分析了造成中国经济落后的原因：从国内来

---

① 〔英〕罗素：《中国问题》，秦悦译，学林出版社，1996 年，第 6 页。

② 〔英〕罗素：《中国问题》，秦悦译，学林出版社，1996 年，第 55 页。

③ 〔英〕罗素：《中国问题》，秦悦译，学林出版社，1996 年，第 58 页。

④ 徐建生：《民族工业发展史话》，社会科学文献出版社，2011 年，第 93-94 页。

⑤ 〔英〕罗素：《中国问题》，秦悦译，学林出版社，1996 年，第 59 页。

看，“各省或各省区的督军横征暴敛，反抗中央，搜刮地皮，截留税款”①；从外部来看，“在一系列的战争和强加的不平等条约之后，中国失去了独立的财政权”②，“中央政府在经济上陷于崩溃”③，而不得不向西方国家借款。罗素认为，解决中国经济问题必须从政治着手，对外维护国家的独立和主权完整，对内结束军阀混战的无政府状态。

关于罗素的中国之行，本杰明·舒尔茨教授这样写道：“1920年下半年，伯特兰·罗素和中国的一位青年记者张东荪发生了一场激烈的争论，争论的问题如下：中国的一切不幸的根源就在于贫穷和生产力低下，只有通过工业化才能使这种状况得到缓解，而不能靠对这种‘主义’或那种‘主义’的空洞讨论解决问题，尽管人们可能从伦理的立场上强烈地反对资本主义，但似乎只有资本主义才能使这样一种工业化得以实现。”④

艾伦·伍德指出，争论走社会主义还是资本主义道路，不如确立“工业化才是根本的出路”这种方案更重要。罗素从两方面思考中国的问题：“一方面，它必须使自己强大起来，能够抵御外来的侵略，而不成为军国主义。另一方面，它必须运用科学的手段去征服贫困，而避免出现西方工业化所带来的种种恶果。”⑤ 当时罗素并不肯定这两个任务中国都能完成，但他在和多拉·勃拉克合著的《工业文明之将来》（*The*

① 〔英〕罗素：《中国问题》，秦悦译，学林出版社，1996年，第52页。

② 〔英〕罗素：《中国问题》，秦悦译，学林出版社，1996年，第42页。

③ 〔英〕罗素：《中国问题》，秦悦译，学林出版社，1996年，第52页。

④ 〔英〕艾伦·伍德：《罗素——热烈的怀疑者》，孙乃修译，辽宁人民出版社，1988年，第208页。

⑤ 〔英〕艾伦·伍德：《罗素——热烈的怀疑者》，孙乃修译，辽宁人民出版社，1988年，第208页。

Prospects of Industrial Civilization）中提出了解决第二大任务的办法，阐明应当将科学技术和对人的价值的尊重结合起来。

10月15日，罗素到上海吴淞中国公学做第一次正式演讲，题目为《社会改造原理》（Principles of Social Reconstruction），由兼任中国公学教员的杨端六担任翻译。罗素在演讲中指出中国实业正在萌芽阶段，他希望将来中国实业的发达不趋步欧美后尘。“近代欧美各国对于产业上的趋向，仅求利用机械，使生产量激增。这种结果，资本家最有好处，而工人毫无利益。”“因为欧美因实业发达而生出种种流弊，其中最忧的，便是使个人的天性，处处受拘束，处处受刺激，这都是产业制度不良的结果。鄙人敢断言中国实业，必有发达的时候，但不希望中国再蹈欧美种种的谬误。”① 他对中国模仿西方的现象感到厌恶，提醒“若中国将来因发达产业而使固有之审美上、精神上有价值的事事物物逐渐丧失，实觉可惜”。② 谈到发达实业的方法，罗素认为由同业工会的组织来自谋发展比较理想，他说欧洲有这种方法的理论，可惜没有实施，对于中国是否适用，他也不能肯定。

罗素11月初到北京后在讲学社为其举行的欢迎会上，依然表达了中国首先要大力发展实业的主张，“兄弟对于中国改良的方法，暂不主张社会主义，当开发中国财源”③。

来华一个月后，罗素寄给申报馆一篇题为《罗素对于中国之第一感想》（First Impressions of China）的文章，文中谈到来华对中国经济状况的观察：“中国生活，使欧人忆及十八世纪，其劳工之贱，仆役之多，

① 《社会改造原理》，《晨报》1920年10月17日。

② 《社会改造原理》，《晨报》1920年10月17日。

③ 《在讲学社欢迎会上的答辞》，《晨报》1920年11月10日。

手艺之盛，遂产成如欧洲在实业革命前所经过者之经济状况。”他对中国的希望是，“余意爱国之华人，具有新眼光者，必愿收从西方科学与实业方法而得之最大利益，并力避外人在政治上与经济上之支配势力”。他还预言在二十年中实业主义在中国的大盛，并希望中国能够避免欧美国家因实业发达所带来的弊端：“无论如何，事有可灼见者，此后二十年中，实业主义必大变中国。惟视实业发达而无其随以俱来如各国所已见者之劣点耳。第次希望，未免过奢。余固知先以戒备，慎其方法，当可安然渡入实业时代而不致有严重之流弊。”①

他主张中国在工业发展所需人才和技术上求助于美国，而非俄国。“假使我有统治中国工业之权，我将不求助于俄而求助于美，其次则求助于英，我将竭力去避去完全依赖外人之手续，必使中国之工业渐次收归中国人之手，同时不忘却共产主义将来可以见诸实行焉。”②

总之，来华之初，罗素将自己的固有思想与中国社会现实的结合持谨慎态度。在被屡屡问及中国的社会改造方案时，往往闪烁其词，但是有时也难免发表几句先入为主之见。如“兄弟现对于中国改良的方法，暂不主张社会主义，当开发财源，以为现时应该从教育入手”；“有一种方法，对于中国情形适宜，习惯近便，这法子没有俄国闹得那样热烈。然实行起来，可以有效，就是‘基尔特社会主义’”；“中国要想自立，非先把实业发达不可……中国要全然不经过资本阶级，恐怕不可能”。

---

① Bertrand Russell, First Impressions of China, in *Uncertain Paths to Freedom*: *Russia and China*, 1919-22 (*The Collected Papers of Bertrand Russell*, Vol. 15), Richard A. Rempel & Beryl Haslam eds., London & New York: Routledge, 2000, p. 249. 中译文参见罗素：《罗素对于中国之第一感想》，见《申报》1920年12月3日。

② 罗素：《未开发国之工业》，见张静庐编辑，《杜威、罗素演讲录合刊》，上海泰东书局，1921年。

这些主张虽然零散而又都语焉不详，各有情境，但由于当时报章纷纷断章取义地转载，影响却很大。

第二节 罗素的工业文明观

罗素的工业文明观主要反映在他1920—1921年在中国所作的系列讲演《社会结构学》中。回国后，他与妻子勃拉克女士又补充了讲演稿，随后出版了《工业文明之将来》（*The Prospects of Industrial Civilization*）一书。在其1923年初版的序言中，罗素谈到写这本书的缘由“起于两个人各自游历苏俄的独立经验，和由苏俄同伴游历中国时的共同商榷”，而他们得出的结论是，“现在最要紧的事实，不是资本主义和社会主义的竞争，却是工业文明和人道主义的鏖战……我们相信现在世界最大的差别，就是工业国和非工业国的差别……中国的现象，便是非工业主义的代表，俄国布尔史维克委员，和美国托辣斯要人，便是工业主义的代表”。[①] 1959年，罗素在此书的再版序言中指出，两位作者在三十多年前的预言已经被历史事实所印证，特别是关于工业主义和民族主义的相互作用，在未开发国家里社会主义的工业主义的发展，以及在工业主义社会中固有趋势。[②]

罗素首先对工业主义下了定义：“工业主义，即大量生产的方法，

---

① Bertrand Russell（in collaboration with Dora Russell）, *The Prospects of Industrial Civilization*, London: George Allen & Unwin Ltd., 1959, pp. 7–8. 中译文见罗素：《工业文明之将来》，高佩琅译，上海太平洋书店，1929年，原序第1–2页。

② Bertrand Russell（in collaboration with Dora Russell）, *The Prospects of Industrial Civilization*, London: George Allen & Unwin Ltd., 1959, p. 5.

(包含分配)而这种方法，又需要固定的大资本；就是用很大的劳工，造成便利生产的种种工具，来满足我们的需要与欲望。申言之，即应用工具的习惯的扩张。……工业主义即制造工具的操练的扩张；等到工具变成新式机器，便需要多数工人的合作，方可满足生产的要求。”①

随后罗素就指出了实行工业主义需具备的几个基本条件：“第一必需有大组合的工人，专作一种公共事业；第二指挥这工作的人们，必须放弃目前的安乐，攫取将来的大利；第三要整齐严肃的一个统治机关，好使那些从事这迂远的事业的，能够收获他们的种植……第四必需用灵巧有技艺的工人，因为工业出产的进行，是不易的；最后还需一个有科学知识的团体去制造或利用新的机器。”②

工业发达后对社会各个方面也会造成巨大的影响：首先，第一个工业化带来的最重要的趋势是使“一个社会有组织”，在前工业时代，各家都是独立的，生活必需品都可以自己制造出来；而在实业制度发达的社会中，一个人或一家就不能单独生存，需要交换和相互依靠。“社会越有组织，政府越发重要；个人的行为，对于别人，愈有深切的影响。为社会的利益着想，越发需要制裁；于是缩小个人自由的范围。”社会的有机化一方面削弱着个人独立行动的自由，另一方面又增强着人们共同征服自然的能力。虽然在政府权力增加和社会组织复杂时，每个人的自由有所损失，但在实业发达后，生活上的必需品可以有充分的供给，

① Bertrand Russell（in collaboration with Dora Russell）, *The Prospects of Industrial Civilization*, London: George Allen & Unwin Ltd., 1959, pp. 20-21. 中译文见〔英〕罗素：《工业文明之将来》，高佩琅译，上海太平洋书店，1929年，第6页。

② Bertrand Russell（in collaboration with Dora Russell）, *The Prospects of Industrial Civilization*, London: George Allen & Unwin Ltd., 1959, pp. 21-22. 中译文见〔英〕罗素：《工业文明之将来》，高佩琅译，上海太平洋书店，1929年，第7页。

可以脱去物质生活的限制，做工的时间可以相应减少，因而可以做人生有价值的事。“在工业主义制度之下，需要品的生产，只需要社会上极小部分人的精力；其余的人，可以从事于闲适和华贵的事业——如教育，科学，文学，艺术，军事等。减少了自然的限制，便是人由工业主义得到的自由。”① 而在前工业时代，只有皇帝、贵族、教士可以从事知识思想的生活，而普通大众都要做他们免除受饥饿的事，把一切人生应该做的求知、求美、情感的享乐等在精神方面有价值的事都忽略了。

第二，工业主义中另一固有趋势是带来教育的普及。工业时代的人认为受过教育能读能写的人更有效率，于是尽力振兴教育。“一切的工业国家都采普遍的强迫教育制。没有工业主义，这种制度，差不多是不可能的；因为人们，都有对于生活更直接更需要的工作，没有时间可以挪出来从事教育。”② 因而，实业发达要求普及教育，也为普及教育创造了物质条件。

第三，工业的发达和教育的普及又促进了政治的民主化。“从教育的普及上，又得到别种更重要的东西；第一便是民主政治。要是工人未受过教育的地方，民主政治便不可能，要是受过相当教育，即欲避免它，也是无法。所谓民主政治，不一定就是代议制，即苏维埃制，与民治的精神，也是十分吻合。我所谓民主政治，是一切平民，都平等的有

---

① Bertrand Russell (in collaboration with Dora Russell), *The Prospects of Industrial Civilization*, London: George Allen & Unwin Ltd., 1959, pp. 34-39. 中译文见〔英〕罗素:《工业文明之将来》，高佩琅译，上海太平洋书店，1929年，第18-21页。

② Bertrand Russell (in collaboration with Dora Russell), *The Prospects of Industrial Civilization*, London: George Allen & Unwin Ltd., 1959, p. 41. 中译文见〔英〕罗素:《工业文明之将来》，高佩琅译，上海太平洋书店，1929年，第23页。

参与根本政权的权利。”①

第四，工业主义将破坏从传统农业时代传承下来的婚姻家庭制度。罗素指出，工业主义一个最重要的结果，是因女子作工而导致家庭的破坏。“女子作工有两个效果：一方面能教她们经济独立，于是不再作她们丈夫的奴隶；在另一方面使她们差不多不能够亲自教养子女”。在前工业社会，富人把妻子当作财产，而穷人的妻子则与丈夫一起工作，这时家庭是一个经济单位；而在实业发达社会，随着女子也与丈夫一样进了工厂做工，孩子进了学校，夫妇间经济的维系完全打破了。“此种环境之下，农业时代的婚姻制度，便要根本推翻。女子宁愿独立营生，不受一个男子的恩养，她们视儿童为与国家公有的，不是和丈夫公有的，这类情形正是方兴未艾。”②

第五，工业生产和实业的发达将导致传统宗教的衰落。罗素在华所做《社会结构学》演讲中指出：“现在实业的世界，人类生活尽行改变，宗教势力一天一天的弱小，新知识也一天一天的发展。宗教虽也在那里想和新知识同化，但是越同化，宗教的意味越淡，这便是逐趋灭亡的征象。”③

第六，工业发达将会使人们过于看重生产的方法，而忘记了生产的目的。罗素在演讲中说：“对于无论什么东西，只问它有什么用，却不

---

① Bertrand Russell (in collaboration with Dora Russell), *The Prospects of Industrial Civilization*, London: George Allen & Unwin Ltd., 1959, p. 41. 中译文见〔英〕罗素：《工业文明之将来》，高佩琅译，上海太平洋书店，1929 年，第 23 页。

② Bertrand Russell (in collaboration with Dora Russell), *The Prospects of Industrial Civilization*, London: George Allen & Unwin Ltd., 1959, pp. 43–45. 中译文见〔英〕罗素：《工业文明之将来》，高佩琅译，上海太平洋书店，1929 年，第 25–27 页。

③ 袁刚、孙家祥、任丙强编：《中国到自由之路：罗素在华演讲集》，北京大学出版社，2004 年，第 265 页。

问它有什么艺术的价值。”制造的工厂，“只知道尽量的制造，不知道货物的品性，只知道有什么用处，不知道于人生有什么价值”。但罗素认为这个趋势是暂时的，可能在社会主义制度下就会消失。①

《工业文明之将来》一书分为两个部分，共 13 章，其中的 5 章是基于在中国所做的《社会结构学》五场讲演的演讲稿进行补充修改，第六章《社会主义与工业未发达的国家》就是针对苏俄、中国、印度等不发达国家能否实现社会主义这一重大问题写的。罗素在该章中指出，布尔什维克试图在资本主义工业大生产刚刚起步的俄国建立共产主义的天堂，这就迫使人们思考：资本主义是否能在那些落后国家中以社会主义的方式来发展工业大生产？

罗素的答案是，“傥若俄国能够坚持到底百折不挠，中国也受共产党统治，列宁的新政策能够成功，则亚洲与俄国便能一致发达，在社会主义的基础上，造成它们的经济独立”。而如果失败的话，“则俄国，中国将继续受西方列强经济的支配，直到它们的工业仍由资本主义去发展。如此则社会主义的成功，当在工业先进国，像俄国革命前，世人所都承认的”②。

当一个国家处于工业化初期时，总是少数压制多数。罗素说：“在工业主义萌芽时期的国家，它的经济组合，常常被垄断于少数人手里……大多数的民众，一定是极穷的，这差不多都是不可避免的情形。”罗素指出，在工业发展初期，不免有专制的情形，不管是资本主义还是

① 袁刚、孙家祥、任丙强编：《中国到自由之路：罗素在华演讲集》，北京大学出版社，2004 年，第 265 页。

② Bertrand Russell（in collaboration with Dora Russell）, *The Prospects of Industrial Civilization*, London: George Allen & Unwin Ltd., 1959, p. 119. 中译文见〔英〕罗素：《工业文明之将来》，高佩琅译，上海太平洋书店，1929 年，第 86 页。

共产主义，在起初阶段都是一样的，只是实施专制的人不同而已。“无论是资本主义制，或共产主义制，初期的工业是必需用高压政策的。至于这种权威或在资本家，或在政府的官吏。……我想此等见解，亦可在印度中国，及一切尚未发达的国家里证实。”① 所以罗素认为中国在发展工业之初也免不了有专制的情形。

罗素在中国所作的《社会结构学》讲演中反复强调，“共产制度必与实业制度相辅而行”②。他认为这也是马克思所主张的，但后来的共产主义信徒们却常常忘却。在实业未开发的国家要实行共产主义，是不能成功的，原因是实业制度还没有发达到一定程度。

在演讲中他提出使世界陷于混乱的原动力是日渐增进的实业主义与国家主义，实业主义又分为资本主义与共产主义；国家主义分为帝国主义与自决主义。其中资本主义和帝国主义是压制的人（即统治阶级）所主张的；而共产主义和自决主义是受压制的（即被统治阶级）所主张的。四种主义之间的相互争战使世界永无宁日。但实际上四种主义之间有密切联系，其中实业主义是核心③。

---

① Bertrand Russell (in collaboration with Dora Russell), *The Prospects of Industrial Civilization*, London: George Allen & Unwin Ltd., 1959, p. 22, p. 25. 中译文见〔英〕罗素：《工业文明之将来》，高佩琅译，上海太平洋书店，1929 年，第 7-8 页，第 10 页。

② 袁刚、孙家祥、任丙强编：《中国到自由之路：罗素在华演讲集》，北京大学出版社，2004 年，第 251 页。

③ 袁刚、孙家祥、任丙强编：《中国到自由之路：罗素在华演讲集》，北京大学出版社，2004 年，第 258 页。

第三节　罗素给中国工业发展的建议

一、实行“国家社会主义”

第一次世界大战让罗素对资本主义丧失了信心，他写道，不管是在本民族内还是在各个民族间，“资本主义制度在本质上形成了弱肉强食的关系”①。于是，人们在世界范围内期待更加美好的社会制度。在这样的时代背景下，罗素认为中国必须大力发展工业，保持经济独立，从而把握经济发展的控制权和主动权。他指出，中国和俄国的相似之处是经济上落后但文化上不落后，因此，俄国的方法适于中国，应采用“国家社会主义”这一经济模式。将矿产、铁路、水道、实业、农业都归国家所有，国家开采。而国家独立的关键是工业资源，特别是铁路和煤矿。

罗素认为“国家社会主义”，或是列宁所称的“国家资本主义”的核心思想是“国家代替资本家，经营各种企业，买卖各种货物，使资本集中于国家。所以国家不独是一个供给机关，并且是一个营业机关”②。

他说，舍资本主义而欲生产，有四个方法，其中无政府主义、基尔特社会主义、工团主义，仅适用于实业发达的国家，只有“国家社会主

---

① 〔英〕罗素：《中国问题》，秦悦译，学林出版社，1996 年，第 50 页。

② Bertrand Russell (in collaboration with Dora Russell), *The Prospects of Industrial Civilization*, London: George Allen & Unwin Ltd., 1959, pp. 107-108. 中译文见〔英〕罗素：《工业文明之将来》，高佩琅译，上海太平洋书店，1929 年，第 77 页。

义”才适合于中国这样实业不发达的国家。但社会主义不可不开往自由之路。因为在“国家社会主义”中，只有国家管理者热爱自由和平等，实行民主政治，才能避免官僚专权和贫富分配不均的弊端。他认为中国人虽不像俄国人那样爱权力但却非常爱财富，这是中国最大的危险：“中国如愿发达实业而不用资本主义制度，非与此爱财心大战不可。”

1920年10月，杨端六在陪同罗素赴湖南讲学的途中，与他谈到关于在中国发展实业和资本主义的论述值得我们注意。据杨端六回忆，罗素指出：“中国要想自立，非先把实业发达不可，并举俄国现况以为例。俄国鲍尔希维主义如果不成功，就是吃了工业不发达的亏。”那么在中国发达实业是否一定要走资本主义的道路呢？罗素在分析了当时中国的国内外现实条件后指出，中国要全然不经过资本主义阶段，恐怕不是太可能。他说：“资本主义固是不好，但是中国现在最要紧的发达实业。要想发达实业，不外用三个法门：一是由资本家做，譬如近世欧美各国的现象；二是由国家去办理，譬如像国家社会主义的人——马克思的徒弟——所主张的；三是由劳动阶级自己出来主持，譬如英国今日的基尔特社会主义。照中国现状论起来，国家的组织，既然是那样的腐败，劳动阶级的组织，又是那样的幼稚，那么，中国想要发达实业，能够不由资本家的手吗？”而在外国资本家和本国资本家中间，罗素更倾向于本国资本家。“本国的资本家虽然专横，将来总比较的容易把他抛却。若是外国资本家，恐怕不容易由我们喊来喊去。”①

1920年12月10日，罗素在中国社会政治学会做《未开发国之工业》(Industry in Undeveloped Countries) 讲演。当时中国新知识分子们焦灼地思考的问题是中国将如何以最小的代价迅速地实现工业化，如何使

① 杨端六：《和罗素先生的谈话》，《东方杂志》第17卷第22号，1920年11月25日。

工业大生产在中国全面铺开而不带来工业化的弊端。

罗素也意识到了当时中国的新知识界对他的期望，“知识分子希望有人能告诉他们让中国成为工业国的方法，而这个方法又不那么残酷，但目前还没有任何两全其美的方法”①。于是他在演讲的最后谈到了中国的情况：“今中国人亟欲发达工业而又不欲有半开发国资本主义之患，吾诚不能不疑。俄国实行共产主义矣，而犹不能不遇此患，譬如长时间之工作、低率之工资、童年作工，皆不能免。其不能免之原因，半由于工业经验之缺乏，然其主因则为资本世界所嫉视。”②

当时中国的多数国民不能读写，也没有相当的政治知识。罗素认为要在短时间内提高国民教育文化水平，大力发展实业而不染资本主义的色彩，只有仿效俄国的道路，经过类似俄国共产党的专政阶段。“中国须经过一阶级焉，与俄共产党之专政相仿。盖惟如是，方可施行人民所必需的教育，方可发达实业，不用资本制度也。”因为通过“国家社会主义”的途径可以避免资本主义而发展实业，最容易促成实业和教育的进步。他指出：“求国民的知识快点普及、发达实业不染资本主义的色彩，俄国式的方法是惟一的道路了。”

罗素也提出了问题：“像中俄两国的情形，是否能够不经过私有资本主义，直接达到列宁所谓的国家资本主义？若借外国金钱去筑路、造船、开矿，能否独立经营拒绝投资者的参与？”他认为像中国这样建设新工业的弱国政府，如果不卖掉几部分权利，向外国借款就不能成功。“在中国的外国投资家，都希望垄断中国的海关、铁路、矿产等利权。

---

① 〔英〕罗素：《中国问题》，秦悦译，学林出版社，1996 年，第 59 页。

② 〔英〕罗素：《未开发国之工业》，见张静庐编辑，《杜威、罗素演讲录合刊》，上海泰东书局，1921 年。

因为国权的断送，国家资本主义便无从实现。并且借得之款，都中饱于赃官，浪费于养兵，却未曾用于生产事业，而大规模的生产事业，竟全在外国资本家掌握中。”①

因此，实施“国家社会主义”这一经济模式有许多好处：“（一）国家借款比私人容易；（二）国家比私人更易于聘请外国技师；（三）国家可使重要产业不为外国人管理和控制。此外，还有一个更重要的理由：国家从一开始就经营工业，可以免除私人资本主义的弊端。”②

罗素也意识到中国人口众多给经济发展所带来的负担。他认为，中国必须改良农业生产方法，大规模地迁徙人口和计划生育，才能够永久性地解决饥荒问题。③ 总体而言，罗素对中国的工业发展前途充满信心，他认为虽然中国还远不是个工业化的国家，但它实现工业化的机会非常大。他预测，如果中国的政治状况不是太糟糕的话，在未来几十年间，中国的工业会有迅速的发展和长足的进步。④

而罗素给中国列出的经济改革方案与孙中山旨在实现富国强民的资产阶级共和国方案有很多相似之处。孙中山这位革命家主张调和资本主义和社会主义，“欲使外国之资本主义以造成中国之社会主义”⑤，二者的结合就是“国家社会主义”，从而一方面实现国家富强，另一方面避免资本家垄断的弊端⑥，在发展资本主义的同时，又注意了节制私人资

① Bertrand Russell（in collaboration with Dora Russell），*The Prospects of Industrial Civilization*，London：George Allen & Unwin Ltd.，1959，pp. 112–113. 中译文见〔英〕罗素：《工业文明之将来》，高佩琅译，上海太平洋书店，1929年，第81页。

② 〔英〕罗素：《中国问题》，秦悦译，学林出版社，1996年，第196–197页。

③ 〔英〕罗素：《中国问题》，秦悦译，学林出版社，1996年，第167页。

④ 〔英〕罗素：《中国问题》，秦悦译，学林出版社，1996年，第180页。

⑤ 孙中山：《建国方略》，牧之等选注，辽宁人民出版社，1994年，第269页。

⑥ 孙中山：《民生主义与社会革命》，见《孙中山选集》（上卷），人民出版社，2011年，第88页。

本，防止因私人垄断生成资本专制，从而导致社会各阶级贫富不均。孙中山主张，发展中国实业可以通过个人企业经营和国家经营这两方面着手。那些由个人经营比由国家经营更适宜的事业应由个人来经营，“由国家奖励，而以法律保护之”①。除了个人企业经营以外，孙中山认为更重要的是国家经营。“即凡天然之富源，如煤铁、水力、矿油等，及社会之恩惠，如城市之土地、交通之要点等，与夫一切垄断性质之事业，悉当归国家经营，以所获利益，归之国家公用……以国家实业所获之利，归之国民所享，庶不致再蹈欧美今日之覆辙，甫经实业发达，即孕育社会革命也。”② 同时，国家经营的实业“以其财产属之国有，而为全国人民利益计以经理之”③。在孙中山的实业计划中，他将铁路、森林、矿山、水利和其他大型实业项目“组成一极大公司”，由国家统一经营管理，“归诸中国人民公有”④。

离华二十多年后，罗素在20世纪40年代为英国广播公司做的“里斯演讲”中也谈到了政府控制工业对实现社会经济公正的重要作用。他指出，经济上的公正最近已经成为政府的一个目标，它“需要更大程度的政府控制。在我看来，社会主义者的主张是正确的，即应该由国家拥有主要工业，并在很大程度上控制对外贸易。社会主义的反对者也许会认为，经济上的公正代价过于高昂，但是却没有谁能否认，要实现它的话，国家对工业和金融进行很大程度的控制就是必不可少的”⑤。

---

① 孙中山：《建国方略》，牧之等选注，辽宁人民出版社，1994年，第114页。

② 孙中山：《中国实业如何能发展》，见《孙中山全集》（第5卷），中华书局，1985年，第135页。

③ 孙中山：《建国方略》，牧之等选注，辽宁人民出版社，1994年，第114页。

④ 孙中山：《建国方略》，牧之等选注，辽宁人民出版社，1994年，第267页。

⑤ 〔英〕罗素：《权威与个人》，储智勇译，商务印书馆，2010年，第73-74页。

二、大力发展与独立生存密切相关的工业部门

罗素在华期间，通过自己的实地考察，加深了对中国工业的了解和认识，并最终给出中国经济发展的建议：中国应当大力发展与独立生存密切相关的铁路、矿产业、钢铁等工业部门。

首先，罗素指出中国应该修建更多的铁路，并且应收归国有。他在《中国问题》一书中，对辛博森的观点表示赞赏，即“中国的恰当治理和新共和国的建立，铁路的修建是关键所在”。另外，“外国人在铁路上仅有筑路的特权，每段竣工之后即须交铁路总局”，全国铁路总局必须管理中国境内的所有铁路。

在地域广阔、人口众多，同时沿海与内地经济发展极不平衡的中国建设一个新的国家，铁路的修筑至关重要。廖仲恺早在1919年《建设》创刊号上发表的《中国人民和领土在新国家建设上之关系》一文就指出，铁路可以消减时空上的障碍，修筑铁路是幅员广阔、人口众多的中国建设崭新国家的关键。他指出：“我们要拿怎么多的人民，怎么大的领土来建设一个逼新的国家，要这两种组织国家的要素，能否发挥他最大的用处，第一要紧的，就是全国的交通机关，非改良不可。这交通机关第一要紧的，就是铁路。光是靠这几匹骡马和两条粗腿，在这大陆国里，是使不得的。中国现在的铁路，总共有多少呢。实在只得六千四百六十七咪哩。中国十八省的面积算他是一百八十九万多丁方咪哩。拿这个数目来和铁路的咪数比较，每一百丁方咪哩里，才得一个0.3的数目，还不够一咪哩铁路呢。中国十八省的人口，算他是三万万二千七百万。拿他来和铁路的哩数比较，每一万人里，也只得一个小数点以下的数目（0.19）也是不够一咪哩。要是把东三省蒙古西藏这几个地多人少

的地方，算在里头，那更微乎其微了。”根据1910年的统计，当时作为工业第一大国的美国，平均每一万人占有的铁路米数长达26.11，法国为6.38，德国为5.58，英国为5.14，俄国为2.21，日本为1.32。廖仲恺还引用美国学者的观点，认为铁路轨道的条数是衡量国家文明的尺度，相比之下，当时中国是远远落后于欧西发达国家，甚至是日本的。①

实际上，孙中山早在辛亥革命后就已意识到铁路在中国实业发展中的重要性。他认为“交通为实业之母”，铁路是“今日文明富强之利器”，“民欲兴其国，必先修其路”②。他指出，修筑铁路“实为中华民国之存亡大问题”③。因此，必须修建铁路，才能更有效防范列强的侵略。另外，发展铁路事业也可以带动全国经济的发展。因为只有中国铁路四通八达，各种货物才能在中国广袤的大地上快捷地运送，才能更好地发展地方经济。

除了兴建铁路交通系统以外，孙中山还在其《实业计划》里倡导兴建河流、海港运输系统和公路交通系统，通过这个交通体系，可以把先进的沿海地区同落后的内地联系起来，把人口稠密地区和人口稀少地区联系起来。他在1919年所写的《中国实业如何能发展》一文中指出：“予之计划，首先注重于铁路、道路之建筑，运河、水道之修治，商港、市街之建设。盖此皆为实业之利器，非先有此种交通、运输、屯集之利器，则虽全其［具］发展实业之要素，而亦无由发展也。”④

---

① 廖仲恺：《中国人民和领土在新国家建设上之关系》，《建设》第1卷第1号，1919年，第25-35页。

② 孙中山：《〈铁路杂志〉题辞》，见《孙中山全集》（第2卷），中华书局，1982年，第567页。

③ 孙中山：《在北京招待报界同人时的演说和谈话》，见《孙中山全集》（第2卷），中华书局，1982年，第456页。

④ 孙中山：《中国实业如何能发展》，见《孙中山全集》（第5卷），中华书局，1985年，第134页。

关于具体的修建方案，罗素认为中国亟须修筑更多铁路，而特别是“以开辟西部和联通粤汉铁路为当务之急”，因为“这些铁路的前景无可限量”①。但罗素并没有解释其原因。而孙中山在其实业计划中也大力主张修建西北部铁路系统，并指出了原因：“现以交通运输机关缺乏之故，丰富地域，委为荒壤，而沿海沿江烟户稠密省份，麕聚之贫民无所操作，其弃自然之惠泽而耗人力于无为者，果何如乎？倘有铁路与此等地方相通，则稠密省区无业之游民，可资以开发此等富足之地。此不仅有利于中国，且有利世界商业于无穷也。故中国西北部之铁路系统，由政治上经济上言之，皆于中国今日为必要而刻不容缓者也。”②

罗素认为，中国自然资源开发的问题至关重要。“中国的自然资源是由中国自己开发，还是由日本人或西方来开发，这是个极其重要的问题。它不仅影响到中国文明的总体发展，也关系到世界力量的平衡、世界和平的前景、俄国的命运甚至发达国家向更好的经济制度发展的机会。”③ 罗素把矿产业的开发与国家独立联系起来，他主张中国人自力更生，加紧发展矿产业，因为外国人开发“只会使中国成为外国人的奴隶”，“如果一国的矿产业由外人来管理，那么它的工业建设、兵器制造就不得不仰人鼻息”。他建议中国政府制定这样一条法律，“以后凡将矿产或矿产的利益出售给外国人或以矿产作为抵押都是非法的”，并且“对真正由中国人经营的矿产给予各种奖励”。同时，他认为政府享有两项权利：其一，“政府可以用公平的价格购买任何矿产公司”；其二，“任何矿山如私人矿主不能开采，政府有权直接进行开采”④。

---

① 〔英〕罗素：《中国问题》，秦悦译，学林出版社，1996年，第184页。

② 孙中山：《建国方略》，牧之等选注，辽宁人民出版社，1994年，第119-120页。

③ 〔英〕罗素：《中国问题》，秦悦译，学林出版社，1996年，第6页。

④ 〔英〕罗素：《中国问题》，秦悦译，学林出版社，1996年，第184页，第189-190页。

与罗素的观点非常一致，在孙中山的实业计划中，排在修筑铁路后的就是矿业和冶铁炼钢。孙中山认为机器是近代工业之树，矿业则是工业之根，主张要制造各种矿业器械，大力开发煤、铁、石油等矿产资源，为工业生产提供足够的原料。同时，应该在矿产区或附近交通方便的地方，建立冶铁厂和炼钢厂等，目的是能更多更快地开采与冶炼矿产。

罗素认为，在中国开发工业之初，“中国必须要大规模发展自己的钢铁工业，否则无法保持国家的独立，保存自己独特的文化和其他对世界有价值的东西”①。而在孙中山看来，钢铁是“一切实业之体质”，只有在钢铁和其他工业获得发展，从而满足军用和民用需要后，国家才能日益发展走向富强。孙中山在其实业计划中也建议应该大规模开采直隶、山西的煤矿。原因是：“当中国一般的开发计划进行之始，钢铁销场立即扩大，殊非现时实业界所能供给。试思铁路、都市、商港等之建筑，与夫各种机械器具之应用，所需果当何若。质而言之，则中国开发，即所以起［启］各种物品之新需要，而同时不得不就附近原料，谋相当之供给。故制铁、炼钢工厂者，实国家之急需，亦厚利之实业也。”②

三、引进外国资本和人才

罗素反复强调中国必须自救而不能依靠外人，但在发展经济上要积极寻求外国助力（如引进一些外国熟练工人、贷款等）。要秉着开明的

① 〔英〕罗素：《中国问题》，秦悦译，学林出版社，1996 年，第 187 页。

② 孙中山：《建国方略》，牧之等选注，辽宁人民出版社，1994 年，第125 页。

态度，向他国学习但又不受其支配；必须采用西方科学，但没有采纳西方人生观的必要。

罗素看到，中国的自然资源丰富，劳动力充足，同时市场广阔，这些要素非常有利于发展实业，但中国缺少的是资金、机器、技术和人才。为此，罗素指出，必须充分利用外国的资金、技术和专门人才，从而大规模地迅速发展中国工业。据杨端六回忆，罗素 1920 年 10 月在上海中国公学演讲时和他谈道："如果中国要发达实业，与其输入外国资本，不如输入外国劳力。因为中国目前的困难，是没有熟练的劳工，如果有，那事情就容易办了。"①

中国的优势在于资源、劳动力和市场，拥有"天然之富源，无量之工人，极大之市场"，而亟待解决的是资本和人才这两个问题。孙中山与罗素的观点也不谋而合。孙中山一方面主张引进战后欧洲先进国家闲置的机器和技术装备，解决资本问题；另一方面，为了在短时间内为中国发展工业解决人才问题，必须"广罗各国之实业人才"。他对中国实业的发展充满信心，相信多年后，"吾国实业之发达，必能并驾欧美矣"②。

虽然当时中国还是前工业化国家，但罗素对中国的工业发展充满信心，在《中国问题》一书"中国工业"一章的开篇就指出："中国还远不是个工业化的国家，但这个国家实现工业化的机会非常大。也许可以肯定，在未来的几十年里，中国的工业将会有迅速的发展。中国的未来既取决于这种发展的方式，也取决于其他单独的因素。"③

---

① 杨端六：《和罗素先生的谈话》，见《东方杂志》第 17 卷第 22 号，1920 年 11 月 25 日。

② 孙中山：《中国实业如何能发展》，见《孙中山全集》（第 5 卷），中华书局，1985 年，第 134 页。

③ 〔英〕罗素：《中国问题》，秦悦译，学林出版社，1996 年，第 180 页。

第六章

建立有序强大的政府

——罗素给中国政治改革的建议

罗素离华三个月后，在 1921 年 11 月 24 日的《太阳报》(*The Sun*)上以《为中国请愿》(A Plea for China) 为题发表了一篇专论，为中华民族的独立而大声疾呼。他在文中呼吁西方列强发善心：“当前最重要的事情莫过于通过外国列强的帮助，让中国获得独立，并摆脱无政府状态。”① 他还向西方世界发出警告，若西方人继续激怒中国人，迫使他们走上西方人的好战道路，那么西方人将自食其恶果。故罗素规劝西方人要明智一点，让中国获得完全的独立，让中国人走自己的路、发展其特有的文明。另外，在离华的临别演讲中，他还对前美国驻华公使查尔斯·R. 克莱恩所提出的中国不能保持秩序应实行国际共同管理表示强烈反对，因为这并不利于中国的政治独立，且不能给中国带来任何利益。

罗素为何要为中国请愿？罗素为何要站在中国人的利益角度维护中

① Bertrand Russell, A Plea for China, in *The Sun*, Baltimore, 24 Nov. 1921, p. 8, in *Uncertain Paths to Freedom: Russia and China*, 1919-22 (*The Collected Papers of Bertrand Russell*, Vol. 15), Richard A. Rempel & Beryl Haslam eds., London & New York: Routledge, 2000, p. 285.

国的政治独立？实际上，他是从保存世界文化的角度指出中国文明并不亚于西方文明，保护其独立发展是人类整体的义务。就外部条件来讲，罗素力图说服西方人中国问题要静待中国人自行解决，希望帮助中国人结束外来的侵略和干涉来获得独立。

在罗素看来，为了实现政治独立和国家的现代化，中国有哪些问题亟待解决呢？在《中国问题》一书的结尾，他指出中国有两大实际问题亟须解决："一个由国内情形所引起，另一个由国际情形所引起。前者包括教育、民主，减少贫穷和饥饿，个人与公共的卫生等等；后者包括建立起强有力的政府、发展工业、修正条约、收回港口（在这方面可把日本作个例子）、建设足够强大的足以抵御日本的军队等等。"① 而解决这些问题的关键在罗素看来唯有建立有序、稳定的强大政府才能一一解决。

那么罗素又给中国的政治改革提了哪些建议？本章重点考察罗素的政治思想以及为中国政治改革设计的方案。我们首先来看罗素来华后对中国国内政治和社会状况的考察，他指出建立有序、稳定的强大政府才是中国政治改革的根本出路。随后通过罗素在华的演讲和著作，重点分析他整体的社会政治思想，包括其自由主义社会政治思想、国家和政府观等。最后分析他在临别演讲中给中国政治改革的建议，其中包括：建立有序政府，实行国家社会主义，走"开明专制"的道路；在中国弘扬爱国主义，倡导公共服务精神；普及教育，为实行民主政治做准备。另外，罗素还力图说服西方人中国问题要静待中国人自行解决，并对"少年中国"寄予厚望。

---

① 〔英〕罗素：《中国问题》，秦悦译，学林出版社，1996年，第200页。

第一节　罗素眼中的中国政治与社会

1916年袁世凯死后，中国政局动荡不安，袁派往各省的督军拒不听命于中央政府，这些军阀们在各地扰民，军阀之间也因地盘问题而纷争，中国内战此起彼伏。罗素来到中国后通过考察看到：中国政局混乱无序，北洋政府软弱无能，整个社会处于无政府状态。“各省或各省区的督军横征暴敛，反抗中央，搜刮地皮，截留税款（除了由外国人负责征收管理的部分，如盐税）。他们名义上受北京政府委派，实际上却在各省地盘上拥兵自重。中央政府在经济上陷于崩溃，无力支付军饷。士兵们就靠掳掠维持生计，督军有时也将不义之财分一些给他们。”① “中国的无政府状态最为可恨，希望中国富强的人们都祈祷这种局面早日结束。”②

1905年科举制的废除对中国的政治结构也产生了深刻的影响，中国社会愈加变得不平衡。“在20世纪的第一个25年里，中国社会的不平衡变得更加严重。特别是农村社会在性质上发生了深刻的变化。官府对地方活动（包括税收）的监督变得不那么有效了。”先前，通过科举考试的精英被朝廷任命到各地，他们都受过良好的儒家教育，克己奉公，按照中央的目标来治理地方，整个士绅阶层都受中央节制，从而有效地维持中央和地方的平衡。但科举制度废除后，不再根据科举考试成绩来任命官员，“农村的显要人士也就对上级政府基本上不负什么责任了”，

---

① 〔英〕罗素：《中国问题》，秦悦译，学林出版社，1996年，第52页。

② 〔英〕罗素：《中国问题》，秦悦译，学林出版社，1996年，第54页。

“无法无天的地头蛇横行乡里”。这导致的严重后果是：“失去了教育和集权官僚长期培养起来的整合功能，帝制时代的社会规范准则也就站不住脚了。既然社会上缺乏尽忠报效的精神，也就只好听凭人欲横流了。”①

在中国各地考察期间，罗素看到中国当时的交通相当不发达。在长沙旅行讲学时他看到：“长沙城很像一座中世纪的市镇，街道很狭窄，每所房子都像一家商店，屋外挂着欢快的标志，除了轿子和少数黄包车，没有其他可用的交通工具。”②

实际上，现代的交通和通信技术以及其他“现代国家的政治组织技术”对于一个像中国这样地域广阔的大国的统一来说至关重要。罗素在后来的著作中也写道：“近代技术，不仅通过消息的迅速传递，而且还通过铁路、电报、汽车运输以及政府宣传，使一些大帝国比它们过去更能稳固。”“轮船、铁路、最后飞机已使政府能在遥远的地方迅速行使它们的权力。”③ 美国学者指出：“现代通信本可以提供而且最终确实提供了更强大的能力，但在清朝后期，当新的通信技术渐次传入中国时，政府在使其设备现代化，从而可能在新的水平上满足其需要上却反应很迟钝……到1880年代，当由外国人管理的现代邮政部门也出现时，电报系统才开始发展起来。铁路修筑直到世纪之交都无重大进展。”④ 因此，在20世纪前25年里，“中国现代通信的发展，并未使中央政府的权力

① 〔美〕吉尔伯特·罗兹曼主编：《中国的现代化》，国家社会科学基金“比较现代化”课题组译，江苏人民出版社，1995年，第652-653页。

② 〔英〕罗素：《罗素自传》（第2卷），陈启伟译，商务印书馆，2003年，第204页。

③ 〔英〕罗素：《权力论：新社会分析》，吴友三译，商务印书馆，1991年，第118页。

④ 〔美〕吉尔伯特·罗兹曼主编：《中国的现代化》，国家社会科学基金“比较现代化”课题组译，江苏人民出版社，1995年，第100页，第374页。

也产生相应的增长”。

在教育方面，罗素看到中国识字率低，他估计“全国大概只有百分之五的人既能读又能写”①。发展教育的首要问题即经费问题。20 世纪初叶，中国的教育发展一直受到资金不足的制约。由于缺乏资金和师资，教育不能普及，特别是在广大农村地区。罗素指出：“由于国内局势纷扰，经费短缺，有不少普及全民初等教育的计划，除少数地区有小范围的实施外，无法大力推广。”中国教育的普及，罗素则寄希望于有序的、稳定的政府的建立。“一旦巩固的政权建立，教育普及的计划就可以实行了。”②

在民生方面，罗素看到中国还有很多人遭受贫困和饥饿。他写道：“我在中国的时候，由于饥饿而死的人数以百万计。……如果中国保持现在的这种生育率和耕作方式，饥荒必定会周期性地发生……要永久性地解决饥荒问题，必须改良农业，迁徙人口，节制生育。”③ 另外，当时中国的公共卫生和医疗条件也很差，中国人居住的地方“拥挤不堪，疾病丛生”。而这一切都需要靠政府发挥积极作用。

第二节　罗素的社会政治思想

罗素是一位以巨大的热情关注人类命运和社会问题的政治家。他的社会政治思想继承了英国自由主义的传统，并吸收了达尔文主义、功利

① 〔英〕罗素：《中国问题》，秦悦译，学林出版社，1996 年，第 171 页。

② 〔英〕罗素：《中国问题》，秦悦译，学林出版社，1996 年，第 171-172 页。

③ 〔英〕罗素：《中国问题》，秦悦译，学林出版社，1996 年，第 166-167 页。

主义和无政府主义的各种学说。他提出基尔特式的社会改造模式，推崇一种使个人的创造冲动最大限度地得到发展、使人人得到自由平等的理想社会制度。

在罗素的思想图谱里，他的社会伦理思想、社会政治思想与历史哲学观念是相互联系，密不可分的，很难将其严格地划分开来。在罗素宏大的思想体系中，他关注的核心问题之一是个人自由，其社会改造学说、社会主义思想、国家政府观都围绕着这一问题展开论述。

罗素的个人主义以他的逻辑原子论为基础，主张理想政治制度的最高目标是个人的自由发展，理想社会的组织应该维护个人的自由和利益。罗素的个人主义强调个性，重视个人的创造性，尊重个人价值，认为社会的发展进步需要个人创造性的发挥，如果过于强调社会控制就会窒息人的创造性，导致社会停滞。由此在他的政治主张和教育理论中总是争取个性的充分自由和解放。

一、自由主义社会政治思想

在罗素看来，以往多数的政治理论都忽视了心理因素对政治的影响。他写道："如果政治学打算成为科学，如果要使重大事件不再是震惊的事，我们的政治思想就必须更深入地触及人类行为的源泉。"① 政治理论在考察现实政治的同时，还应重视人们活动背后的目的和动机，因为这些行为与人类的心理都有密切联系。

在罗素的社会政治思想中，"冲动说"是其心理基础。他指出，来自人性深处的冲动是人类行动的基础，并将其分为两类：一种是创造性

---

① Bertrand Russell, *Human Society in Ethics and Politics*, London: Routledge, 1992, p. 159.

的冲动，它促进个人才能的发挥，是一切美好精神生活的动力，是促进社会发展的力量，因而“使一个人自己的生活和别人的生活都得到促进”；另一种是占有性的冲动，它只关心物质利益，在物欲的促使下无休止地追逐财富和权力，是战争、贫困等一切不幸和灾难的来源，因此，“阻碍了某一群人的生活”①。

罗素指出，人性中的这两种冲动无法消除，二者在个人和社会中所占的比例决定了个人生活和社会制度的不同性质。问题的关键在于增强积极的、建设性的创造性冲动，同时减少消极的、毁灭性的占有性冲动。他指出：“最好的生活是创造性的冲动占最大的地位而占有性的冲动占最小的地位。最好的制度是能够产生最大可能的创造性和最少的适合于保全自己的占有性的那些制度。”② 这一原则是罗素社会政治理想的基础，也是他判断社会制度优劣的标准：良好的社会制度鼓励创造性冲动，低劣的社会制度鼓励占有性冲动。

由于良好的个性和社会制度都源于增强创造性冲动，因此罗素倡导创造性冲动，并主张尽量减少占有性冲动。但他同时指出，二者都只能引导而不能压制。另外，通过教育等方式积极引导，占有性冲动可以转化为创造性冲动。对于个人，正确的教育制度可以引导并扩展创造性冲动；对于社会，通过改良政治制度可以逐渐铲除私有制，减少占有性冲动。

罗素认为，政治上的重要欲望有四种，即占有欲、竞争心、虚荣心和权力欲③。占有欲源于丧失生活必需品的恐惧心理，是人们各种行为

---

① 〔英〕罗素：《社会改造原理》，张师竹译，上海人民出版社，1959 年，第 137 页。

② 〔英〕罗素：《社会改造原理》，张师竹译，上海人民出版社，1959 年，第 138 页。

③ Bertrand Russell, *Human Society in Ethics and Politics*, London: Routledge, 1992, p. 161.

的动机之一；竞争心比占有欲更强烈，有些人为了能挫败竞争对手，宁愿遭受贫困；虚荣心有无数的表现形式，在受到滋养后还会增长；权力欲需要的是对人或物控制的权力，它不易满足，并随着对权力的体验不断增长，在人类活动中压倒一切。但权力欲并非只是消极的，追求知识和科技方面的进步主要是由权力欲驱使的。罗素总结道："你将被这一动机究竟是引向有益的行为还是引向有害的行为，都取决于社会制度，取决于你的能力。"[①] 总之，罗素认为，从心理因素分析其对社会政治问题的影响，可以解释许多政治行为和现象，因而具有特别重要的价值和意义。

在国家问题上，罗素把对人类本质的理解与对国家的性质与职能的分析联系起来。在他看来，政治只是人类的一种权力运用。国家的本质就是权力，因此，推动社会变化的主要力量不是人口、财富或性的因素，而是权力。在罗素看来，现代工业主义已大量地将权力托付给国家，必须寻求在权威与自由之间的一种平衡，并消除工业化和资本主义所造成的种种社会弊端，为此，他从无政府主义、工团主义、基尔特主义等学说中吸收了权力分散论的观点，采取一种接近基尔特主义的理论，即国家的权力要在各种基尔特组织之间进行分配，最基本权力的合理分配要通过由群体自治调解的民主来取得。将国家权力分散到各种地域或行会的基尔特之中，就可以让每个个人都享有一定的权力。罗素试图将工业化的资本主义制度改造成为让个人更加自由、更加幸福的制度，国家的最终目的是个人的自由发展，国家只作为在各种论争的群体之间进行协调的机构。

罗素最大的信仰就是个人的自由意志。他提出，所有社会和政治机

① Bertrand Russell, *Human Society in Ethics and Politics*, London: Routledge, 1992, p. 164.

构都应当以发展最大限度的个人自由为己任。人的成长就像树木的成长一样，需要良好的土质和没有压迫的充分自由。而个人向更大的自由的转化只有通过社会组织才是可能的，社会化组织有助于打破工业化社会所带来的那种被迫的一致性。

在罗素看来，一切政治和社会改造的最终目的都是个人生活，一切政治行为的落脚点在于个人生活的自由和幸福。他在《政治理想》一书中指出："政治理想，必定根据于个人生活的理想。政治目的，当在力谋个人生活之良好。除造成世界的男，女，和儿童外，没有可为政治家所当注意的。政治问题，是要调节人类的关系，使得人人于他生存时期中，皆有充量的好。"① 在《自由之路：社会主义、无政府主义和工团主义》一书中，他写道："我们今后所要效忠的不是国家而是社会，是现在和未来全世界全人类的社会。一个美好的社会不是产生于国家的尊荣，而是来自个人的自由发展……一切美好的东西必须体现在个人身上。一个要改变世界面貌的政治制度，它的终极目标必须是使个人获得自由发展。"② 在《权威与个人》一书中，他再次强调："一个社会的存在不是为了满足，或者至少不应该为了满足一种外在的观感，而是要把一种优良的生活带给组成它的那些个体。正是在个体身上，而不是在整体里，我们才能找到终极的价值。好的社会是给社会成员带来好生活的手段，而不是由于自身的缘故而具有某种独立价值的东西。"③

---

① Bertrand Russell, *Political Ideals*, New York: The Century Company, 1917, p. 4. 中译文见〔英〕罗素：《政治理想》，刘衡如、吴蔚人译，中华书局，1929 年，第 2 页。

② 〔英〕罗素：《自由之路：社会主义、无政府主义和工团主义》，何新译，商务印书馆，1959 年，第 86 页。

③ Bertrand Russell, *Authority and the Individual*, London & New York: Routledge, 2010, p. 79. 中译文见〔英〕罗素：《权威与个人》，储智勇译，商务印书馆，2010 年，第 93 页。

二、国家和政府观

本小节主要从政府最重要的安全、公正和保护三大职能，“种族的感情”这一建构“民族—国家”的根本，以及中国复兴所必需的爱国主义精神这三个方面，阐述罗素的社会政治思想。他关于国家和政府的思想，对当时热切寻求中国政治改革和发展道路的中国知识分子产生了一定的启发和影响。

1. 安全、公正和保护：政府最重要的职能

罗素认识到国家与政府权力存在的必要，他说：“为了达到某些目的，国家看来是一个必要的组织机构。诸如和平与战争、关税征收、卫生防疫、禁毒、保证公平的分配制度等等事务，要是在一个没有中央政府的社会里是很难办好的。”① 另外，国家用法律代替武力，在一定程度上能防止武装斗争与冲突。

除了战争和保持内部秩序以外，国家还有更加积极的职能，如致力于卫生和防止传染病的工作，发展义务教育，鼓励科学研究，加强对经济领域的控制，减少经济上的不公平，并增加个人发挥创造性和政治主动性的机会，从而增强个人对公共事务的兴趣，增加社会活力②。在对外关系上，罗素认为，只有建立“世界性的国家”（world-state）才能

---

① 〔英〕罗素：《自由之路：社会主义、无政府主义和工团主义》，何新译，商务印书馆，1959年，第85-86页。

② Bertrand Russell, *Principles of Social Reconstruction*, London: George Allen & Unwin Ltd., 1920, pp. 67-75. 中译文见〔英〕罗素：《社会改造原理》，张师竹译，上海人民出版社，1959年，第37-41页。

维护全局利益，从而依照法律而非凭借暴力处理国际关系。①

罗素认为，“安全、公正和保护是政府最重要的职能”②。“安全”是指国家保护公民生命和财产，防止敌对国家的攻击；另外，政府也在经济和医疗安全方面加强控制，“失业、疾病和养老保险，已经消除了工薪族生活中很多对未来的令人痛苦的不确定性”。“公正”包括政治和经济两方面，政治上的公正即民主，一直被人们所追求，而经济上的公正需要更大程度的政府控制，罗素认为在这方面社会主义者的主张是正确的，即应该由政府拥有主要工业，并在很大程度上控制对外贸易和金融。“保护”不仅仅指保护古迹和风景区、维护道路和公共设施等，还指保护世界上的各种自然资源。他看到“在过去的150年间，人类已经耗尽了各种工业原料以及农业赖以生存的土地，而对自然资本的这种耗费正以日益增长的速度进行着”，他甚至已经预见到由于对自然资源，特别是石油的争夺而导致第三次世界大战的危险。他强调，当前工业不应该以自然资本为代价这样挥霍无度地消耗下去③。

罗素指出，社会的“安全、公正和保护”这些对人类幸福至关重要的事情，需要并且只有政府才能做到，即使是个人创造力的发挥也必须通过国家制定的各种制度来保证，政府是维护这类制度的不可替代的组织。他写道：“显而易见，在无政府状态下，不可能有大学、科学研究或者图书出版，甚至像海滨度假这样自然的事情。在我们错综复杂的世

---

① Bertrand Russell, *Principles of Social Reconstruction*, London: George Allen & Unwin Ltd., 1920, p. 65. 中译文见〔英〕罗素：《社会改造原理》，张师竹译，上海人民出版社，1959年，第36页。

② Bertrand Russell, *Authority and the Individual*, London & New York: Routledge, 2010, p. 63. 中译文见〔英〕罗素：《权威与个人》，储智勇译，商务印书馆，2010年，第76页。

③ Bertrand Russell, *Authority and the Individual*, London & New York: Routledge, 2010, pp. 59-62. 中译文见〔英〕罗素：《权威与个人》，储智勇译，商务印书馆，2010年，第72-75页。

界上，没有政府，不可能有富于成效的主动性。”①

值得指出的是，罗素的国家观对陈独秀、李大钊等马克思主义者产生了一定影响。比如，陈独秀在批判无政府主义者主张废除法律与军队时，直接引用罗素的话来反驳。他说：“罗素先生的意思是以为就是很远的将来，人类的竞争心、争权心和妒忌心三样根性是不容易完全消灭的。所以对内对外，小事仍需要法律，大事仍需要兵力，才能制止一切不正当的事。虽然将来的法律及军队渐渐和现在不同，而绝对的废止期，几乎是现在的人类的一种空想。”②

2. 种族的感情：建构“民族—国家”的根本

罗素认为，一个组织内部的团结性和凝聚力是其存在的必要条件。推而广之，在一个国家中，社会的凝聚力是实现人类合作和维护社会秩序的基本保障。随着组织和集团规模不断扩大，为了在社会中实现更有成效的合作，政府便建立起来。

语言和历史虽可以帮助建构一个民族，但在罗素看来，它们并不是构成民族的核心。种族的感情才是建构“民族—国家”的根本。他说：“民族的定义，不是可以拿语言相近，或历史同源的理由来定的，虽然这些事常常帮助造成一个民族。”“所赖以组织成功一个民族的，是一种感情和一种本能，——即相似的感情，和隶属于同群的本能。这本能就是组织羊群或别种群居的动物的本能发展而来的。和这本能相辅而行的感情，好像是家庭感情的一种较温和而且较为广大的形式。……这种感情，容易使一个民族组织成功一个国家。”这是一种“本能的，并且通

---

① Bertrand Russell, *Authority and the Individual*, London & New York: Routledge, 2010, p. 59. 中译文见〔英〕罗素：《权威与个人》，储智勇译，商务印书馆，2010 年，第 71 页。

② 陈独秀：《答冯菊坡先生的信》，《陈独秀文章选编》(中)，生活·读书·新知三联书店，1984 年，第 83-84 页。

常无意识的，而有共同目的的感情，使民族中各份子皆有生气。当有战事，或有战争的危险底时候，这种感情格外显著。……这种群性的本能，无论他如何发生，却是那所以能组成一个民族的"[1]。这种种族的感情成为支持国家的重要力量，"种族的感情……现在仍然和过去一样的强烈，而且现在成为国家权力的主要支柱。几乎每一个人认为与自己的幸福有重要关系的是感觉到自己为一个人群中之一员，而这个人群由于有共同的友谊与仇敌而有生气，并且团结一致以从事于防卫和进攻"[2]。

种族的感情带来了民族国家的团结，而国家力量的聚集主要产生于两种忧虑："对内有犯罪和无政府的恐惧，对外有侵略的恐惧。"[3]罗素指出，对内来说，国家权力可以保证秩序和防止无政府的、无序的社会状态。"一个文明的社会里，内部的秩序井然，是一个很大的成就，主要是从增长的国家权力产生出来的。"对外方面，当前每个国家都无时不处于外部侵略的威胁之中，而国家唯有"扩大军备"，才能减轻这种威胁。[4]

罗素访华时通过对中国的观察，看到了中国民族凝聚力强的优势，对中国取得政治独立，建立有序强大的政府充满信心。他说："中国人的实力在于四万万人口，在于民族习惯的坚韧不拔，在于强大的消极抵

---

① Bertrand Russell, *Political Ideals*, New York: The Century Company, 1917, pp. 147–150. 中译文见〔英〕罗素：《政治理想》，刘衡如、吴蔚人译，中华书局，1929 年，第 108–111 页。

② Bertrand Russell, *Principles of Social Reconstruction*, London: George Allen & Unwin Ltd., 1920, p. 53. 中译文见〔英〕罗素：《社会改造原理》，张师竹译，上海人民出版社，1959 年，第 28 页。

③ Bertrand Russell, *Principles of Social Reconstruction*, London: George Allen & Unwin Ltd., 1920, p. 54. 中译文见〔英〕罗素：《社会改造原理》，张师竹译，上海人民出版社，1959 年，第 29 页。

④ Bertrand Russell, *Principles of Social Reconstruction*, London: George Allen & Unwin Ltd., 1920, pp. 54–55. 中译文见〔英〕罗素：《社会改造原理》，张师竹译，上海人民出版社，1959 年，第 29 页。

抗力，以及无可比拟的民族凝聚力。”①

3. 爱国主义精神：中国复兴之必需

在罗素看来，爱国主义是带有宗教意味的，是除了种族的感情、恐怖不安情绪以外，是国家内部第三种力量的源泉。爱国主义是一种复杂的情感，混合了直觉与理智的信仰。“由于对家庭、家属及朋友的爱而使我们特别要想保全我们自己的国家，使它不受侵略”，人们在自豪感中产生了自己的国家代表着伟大传统的信仰，而这种信仰“是因教育而得到加强的，特别是关于本国历史和文学的知识”，并产生了一种不惜为了民族利益而乐于牺牲个人生命的宗教精神，而这种精神从本质上增强了国家的力量。②

在罗素眼中，一个充满了爱国主义者的世界可能正是一个到处争斗的世界，因为“一个民族信仰它的爱国主义越深，越会变得发狂似地漠视其他民族所遭受的损害”。这种掺入了民族自豪感的混合物毒化了爱国主义，使其“作为一种宗教比其他以拯救整个人类为目标的信仰，显得低级了”。“把爱国主义作为一种宗教是不能令人满意的，因为它缺乏普遍性。它所注重的利益只不过是自己民族的利益，而不是一切人类的利益。”③

罗素在《中国问题》最后一章“中国的前途”的开篇提出建议：“中国首先应当注重的是爱国主义思想”。他指出，这种思想并不是“盲目地排外，而是秉着开明的态度，向他国学习但又不受其支配”。但

① 〔英〕罗素：《中国问题》，秦悦译，学林出版社，1996年，第165页。

② Bertrand Russell, *Principles of Social Reconstruction*, London: George Allen & Unwin Ltd., 1920, p. 56. 中译文见〔英〕罗素：《社会改造原理》，张师竹译，上海人民出版社，1959年，第30页。

③ Bertrand Russell, *Principles of Social Reconstruction*, London: George Allen & Unwin Ltd., 1920, p. 57. 中译文见〔英〕罗素：《社会改造原理》，张师竹译，上海人民出版社，1959年，第31页。

他也清醒地看到了爱国主义的危害性，“在于当它达到了足以抵御外侮的程度之后，会转而导致侵略外国”。因此，他告诫中国人：“应当大力弘扬爱国主义以保家卫国，而不是入侵异族。有了这个附加条件，我认为爱国主义精神是中国复兴所必不可少的”①。

自始至终，罗素对国家权力都保持着审慎的态度。他认为在当今的世界中，国家拥有过多过强的权力，已经造成了巨大的危害。其主要原因是它把权力当作了主要的目标，力图最大限度地拥有对外力量。其中，最主要的危害是促进了战争的效率，这是当今世界惨遭不幸的主要原因。他在 1920 年出版的《社会改造原理》一书中指出：“国家的本质是镇压内部的暴力和便利对外施用暴力。……国家所以变成罪恶的，是由于它的排外作用，也由于它一走上侵略战争，就成为一个凶手和强盗的集团。”②

1922 年，罗素在《中国问题》一书中给中国提出改革和发展道路建议时，也透露了他对国家拥有过多权力的担忧。他担心未来一旦中国强大后，可能会走上帝国主义的道路。他说：“中国物产丰富，人口众多，完全能一跃而成为仅次于美国的世界强国。值得担心的是，中国在变得富强以保持自身独立的过程中，或许会因其强大而走上帝国主义道路。”③

---

① 〔英〕罗素：《中国问题》，秦悦译，学林出版社，1996 年，第 193 页。

② Bertrand Russell, *Principles of Social Reconstruction*, London: George Allen & Unwin Ltd., 1920, pp. 59-60. 中译文见〔英〕罗素：《社会改造原理》，张师竹译，上海人民出版社，1959 年，第 32 页。

③ 〔英〕罗素：《中国问题》，秦悦译，学林出版社，1996 年，第 193 页。

第三节　罗素给中国政治改革的建议

1920年7月6日，罗素在教育部会场上的临别演讲中为中国指明了改革的道路。尽管在访华九个月期间，他为中国指出了改良经济和教育的不少建议，但他最终认为“宜先事政治的改革”（Political Reform First）。罗素访华时，看到了中国政治的纷乱、无序和无政府状态。他提出，政治问题是解决中国其他问题的首要前提，关系到未来中国的发展。“中国之经济问题不能直接解决。欲解决中国之经济问题必先解中国之政治问题。自非有强固正直之国家与有作为不可以贿诱之行政，中国不能建设何种纯正之社会主义或共产主义。……故中国之政治改革当在发育经济之前。”①

一、建立有序政府，走“开明专制”道路

1922年，罗素在出版的《中国问题》一书的最后一章“中国的前途”中写道：“中国要想政治独立，必须做到以下三点：（1）建立一个有秩序的政府；（2）在中国人支配下发展工业；（3）普及教育。这三点都必须同时着手，但上述排列次序则表明实现这些目标的缓急。”②他指出，国家应在中国工业建设中发挥重大作用，如果无政府状态继

---

① 〔英〕罗素：《罗素之〈中国的往自由之路〉》，傅铜译，见《哲学》第3期，1921年9月，第363-364页。

② 〔英〕罗素：《中国问题》，秦悦译，学林出版社，1996年，第193-194页。

续，那么国家的工业建设则无从谈起；如果没有一个良好的政府，就无法解决教育经费严重不足的问题，更谈不上教育的普及；同时，如果没有一个强大、有威信的政府，中国对外难以抵抗外来侵略，维护国家的独立和主权的完整，对内无法结束军阀割据的混乱状况。[①] 因此，罗素对中国政治改革的建议最重要的是建立一个有序的、稳定的强大政府，从而，对外结束列强的侵略和干涉获得独立，对内结束国家分裂获得统一。

罗素给中国政治改革的建议是实行联邦制，因为中国“各省的划分由来已久，省界分明”，应该赋予各省“很大的自治权力”，“允许各省有更多的自由”，但“海关、军队、外交、铁路则归中央掌握”[②]。罗素也看到了当时中国知识界主张实行联邦自治的思潮：“据我所知，当今中国的有识之士都提倡采用联邦制，中央政府主要管理军队、外交、海关。”但罗素也看到当时中国军阀割据的现实，认为“要化解军阀的势力是一件难事。中央政府没有足够的财力来遣散军队”[③]。他在1938年也坚持认为：“当联邦中各组成单位的地方利益和情感比联邦本身的利益和情感更强烈的时候，联邦制就是值得企求的。”[④]

罗素主张中国实行联邦制，实际上仍源于他反对国家权力过度集中的权力观。他认为：“在权力集中于一个组织——国家的情况下，如要避免产生极端专制的流弊，就必须把那个组织里面的权力广泛地分散开，并使下级组织享有大量的自治权。如果没有民主、没有地方分权、

---

① 〔英〕罗素：《中国问题》，秦悦译，学林出版社，1996年，第194页。

② 〔英〕罗素：《中国问题》，秦悦译，学林出版社，1996年，第54页，第195页。

③ 〔英〕罗素：《中国问题》，秦悦译，学林出版社，1996年，第54页。

④ Bertrand Russell, *Power: A New Social Analysis*, London & New York: Routledge, 2004, p. 230. 中译文见〔英〕罗素：《权力论：新社会分析》，吴友三译，商务印书馆，1991年，第200页。

不取消法外处罚，那么，经济权与政治权的统一只会是一个新的、骇人听闻的暴政工具。”①

罗素认为中国幅员辽阔，“不应该把中国比作是欧洲的一个国家，而应比作为整个欧洲”②，“在幅员广大的现代国家中，即使实行民主政治，普通公民的政治权力感仍然是很微弱的；他对于选举期中各党政策的争端并不加以判断，因为这些争端所涉及的问题，很可能都远离他的日常生活，又几乎完全超出他的经验之外，他的一票对整体作用之小，使他自己觉得是无足轻重的。”③

罗素建议中国在建立了有序的政府后，实行国家社会主义，走“开明专制”的道路。他 1923 年在《工业文明之将来》一书中给出了社会主义的定义，指出国家社会主义并不意味着专制政治和少数独裁，在实行国家社会主义的国家中，政权集中在民主的国家。他写道：社会主义的定义，包含着两部分，一部分是经济的，一部分是政治的，一部分是关于物品的生产和分配，一部分是权力的分配。……在政治方面，社会主义是与专制政治和少数独裁制不相容的，是要求一切健全的公民都有同等的参政权的。……形式不同的社会主义——国家社会主义，基尔特社会主义等，——在这一点上也是无殊的，其不同处是一个政权集中一个则政权分布。”④

---

① Bertrand Russell, *Power: A New Social Analysis*, London & New York: Routledge, 2004, pp. 239-240. 中译文见〔英〕罗素：《权力论：新社会分析》，吴友三译，商务印书馆，1991 年，第 208 页。

② 〔英〕罗素：《中国问题》，秦悦译，学林出版社，1996 年，第 54 页。

③ Bertrand Russell, *Power: A New Social Analysis*, London & New York: Routledge, 2004, pp. 228-229. 中译文见〔英〕罗素：《权力论：新社会分析》，吴友三译，商务印书馆，1991 年，第 199 页。

④ Bertrand Russell (in collaboration with Dora Russell), *The Prospects of Industrial Civilization*, London: George Allen & Unwin Ltd., 1959, pp. 103-104. 中译文见〔英〕罗素：《工业文明之将来》，高佩琅译，上海太平洋书店，1929 年，第 73-74 页。

值得注意的是，罗素给出的中国政治改革的建议与美国政治思想家、哈佛大学教授塞缪尔·P. 亨廷顿的强大政府论不谋而合。亨廷顿基于“后发国家”在现代化过程中的成功与失败的经验，提出强大政府论（或政治秩序论），主张要根除国内政治的动荡和衰朽，第三世界后发展国家必须树立起强大的政府。亨廷顿认为，没有政治秩序，经济和社会的发展便不能成功进行。现代化的不同组成部分必须依次进行。“现代化中的专制体制提供政治秩序、法制，以及成功的经济、社会发展的诸项条件。一旦这些构筑板块到位，现代性的——如民主和公民参与等——其他诸方面，可以添加上去。对于穷国，政治秩序和有力的机构是经济发展的前提。”①

二、弘扬爱国主义，倡导公共服务精神

罗素在临别演讲《中国到自由之路》中特别指出，中国的当务之急在于“发达爱国心”，特别是那些受过教育可以影响公共言论的“少年中国”。他指出，中国帝国几千年来并没有像20世纪初那样遭遇强敌入侵，而出于自卫所必需的爱国心在中国传统的道德中几乎无足轻重，爱国心的位置实为忠君的心理所代替。而民国建立后，忠君心理的根源已经消失，而中国又面临各国列强侵略和瓜分的危机，因此爱国心的发达成为当前的急务。要想获得国家的独立，应该将过去对一家一姓的忠心转移到对国家的忠诚上去。家族意识对于现代社会的需要来说过于狭窄，如果一个民族像中国那样强调家族观念，就不能发展对公共服务的

---

① 弗朗西斯·福山，见〔美〕塞缪尔·P. 亨廷顿：《变化社会中的政治秩序·序言》，上海人民出版社，2008年，第8-9页。

热忱，实现国家的现代化和繁荣也就无从谈起。①

罗素在《中国问题》书中也回应了其在临别演讲的观点，并有新的发挥。他认为儒家倡导的以忠孝为核心的家族意识会妨碍公共精神的发展，阻碍中国实现现代化。他写道："孝道和族权或许是孔子伦理中最大的弱点。"因为"家族意识会削弱人的公共精神，赋予长者过多的权力会导致旧势力的肆虐"。他看到，"当今的中国迫切地需要新眼光、新思维，但儒家的族权观念却处处设障"②。

关于中国的未来，罗素认为中国首先应当注重的是爱国主义思想，"这种思想当然不是像义和团那样盲目地排外，而是秉着开明的态度，向他国学习但不受其支配"。同时，他也提醒中国人爱国主义的危害性："达到了足以抵御外侮的程度后，会转而导致侵略外国。"罗素预见到由于中国物产丰富，人口众多，假以时日完全有可能一跃成为仅次于美国的世界强国，因而担心中国在变得富强并保持自身独立的过程中，或许会因其强大而走上帝国主义的道路。如果在中国弘扬爱国主义来保家卫国而非入侵他国的前提下，爱国主义精神是中国复兴必不可少的。

另外，罗素指出中国实现政治独立并不是最终目的，其最终落脚点是"实现中国的传统美德和西方的技艺结合"③。罗素对中国的独立和统一充满希望。他曾谈到："中国人的实力在于四万万人口，在于民族习惯的坚忍不拔，在于强大的消极抵抗力，以及无可比拟的民族凝聚力。"④

---

① 〔英〕罗素：《罗素之〈中国的往自由之路〉》，傅铜译，见《哲学》第3期，1921年9月，第362页。

② 〔英〕罗素：《中国问题》，秦悦译，学林出版社，1996年，第29-30页。

③ 〔英〕罗素：《中国问题》，秦悦译，学林出版社，1996年，第193页。

④ 〔英〕罗素：《中国问题》，秦悦译，学林出版社，1996年，第165页。

罗素主张唤醒中国国民爱国心的观点甚至被当作名言，被中国南洋兄弟烟草公司巧用在了广告上招揽顾客，应对外国香烟的竞争。在其大爱国香烟的广告中说道："英彦罗素有言，'中国最要紧的需要，就是爱国心的发达'，旨哉斯言，可谓一语破的，良以国人爱国之心愈发达，则提倡国货之志趣愈坚……诸君热心爱国，幸勿忘罗素博士之言也。"①

仍需指出的是，虽然罗素给当时四分五裂的中国的建议是发达爱国心，发展民族主义，建造统一的民族国家从而结束分裂、获得独立和统一。但站在整个人类视角看问题的罗素对民族主义是持批判态度的，认为这种种族的感情自身并不是好的或是可慕的，"因为它缺乏普遍性"，于是人们"爱自己的国家胜于爱其他国家"，世界变成了一个"充满了斗争的世界"②。

三、普及教育，为实行民主政治做准备

罗素通过在华期间对中国的考察，了解到中国由于中央政府财政的困难，没有能力担负庞大的教育经费，无法普及初等教育，因而在中国广大的农村几乎没有什么政治意识。罗素还指出："由于学习汉字要很长时间才能会读会写，所以初等教育不易于普及，成为实行民主的障碍。"③ 他对当时中国如火如荼进行的拼音文字改革运动表示支持，也是从普及教育从而实现民主的目的出发。他指出，中国当时虽然在名义上是共和国，但实际上"仍为寡头政治"，原因在于"没有文化的大众

① 《申报》，1921年8月10日。

② Bertrand Russell, *Principles of Social Reconstruction*, London: George Allen & Unwin Ltd., 1920, p. 57. 中译文见〔英〕罗素：《社会改造原理》，张师竹译，上海人民出版社，1959年，第31页。

③ 〔英〕罗素：《中国问题》，秦悦译，学林出版社，1996年，第25页。

无法拥有任何行之有效的政治见解”。而罗素认为，实行民主要求大多数国民受到更多的教育，“一个国家里如果有许多人不识字，就不可能有现代式的民主。”① 他在《中国问题》一书中展望中国未来时强调：“教育是培养政治意识必需的”，普及教育是中国实行民主的前提，“如果大多数国民不能看书阅报，就无法真正地实行民主”②。在 1938 年出版的《权力论：新社会分析》一书中，罗素认为中国当时没有实行民主政治的条件。他写道：“像在俄国或中国这样的国家中，由于广大群众是文盲而且没有政治经验，所以一个革命的政党在胜利以后就会感到自己处境甚难。采用西方的民主政体是不可能成功的；中国曾经试行，但一开始就失败了。”③

教育是实现民主的必由之路，而罗素眼中的民主是每个公民都在政治上享有基本的权利，而并不局限于政治上的代议制，其含义包括政治、经济、思想文化等多方面的内容。他在《工业文明之将来》一书中写道：“所谓民主政治，不一定就是代议制，即苏维埃制，与民治的精神，也是十分吻合。我所谓民主政治，是一切平民，都平等的有参与根本政权的权利。”④ 另外，罗素主张在民主国家里言论自由。他指出：“和舆论有关的每件事情，比如报纸、书籍和政治宣传，都必须允许真

---

① Bertrand Russell, *Principles of Social Reconstruction*, London: George Allen & Unwin Ltd., 1920, p. 69. 中译文见〔英〕罗素：《社会改造原理》，张师竹译，上海人民出版社，1959 年，第 37 页。

② 〔英〕罗素：《中国问题》，秦悦译，学林出版社，1996 年，第 197 页。

③ Bertrand Russell, *Power: A New Social Analysis*, London & New York: Routledge, 2004, p. 152. 中译文见〔英〕罗素：《权力论：新社会分析》，吴友三译，商务印书馆，1991 年，第 133 页。

④ Bertrand Russell (in collaboration with Dora Russell), *The Prospects of Industrial Civilization*, London: George Allen & Unwin Ltd., 1959, p. 41. 中译文见〔英〕罗素：《工业文明之将来》，高佩琅译，上海太平洋书店，1929 年，第 23 页。

正的竞争，并且要小心防范政府的控制，以及任何其它的垄断形式。”①

罗素的民主政治观与当时五四新文化运动时期来华讲学的杜威对民主的思考也有共同之处。1919年6月，当时正在中国讲学的杜威做了一场演讲，将民主政治划分为政治领域的宪政和代议制，个人方面的自由权利，社会层面的人人平等，以及经济领域的均富济穷。②

在另一处，罗素还给出了民主政府的定义：“假如有百分比相当大的一部分人口分享政治权力，通常就称这个政府是‘民主的’政府……寡头统治的国家随着享有政治权的人口比率的增加，渐次近似于民主国家。”③ 罗素在1938年还谈到了他对俄国实行民主的批评：“马克思指出，经济权保持为君主的或寡头的权力，仅凭政治是不可能实现真正的权力平等的。由此得出：经济权必须由国家掌握，而这个国家又必须是民主的。现今自命为马克思信徒的人，只遵守了他的学说的一半，而把国家应该民主的要求抛弃了。这样，他们就把经济权力和政治权力都集中在寡头政治集团之手，结果，这样的寡头政治集团比从前任何一种寡头政治集团都更有权力、更能施行暴政。”④

关于如何在国家社会主义社会实现民主，罗素更主张权力的下放和分配。“当工业以国有化的形式转归国家所有时，可能仍然存在着像私

---

① Bertrand Russell, *Authority and the Individual*, London & New York: Routledge, 2010, p. 73. 中译文见〔英〕罗素：《权威与个人》，储智勇译，商务印书馆，2010年，第86-87页。

② 〔美〕杜威：《美国之民主的发展》，《每周评论》第26期，1919年6月15日。关于杜威在华演讲的影响，参阅 Barry Keenan, *The Dewey Experiment in China: Educational Reform and Political Power in the Early Republic*, Massachusetts: Harvard University Press, 1977.

③ Bertrand Russell, *Power: A New Social Analysis*, London & New York: Routledge, 2004, pp. 154-155. 中译文见〔英〕罗素：《权力论：新社会分析》，吴友三译，商务印书馆，1991年，第135页。

④ Bertrand Russell, *Power: A New Social Analysis*, London & New York: Routledge, 2004, pp. 233-234. 中译文见〔英〕罗素：《权力论：新社会分析》，吴友三译，商务印书馆，1991年，第203页。

人资本主义时代那样多的不平等，唯一的变化是，权力持有者现在是官员，而不是业主。在任何大型组织中都会存在比普通成员拥有更多权力的行政官员，这无疑不可避免，但人们非常希望的是，权力的这种不平等不应大于它所绝对必要的程度，而尽可能多的主动性也应该分配给所有组织成员。"①

四、对"少年中国"寄予厚望

罗素对"少年中国"寄予了厚望，希望他们关心政治，敢于牺牲，担当国家建设的重任。在《和罗素先生的谈话》一文中，杨端六回忆他与罗素关于"少年中国"与中国政治改革的看法："他说，你们中国人为甚么不把好人派去办政治的事情？你们每年派留学生，卒业的也不知有多少了，究竟都到那处去了？我说，我们不与闻政治，是历史遗传下来的习惯。近来是有人与闻政治，然而因为事体太难，十有八九都失败了，所以后来的都相戒不入政界，都想改入实业与教育两途。他说，这种国民态度，他是不反对的，但是中国要想把政治弄好，还是要许多有用的青年去牺牲，不然，中国政治永久是弄不好的。"②

罗素也意识到中国的传统思想根深蒂固，很难在短时间内将公共精神传布到民间，然而在改革之初，需要有一万刚毅果敢的人，"可以支配政府而不受连带于资本主义的恶害。此万人者须正直，勇敢，聪慧，不诱于贿，不怠于务；对于欧化之善者乐同化之，然不似欧美诸国之机

① Bertrand Russell, *Authority and the Individual*, London & New York: Routledge, 2010, pp. 67-68. 中译文见〔英〕罗素：《权威与个人》，储智勇译，商务印书馆，2010年，第81页。

② 杨端六：《和罗素先生的谈话》，《东方杂志》第17卷第22号，1920年11月25日。

械的奴隶"①。罗素在《中国问题》书中建议，中国的进步人士"组成一个纪律严明的委员会"，他们是"国家利益的保护者"，其职责是"监督执政者"，并"对公共舆论甚至军中人士施加影响"②。

另外，当实行国家社会主义之后，罗素还希望"少年中国"能够走向民主的道路。罗素根据对俄国的观察，提醒"少年中国"在得到权力后还要爱民主和自由。"脱离民主的国家社会主义，其危险性是很大的，这已由苏联国内的事态发展所证实了。"③ 1938 年罗素回忆他在 1920 年曾写下的观点："按照布尔什维克的理论，每一个国家迟早都要走俄国现在所走的道路。在这种情况下的每个国家里，我们可以预料，它们的政府要落入一些残酷的人手里。这些人生来绝不喜爱自由，看不出促使独裁转向自由有什么重要意义。……地位和俄国布尔什维克相同的人……几乎必然都很不愿意放弃自己对权力的垄断并寻找保持权力垄断的各种理由直到发生新的革命来把他们打倒，难道不是这样的吗？"于是他说很难认为教会或政党的统治——也可称为神权政体，是通向民主政治的一个步骤。④

五、中国问题需静待中国人自行解决

就外部条件来讲，罗素主张中国要结束外来的侵略和干涉来获得

① ［英］罗素：《罗素之〈中国的往自由之路〉》，傅铜译，见《哲学》第 3 期，1921 年 9 月，第 363 页。

② ［英］罗素：《中国问题》，秦悦译，学林出版社，1996 年，第 195-196 页。

③ Bertrand Russell, *Power: A New Social Analysis*, London & New York: Routledge, 2004, p. 238. 中译文见［英］罗素：《权力论：新社会分析》，吴友三译，商务印书馆，1991 年，第 207 页。

④ Bertrand Russell, *Power: A New Social Analysis*, London & New York: Routledge, 2004, p. 153. 中译文见［英］罗素：《权力论：新社会分析》，吴友三译，商务印书馆，1991 年，第 133-134 页。

独立。“中国应当建立起一个有序的政府，这是必不可少的，否则任何旨在抵御侵略的政策都只能是空谈。”① 在临别演讲中，他还谈到了在中国实行国际共同管理的问题，认为“中国政府不比其他国家政府差”。他强烈反对前美国驻华公使查尔斯·R. 克莱恩因中国不能保持秩序所提倡的实行国际共同管理，因为这并不能给当时的中国带来丝毫好处。他讲道：“各强国资本家之侵入中国皆以其国之海陆军为后盾；自非中国真能自立力足以御外侮，国际监督断非中国之福也。”② 他还戳穿了西方列强提出“国际共管”背后所隐藏的真实企图：“西方人想管理中国的目的无非是使富人更富有而已，但他们肯定会说这样做的目的在于让中国有个良好的政府。”罗素讽刺西方人的伪道德：“‘良好’这个词解释起来挺困难，而‘良好的政府’解释起来就方便了，所谓‘良好的政府’就是能够让资本家赚大钱的政府。”③

罗素站在中国人的利益角度指出，在中国西方的政治思想扫除了几千年的帝制，但仍然未能有坚定的制度来取而代之，而将中国改造为现代国家是一件很困难的事，他试图说服西方人静待中国人自行解决中国问题。他指出：“中国的混乱局面或许要经过很长的时期才能平息下来，而最终产生一种适宜的制度。”他希望西方列强不要强加干涉，越俎代庖，而应该给中国充分的时间和空间让其自由发展，他相信中国人最终一定会摸索出“一种适合于他们性格的解决办法”，这样的办法会更加长久，因为“只有中国人才最了解中国，我们并不了解”④。反之，“如

① 〔英〕罗素：《中国问题》，秦悦译，学林出版社，1996 年，第 190 页。

② 〔英〕罗素：《罗素之〈中国的往自由之路〉》，傅铜译，见《哲学》第 3 期，1921 年 9 月，第 361-362 页。

③ 〔英〕罗素：《中国问题》，秦悦译，学林出版社，1996 年，第 132-133 页。

④ 〔英〕罗素：《中国问题》，秦悦译，学林出版社，1996 年，第 141-142 页。

果以外力结束这种局面，这就意味着建立一种有利于外国的工商业而不适合中国人需要的制度”。“外部势力在时机尚未成熟的情况下强加给他们必然是不自然的，因而也不会是长久的。”① 另外，他还强调，英、法、美、俄都经历过多年的内乱才建立当前稳定的政治制度，这是向前发展的必经阶段，他呼吁西方列强对中国不要加以干涉。“外来干涉只能严重影响事情的最终解决，而不能缩短这一过程。”

另外，罗素还从西方利益的角度出发，试图说服欧美国家不要干涉中国政治。他指出，中国保持独立统一，有助于形成统一开放的市场，从而有利于欧美等国与其进行商贸往来，这从长远来看，符合西方的经济利益。他写道：“对中国的慷慨的政策，对我们也对中国有利。中国的巨大的有潜力的市场需要有序良好的政府和外国友人的帮助来进行开发。”②

---

① 〔英〕罗素：《中国问题》，秦悦译，学林出版社，1996 年，第 141-142 页。

② Bertrand Russell, A Plea For China, in *The Sun*, Baltimore, 24 Nov. 1921, p. 8.

第七章

中国通往自由之路

——罗素为中国描绘的整体改革发展蓝图

如果说在当时中国的中西文化和社会主义争论中，罗素是一个被动的角色的话，那么在临别演讲时他则是一个主动的角色。1921 年 7 月 6 日，罗素在北京教育部会场所作的题为《中国到自由之路》的告别演说时，集中谈到他给中国知识界的改造中国的纲领性建议，建议可分为政治改革、经济建设、教育发展和文化建设四个方面，他系统地阐述了自己对中国社会改造的主张，并试图澄清在中国引起的争论中被媒体歪曲报道，被人借用误解之处。本章主要通过罗素临别演讲《中国到自由之路》、文章《中国重建》和专著《中国问题》这三个文本，分析罗素在政治改革、经济建设、教育发展和文化建设四方面为中国指明的改革道路。

罗素在华九个月期间，进行了《哲学问题》《心之分析》《物之分析》《社会结构学》《数理逻辑》五个系列的演讲。怀着对西方新知识的强烈渴求，中国的新知识分子热情地参加这些讲座，希望从罗素那里立即获得解决中国所有问题的灵丹妙药。和杜威一样，罗素向他的中国听众指出了科学方法、实验态度和学术自由的重要性，除了在某些个别谈话中，他并没有直接指出解决当时中国所面临危机的办法。

直到1921年7月6日，罗素在北京教育部会场所作题为《中国到自由之路》的告别演说时，才集中谈到他给中国的建议。这篇演讲实际上是罗素改造中国的纲领，其中他给中国人提了十多条建议，包括“西洋文明之失败”“中国宜革旧制”“君主制无恢复之必要”“现代教育之必要”“政治与经济问题乃根本问题”“难避的工业主义”“国际管理的问题”“爱国心急宜启发”“须有有决心之士万人”“宜先事政治的改革”“俄国之法适宜于中国”“国家社会主义为中国之路”“社会主义不可不开‘往自由之路’”“道德的要素与经济的要素同为重要”“宜有热烈的运动”“宜有勇壮的运动且即宜运动”“中国可以恬静为教”。

回到英国后，罗素还在1922年2月的《中国留学生月刊》上发表了《中国重建》(Reconstruction in China) 一文，该文指出，“捍卫国家独立”是现代中国所需要解决任何其他问题的前提。同时指出，中国要获得独立，需要完成四大任务，按其重要顺序依次为：“发展公共道德和能量”“建立良好巩固政府”“发展技术教育和基础教育”“运用中国资本和技能开发中国的工业资源”，重申了他给中国的改革建议。①随后，他在该文中详细阐述了如何完成这四大任务。同年，罗素在出版的《中国问题》一书中更加详尽地论述了他对中国的观察、思考，在最后一章“中国的前途”中给出了解决中国问题建议。四十三年后，罗素在1965年重印该书时仍然坚信：“书中不是谈时事的部分，总的来说仍然是正确的。”②

① Bertrand Russell, Reconstruction in China, in *The Chinese Students Monthly*, Baltimore, Feb. 17, 1922.

② Bertrand Russell, Forward, in *The Problem of China*, London: George Allen & Unwin Ltd., 1966, p. 5.

罗素在《中国到自由之路》《中国重建》和《中国问题》中，实际上给出了改造中国的纲领性建议，为中国指明了改革的道路。从罗素临别演讲中的小标题“政治与经济问题乃根本问题”，“宜先事政治的改革”，我们可以看到罗素对各种中国问题的重视程度。本章首先考察政治改革和经济建设问题，接着讨论教育发展和文化建设问题。

第一节　政治改革纲领：建立稳固强大政府，统一国家

在诸多改革或改良的领域中，罗素认为“宜先事政治的改革”。他在华期间看到了近代中国政治处于极端无序状态，认为，未来中国的发展，解决政治问题是重中之重。罗素对中国政治改革的建议最重要的是建立一个有序的、稳定的强大政府，从而对内可以结束国家内部的分裂和混乱而获得统一，对外能够结束外来的侵略和干涉来获得独立。他在临别演讲中指出政治改革优先的原因：“自非有强固正直之国家与有作为不可以贿诱之行政，中国不能建设何种纯正之社会主义或共产主义。”①

他在《中国重建》一文中也强调，如果没有稳固的政府，其他任何事情都无从着手：“不可能抵抗外国侵略，因为国家毫无政治力量”；“中国企业不可能开发工业资源，因为不可能指望军阀放弃掠夺”；“不可能发展教育，因为没有公共资金投入其中”。因而，罗素得出结论，“良好的

---

① 〔英〕罗素：《罗素之〈中国的往自由之路〉》，傅铜译，见《哲学》第3期，1921年9月，第363页。

政府是绝对重要的，即使是对于那些乍一看远离政治的事务”①。

而罗素主张中国若实行政治改革，应采用联邦制，给予各省更大的自由。罗素也看到了当时中国知识界主张实行联邦自治的思潮，而努力实现联邦制的前提首先是“联合希望结束国家无政府状态的所有力量”，之后在非正式国会中起草一个宪法草案，罗素也希望新宪法的建立能有“相对开明的军阀的支持”，以及“舆论的持续宣传”。他同时也指出，“1912 年中国宪法制定者犯了一个错误，制定和美国宪法相似的宪法将会比共和国建立初期制定的宪法有更大成功的可能性”。他认为，最重要的是该宪法应该得到广大民意的支持，同时它应该是一种自治省的联合②。

回顾历史，实际上，1911 年当孙中山让位给袁世凯时，中国的制宪者宋教仁为了限制袁世凯的权力，仿照法国宪法，制定了责任内阁制，即由内阁中占多数席位的政党担任，此时的总统只是一种象征和代表，并没有实际权力。1913 年来华的古德诺则根据中国国情主张仿照《1787 年美国宪法》制定宪法，而他却被帝制运动派人物所利用，成为袁世凯复辟帝制的工具，在中国历史中背上了骂名。而罗素与古德诺来华时间不同，观察角度不同，但都得出了相同的结论，他们对中国的观察和给中国政治改革的建议值得深思。

罗素在临别演讲《中国到自由之路》中特别指出，中国的当务之急在于“爱国心急宜启发”特别是那些受过教育可以影响公共言论的“少年中国”。另外，他还主张，中国进行政治改革的前提是“须有有决

① Bertrand Russell, Reconstruction in China, in *The Chinese Students Monthly*, Baltimore, Feb. 17, 1922.

② Bertrand Russell, Reconstruction in China, in *The Chinese Students Monthly*, Baltimore, Feb. 17, 1922.

心之士万人”，在中国改革之初，需要有一万刚毅果敢的人，为了共同的理想甘愿牺牲生命。同时，罗素建议“少年中国”应“强烈地热爱中国”，他看到中国被各地众多的军阀控制，而督军们最爱的是金钱。他强调：“唯爱中国人之幸福较诸督军之爱金钱更为热烈更为勇猛，方可战胜诸督军。”① 罗素也承认这是比较高的标准，但是他对“少年中国”充满信心，相信他们可以做到。他认为，“那些接受了现代大学教育的中国人应该给国家的政治领域和行政部门带来更高程度的诚实正直和勤奋不倦的精神”。因为他看到：“只要官员有腐败习气，富裕的列强总能引诱他们出卖国家的利益，与此同时也阻止不了军阀让目前的无政府状态持续下去。”中国的复兴需要这样一群有着公共精神和现代思想的“少年中国”，“他们积极投身于国家政治和行政工作中，充满刚正不阿和开明的精神，干劲十足地工作。而归国留学生应构成这一团体的核心”②。

第二节　经济建设纲领：实行“国家社会主义”，发达实业

关于中国经济道路的选择，罗素在临别演讲中指出，“俄国之法适宜于中国”，“国家社会主义为中国之出路”。他认为，中国和俄国相似，经济上落后但文化上不落后，故俄国的方法适于中国，应采用“国家社会主义”这一经济模式。当时中国的多数国民不能读写，也没有相

---

① 〔英〕罗素：《罗素之〈中国的往自由之路〉》，傅铜译，见《哲学》第 3 期，1921 年 9 月，第 362-363 页，第 367 页。

② Bertrand Russell, Reconstruction in China, in *The Chinese Students Monthly*, Baltimore, Feb. 17, 1922.

当的政治知识。罗素认为要在短时间内提高国民智识，发达实业而不染资本主义的色彩，只有采用俄国的道路。

在临别演讲中，罗素还强调，“社会主义不可不开‘往自由之路’”。他认为，俄国无产阶级专政和“国家社会主义”只是一个过渡阶段，是快速普及教育发达实业的手段，其最终目的是让中国走向民主和自由。“国家社会主义之制度若不以官僚之虐政为归宿，则当局者即宜爱民主，爱自由，俟人民有相当之教育程度时即竭力以谋民主与自由之实现。”他指出俄国共产党应该受到批评之处是，在他们获得所有的权力后并没有致力于为国民谋求更大的个人自由，也并没有广泛地分配权力。①

罗素在华期间，通过自己的实地考察，加深了对中国工业的了解和认识，并最终给出中国经济发展的建议：中国应当大力发展与独立生存密切相关的铁路、矿产业、钢铁等工业部门。另外，中国应修建更多的铁路，并收归国有。

在《中国重建》一文中，他指出，“要保存国家独立，国家工业资源是关键，特别是铁路和矿产”。中国矿产资源丰富，外国实业家希望开采。“只要铁路和矿山控制在外国人手中，中国就没有法律保护措施来确保其获得真正的自由。”罗素指出，不去开采这些资源是不可能，唯一的选择是中国人自己开采，还是让给外国人。他强烈期望中国人自己开采，因为热爱中国文明的罗素希望保存中国的文明。他认为，如果西方控制中国的经济，中国文明早晚会被西方文明所取代。实业主义的发展必然会改变中国的文明，但罗素希望“中国的改革是在中国过去历

① 〔英〕罗素：《罗素之〈中国的往自由之路〉》，傅铜译，见《哲学》第3期，1921年9月，第366页。

史基础上的进步和发展，而不仅仅是西方思想和实践的替代品"，他所期待看到的是："中国明智审慎地吸收西方知识，迈进一个伟大的阶段，并找到解决众多问题的办法。"①

罗素也看到，中国有着极为丰富的资源，有充足的劳动力，也有广大的市场，这对于实业建设是非常有利的，但中国缺少的是资金、机器、技术和人才。为此，罗素主张，为了迅速发展中国的工业，必须充分利用外国的资金和技术，聘请外国专门人才。据罗素 1920 年 10 月在上海中国公学演讲时任其译员的杨端六回忆，罗素谈道："如果中国要发达实业，与其输入外国资本，不如输入外国劳力。因为中国目前的困难，是没有熟练的劳工，如果有，那事情就容易办了。"②

虽然当时中国还是前工业化国家，但罗素对中国的工业发展充满信心，他认为，"在未来的几十年里，中国的工业将会有迅速的发展"③。

另外，罗素在主张中国实行"国家社会主义"的同时，还指出"道德的要素与经济的要素同为重要"。对于罗素来说，"国家社会主义"并非目的和理想社会的模式，而只是"中国通往自由之路"。一方面，他主张中国选择苏俄式国家社会主义发展集权经济，从而发达工业而避免资本主义的弊端；另一方面，他又担忧苏俄式国家社会主义制度会导致专制独裁，而主张以民主政治来规约国家社会主义。因此，他希望中国经济革命的起义人物"须具有最高的道德"，在取得胜利获得权力和财富后，"然若遇有机会可以建设较为民主的制度，则即应弃其财产，废其势力焉"。罗素期待中国走一条避免苏俄式集权制度之通往民

① Bertrand Russell, Reconstruction in China, in *The Chinese Students Monthly*, Baltimore, Feb. 17, 1922.

② 杨端六：《和罗素先生的谈话》，《东方杂志》第 17 卷第 22 号，1920 年 11 月 25 日。

③ 〔英〕罗素：《中国问题》，秦悦译，学林出版社，1996 年，第 180 页。

主自由的“国家社会主义”道路。罗素在来华前访俄期间，看到布尔什维克取得胜利后不愿意放弃权力实现民主制度，对此很失望。随后通过在华期间的观察，认为中国人“爱财货更甚于其爱势力”，所以提醒中国经济改革者“中国如愿发达实业而不采用资本制度，非与此爱财心大战大可”，而“少年中国”似乎让他对中国充满希望。①

第三节　教育发展纲领：普及教育

罗素在临别演讲中给中国教育发展提出的建议是“近世的教育之必要”。他认为中国现在所需的教育，应是“普及的教育”，读书不应该仅仅是少数人的特权；应是“近世的教育”，不应该只读古人的书及其注解；应是“科学的教育”，不仅仅是理论的科学，而应该是和现代工业和经济有密切联系的科学。罗素访华期间也看到，“中国经济不足，人民中能受义务教育者，不过百分之五”②。目前中国大多数人未受教育，这样下去，“则永不能产生工业的国家，永不能制止无情的冒险家的野心也”③。

罗素认为，发展教育对一个国家长期的进步至关重要。他指出：“中国稳定所需的民主和工业主义这两样东西，都需要通过发展教育来

① 〔英〕罗素：《罗素之〈中国的往自由之路〉》，傅铜译，见《哲学》第3期，1921年9月，第366-367页。

② Bertrand Russell, *Education and the Social Order*, London & New York: Routledge, 2010, p. 143. 中译文见〔英〕罗素：《教育与群治》，赵演译，商务印书馆，1935年，第193-194页。

③ 〔英〕罗素：《罗素之〈中国的往自由之路〉》，傅铜译，见《哲学》第3期，1921年9月，第360页。

实现”，“需要民主，一方面因为民主本身是好的，另一方面也是避免那些充满无知偏见的独裁者实施专政的唯一途径”。而“需要工业主义，并不是因为它本身是好东西，而是因为它是保存国家独立所绝不可少的”。

而在中国人自己开发工业之前，必须有技术上受过培训的专家和技术熟练工人作为前提和基础。罗素认为中国留学生去欧美国家留学应学习西方工业实用的知识，来发展中国的实业，而不是抽象的政治或经济理论。他在《中国重建》一文中谈道，很多中国留学生学习经济学，但几乎没有人去学习大型工业企业是如何运作和管理的，虽然这些知识对中国来说更为重要。①

同时，他认为中国从外国请来的老师也存在同样的问题，他甚至还以自己为例说明：“当我在北京讲授哲学时，我非常痛苦地意识到我能传授的知识，远没有那些采矿工程师，或是熟知钢铁工业的专家传授的知识更有价值。”他建议中国应该引入这样的专家，将其知识传授给那些可以付诸实践的人们。② 他建议：“中国人应当大力培植技术专家和熟练工人……可以引进一些外国的熟练工人（例如德国工人）。让他们指导中国想发展的新兴工业而需的工人。”③

另外，罗素指出，中国如果希望像西方那样建立民主制度，则普及初等教育必不可少。根据他来华对中国教育状况的考察，指出当前中国

① Bertrand Russell, Reconstruction in China, in *The Chinese Students Monthly*, Baltimore, Feb. 17, 1922.

② Bertrand Russell, Reconstruction in China, in *The Chinese Students Monthly*, Baltimore, Feb. 17, 1922.

③ 〔英〕罗素：《中国问题》，秦悦译，学林出版社，1996 年，第 197 页。

教育发展受到两个困难的制约：一是缺乏财政支持，二是师资不足。① 罗素认为，资金缺乏的问题可以在建立稳定的政府后得以解决，中国已经有师范学校，但需培养更多的师资来满足每个乡村的需要。但很可能也只有国家建立宪政后才能在全国范围内大规模增加师范学校，满足师资需求。总之，中国教育的普及，罗素寄希望于有序的、稳定的政府的建立，"一旦巩固的政权建立，教育普及的计划就可以实行了"②。

第四节　文化建设纲领：融合中西，文化独立

罗素在临别演讲的开篇即指出："（一）中国不应完全采用欧洲文明。（二）中国之旧文明不足以应现在之需要，非有新文明产生不可。"随后指出"西洋文明之失败"，欧洲文化的缺陷在大战中已明白地显示出来，欧洲文明的基础是资本主义的工业主义，这种制度"初虽能助长工艺的与物质的进步，然渐渐惹起破坏的战争。初为市场之战，继为原料之战"③。他认为西方机械文明不重视个人的地位和特性，不值得中国人模仿。

在罗素眼中，中国是一个"艺术家组成的民族"④。他最喜欢中国人的地方是他们的文雅、谦让、正直、和气等特性，以及对美的欣赏和

---

① Bertrand Russell, Reconstruction in China, in *The Chinese Students Monthly*, Baltimore, Feb. 17, 1922.

② 〔英〕罗素：《中国问题》，秦悦译，学林出版社，1996 年，第 171-172 页。

③ 〔英〕罗素：《罗素之〈中国的往自由之路〉》，傅铜译，见《哲学》第 3 期，1921 年 9 月，第 357-358 页。

④ 〔英〕罗素：《罗素自传》（第 2 卷），陈启伟译，商务印书馆，2003 年，第 207 页。

敏锐感受。罗素认为老庄哲学也深深地影响了中国人热爱和平、自由和正义的性格。然而，罗素并不是中国文化的盲目崇拜者。他承认中国传统文化已经衰败，不能泥古，因此在临别演讲中提出“中国宜革旧制”。在《中国问题》一书中他也谈道，一些儒家思想现已成为中国文化发展的障碍，在中国文化，特别是儒家思想中还缺乏一种公共精神，因为儒家思想过分强调孝道和族权，“中国传统文明变得不再进步，不可能在艺术和文学上产生多大价值。我想，这不是由于人种的退步，而是由于缺乏新的素材。西方知识的输入正好提供了它需要的刺激”①。

罗素在《中国重建》一文中再次强调了他的主张。他假设自己是中国人，提出两大目标：一方面，从保守的角度来讲，希望“中国能够保存其传统文明中某些精髓，这是西方所欠缺的”。中国寻求独立要取得成功，必须致力于发展和繁荣自己的文化，而不应该为了当前发展的需求而抛弃其传统文化中有价值的部分，因为文化独立在某种程度上也同样重要。另一方面，从进步的角度来说，西方文明的长处主要在于“科学的方法”，他希望“中国能尽可能多地学习并吸收西方的知识和技能”。他认为调和这两大目标虽有困难，但也并非不可能实现，“尽可能让这两大目标取得一致是我谈论中国问题的目的”②。

罗素在临别演讲的最后谈到“中国可以恬静为教”。他指出，西方过于重视实业和经济方面的生活，并把它们当作生活的目的，其实，它们并不是目的，而仅仅是达到美好生活的手段。在他眼中理想的社会里，实业是人类的侍从，而不是人类的主人；社会物质上充裕，人人闲

---

① 〔英〕罗素：《中国问题》，秦悦译，学林出版社，1996年，第153页。

② Bertrand Russell, Reconstruction in China, in *The Chinese Students Monthly*, Baltimore, Feb. 17, 1922.

适惬意；经济的目的不是主要的，闲暇时间可以用在艺术、科学和友谊上，而不是牺牲闲暇时间生产过量的商品。要实现这一理想，“需要中国人的很多性格特质，特别是在艺术感受力和享受文明的涵容力方面”。这些特质使“吾人可望其于将来为一世之指导与碌碌不息之西人以内部之恬静（无此则吾人将灭于颠）。如是则不但中国人世界将因中国之力而再生矣”①。

在《中国问题》一书关于对中国未来的展望部分，罗素认为中国文明与西方文明各有优劣，互相取长补短对双方都有裨益。西方文明要借鉴东方智慧才能免于毁灭的命运，他尤其寄希望于中国能够实现中西文明长处的结合，鼓励中国人要敢于创造一种新的文明。

---

① 〔英〕罗素：《罗素之〈中国的往自由之路〉》，傅铜译，见《哲学》第3期，1921年9月，第368页。

第八章
绕梁余音
——罗素与中国知识界的互动和相互影响

1921年夏，罗素与比他早一年来华的杜威相继离华。曾报道并翻译杜威和罗素演讲的新潮社成员孙伏园撰文感慨道：“杜威到底在今天的中国‘留下’了多少东西？杜威在中国待了两年，在我们的社会中产生了广泛的影响性，所以他可以说并没有完全‘离开’我们。罗素来华几个月，因病回去了。我们抱着万分痛心，感谢他们都尚不厌弃像我们这样的野蛮民族，希望我们自己下次不要这样接待他们了。”①

一方面，孙伏园使用“像我们这样的野蛮民族”的词句，称自己是所谓“未开化世界”的一部分，这几乎是对自我彻底否定和蔑视，这也表明了五四新青年被当时崇西贬中之风影响得有多么厉害，他的话语里充满了对西方学者顶礼膜拜奉为圣人的意味。另一方面，我们可以看到在以孙伏园为代表的五四青年中，似乎更倾向于杜威在两年多的时间里对中国产生了广泛的影响，而罗素来华本身就只有短暂的九个月时间，又生病住院休息了几个月，对中国的影响甚小。事实上果真如此吗？

① 孙伏园：《杜威先生今天回去了》，《晨报》，1921年7月11日。

如果我们把视野放得更远一些，就会发现在20世纪20年代中国知识界发起的“好人政府”运动、陈独秀主张的“开明专制”，似乎吸纳了罗素改造中国的思想因素，与他给中国的改革和发展建议存在着某些深刻的联系。另外，他的临别演讲中为中国走向“自由之路”提出的在政治改革、经济建设、文化建设和教育发展等领域的改革建议和国家现代化蓝图，在今天看起来仍然有重要的借鉴价值和意义。

罗素在华九个月的时间到底与中国知识思想界有哪些互动和相互影响？本章第一节主要涉及当时罗素访华对中国知识界的影响，通过罗素访华的案例反思对待西方文化和西方学者应有的态度。第二节重点考察罗素思想在20世纪20—30年代中国知识界的回音。30年代，随着民族危机的日益深重，在迫在眉睫的民族危亡前，这些自由知识分子考虑问题以民族国家为出发点，实现民族主义，增强民族凝聚力，解决国难危机成为最高目标，而他们的思想也逐渐向十多年前罗素访华时的思想靠拢了。

第一节　罗素访华对中国知识界的影响

1921年夏，罗素与杜威都离开了中国，在7月10日的《东方杂志》上，杨端六发表《罗素先生去华感言》一文，胡适则撰文《杜威先生与中国》，两人对中国知识界邀请的两位学者的中国之行进行了总结。胡适断言自从中西文化接触以来，“没有一个外国学者在中国思想界的影响有杜威先生这样大的”，甚至认为在将来几十年中，未必有个别西洋学者能超过其在中国的影响。[①]

罗素1920年10月在上海、长沙等地演讲期间，杨端六曾担任他的陪同和翻译，在这一个月期间，与罗素有较多的学术和个人接触。在《罗素先生去华感言》一文中，杨端六首先指出罗素的临别演讲是“救时之良药”，并总结了罗素在华期间及在临别演讲中给中国的建议，比如“以少数彻底之人秉强固不拔之精神去改造政府”，主张“以俄国式的方法对付现在之问题”，“基尔特社会主义罗素先生只为英国说法而不为中国立词”等。杨端六认为将罗素比之中国的孔子亦不为过。他说：“予最慕罗素先生之学说，能切中时弊以立言，不似他人专骛高谈阔论，然又能瞻前顾后，不忘将来之改进方法。”他指出：“罗素先生挟研究中国社会情状之目的而来，若能假以时日，必有宏言伟论饷我国民。”[②]

另外，杨端六认为，邀请外国学者讲学是重要的文化传播方法，并对此次中国知识界邀请罗素、杜威来华讲学的动机深表同情，然而，他指出其方法“未免太不讲究”，今日中国的通病是不切实，“无论何事仅图敷衍表面上之光彩，而不问其内容若何”[③]，讲演就是一例。

罗素来华的第一站在上海，当时被中国知识界寄予热切的期待，广受关注。杨端六当时已从这种状况中发现了中国对罗素过高的期待，新知识分子对外国学说的盲目崇拜，预感到了“罗素风波”的兆头。于是发表《敬告欢迎罗素先生者》一文，指出中国邀请罗素来华讲学应专注学问本身，而不是把外国学者当作文化象征资本，借其言论支撑门面，他指出：“请外国学者来华讲演，是讨论学问的，不是替我们撑支门面

---

① 胡适：《杜威先生与中国》，《东方杂志》第18卷第13号，1921年7月10日。

② 杨端六：《罗素先生去华感言》，《东方杂志》第18卷第13号，1921年7月10日。

③ 杨端六：《罗素先生去华感言》，《东方杂志》第18卷第13号，1921年7月10日。

的；是替我们社会国家增进幸福的，不是讲甚么国民外交的。”杨端六看到中国知识界对罗素的热望，希望他给中国社会改造的方方面面都给出建议，于是提醒：“我们请外国学者来中国，要察谅他长于那一门，就请他讲那一门，不要把他当一个神人，无论甚么题目都要出给他做。”①

在陪同罗素长沙演讲后，杨端六发表《和罗素先生的谈话》一文提醒：罗素是学者，而不是政客，因此“他喜欢清静，不喜欢热闹，喜欢研究，不喜欢应酬，喜欢著述，不喜欢吹嘘”。但自从他来华后，多数时间都用作应酬，剩下没有多少机会和时间去研究。如果这样的话，罗素中国之行的意义不大，“既与中国无益，也与他个人无益”。然而，罗素在访华期间，中国知识界给他更多的却是欢迎、恭维、讲演和宴请；在当时中国内忧外患的情况下，中国知识分子更多的是想要他提供中国社会改造的纲领和蓝图，而不是同他探讨抽象的技术哲学。

杨端六对罗素的评价是“模范的英国学者”。他在《和罗素先生的谈话》一文中分别从实用、自由和调和这三个角度谈及他对罗素的整体印象。从实用方面来看，他认为罗素的观点总是考虑到现实情况，结合他“所在的地方”和“所遇到的时候”谈论问题；从自由的角度来看，杨氏通过阅读罗素的著作，感受到“他讲教育，讲哲学，讲社会原理，无处不以启发人类的自由思想为职务”；从调和方面来看，他认为罗素具有英国人调和的特性。②

罗素来华讲学时，虽然听众怀着极大的政治热情参与，但是当时很明显的事实是，中国只有极少数人在西方逻辑和认知科学里有足够的训

---

① 杨端六：《敬告欢迎罗素先生者》，《长沙大公报》1920 年 10 月 22 日，该文转载自《时事新报》。

② 杨端六：《和罗素先生的谈话》，《东方杂志》第 17 卷第 22 号，1920 年 11 月 25 日。

练，从而能与罗素产生有价值的学术回应。杨端六在《罗素先生去华感言》一文中指出："盖吾人既号召于世界，谓吾人有向学之热忱，故请世界第一流学者来华。动机既不同于寻常，希望自当别有所在。然考其成绩，不免令人失望。杜威罗素原为世界有名之学者，诚具有讲者之资格，惟听者之资格常不充足。两先生到处备受欢迎，不足为吾人热心向学之表示。必于礼貌上之周旋以外，实际为学问上之周旋，方不负吾人讲学之初衷。"①

当时中国在科学教育方面的实际状况是："直到 1902 年，根据西方学科制定的课程表在官办的普通学校中才最后得到批准。即使那个时候，当一代经过训练的中国教授用自己的语言教授科学学科时，也只有为数极少的人可以出国接受某一科学学科的高级训练。"②

罗素离华后，中国知识界还对其在中国影响力的大小发生过争论。北京的一份英文报纸《北京导报》在 1921 年 8 月 4 日发表的一篇社论指出，罗素访华并未对中国产生深远影响。丁文江在社论发表的翌日给《北京导报》致信，要求编辑部撤回评论。他指出，罗素在哲学和社会思想方面都必将对中国造成深远的影响③。赵元任也致信编辑部，以随行翻译的身份证明，中国学生怀着极高的热情倾听罗素演讲、讨论罗素思想，甚至梁启超那样的学界精英也与罗素交谈而深受教益和启发。

张东荪之前是受罗素《自由之路》一书的影响而成为基尔特社会主义的信徒，罗素来华后曾主张中国的当务之急是发展实业与教育，张东

---

① 杨端六：《罗素先生去华感言》，《东方杂志》第 18 卷第 13 号，1921 年 7 月 10 日。

② 〔美〕费侠莉：《丁文江：科学与中国新文化》，丁子霖、蒋毅坚、杨昭译，新星出版社，2006 年，第 10 页。

③ 丁文江：《丁文江致〈北京导报〉编辑部》，1921 年 8 月 5 日，原件存罗素档案馆，见丁子江：《罗素与中华文化——东西方思想的一场直接对话》，北京大学出版社，2015 年，第 85 页。

荪更觉得罗素和他站在同一思想阵营，他撰文写道："罗素先生的人格，我觉得真可佩服到百二十分了。"① 然而，张东荪万万没有料到的是，罗素在临别演讲中竟然主张中国仿照俄国走"国家社会主义"的道路。此时他对罗素的思想变化深表失望和不满。罗素离华二十天后，张东荪撰文《后言》，对罗素申诉"几句不满的话"。他认为罗素的临别赠言与其以前言论多有自相矛盾之处，因而其中关于中国改造的主张不足为训。他写道："罗素先生的这一篇中国往自由之路上有许多地方和他向来的主张相矛盾。如他在北京大学讲演社会主义末段说中国最好采用基尔特社会主义，而在中国往自由之路上却说非采用劳农专政不可。"张东荪在文中还奚落道："罗素先生自己的思想还未确定，如何能指导我们呢？"甚至说他"梦话"，认为罗素"对于中国情形毫无所得"②。

当时傅铜即针对张东荪对罗素的指责一一反驳。他在《哲学》杂志还专门为此办了一个题为"关于罗素之'中国的往自由之路'之讨论"的专栏，刊登他和张东荪的论辩，同时还登载了罗素《中国到自由之路》的英文原稿和傅铜的翻译稿。傅铜反驳张东荪，"基尔特社会主义者适用于工业既发达之国，而不适用于工业未发达之国。罗素之主张此主义乃为欧美各国说法。罗素自莅华以来即持此说，'罗素学说研究会'中又屡次讨论此问题，其说并未少变。在北京大学谓中国最好采用基尔特社会主义之说殆传闻之误耳"③。罗素的临别演讲实际上支持了中国马克思主义者的社会改造方案，所以，杨端六也在《罗素先生去华感言》中说罗素的基尔特社会主义"只为英国说法而不为中国立词"④。

---

① 张东荪：《大家须切记罗素先生给我们的忠告》，《新青年》第8卷第4期。

② 张东荪：《后言》，《时事新报》1921年7月31日。

③ 傅铜：《致张东荪先生书》，《哲学》第3期，1921年9月。

④ 杨端六：《罗素先生去华感言》，《东方杂志》第18卷第13号，1921年7月10日。

实际上，罗素访华期间，伴随着他对中国现状的观察、与知识界的交流和思考的深入，他自身的思想也是不断变化和发展的，前后发表的言论根据不同的讲演主题可能侧重点不同，未必真有矛盾。

成舍我曾这样总结罗素来华对中国的影响："罗素在中国之时日虽短，而其所以遗中国之影响，则诚非浅鲜。约而言之，可得数端：（一）使中国因此而知西方之物质文明，并不足羡，人类于物质生活以外，尚有其他高尚之艺术生活在；（二）研究哲学，当先以自然科学为根据，纯凭玄想，不足以探寻真理；（三）旧道德、旧信仰，均已破产，无论何国，莫不如是，中国人不当误信西人之道德、信仰，尚能存在，当自觅方法，建设新道德、新信仰；（四）探寻宇宙之真理、增进人群之福利，此种责任，当各自努力，不当专恃他人。"①

蔡元培也认为罗素对中国的影响偏重于社会理想方面，他评价道："罗素的数学与哲学，我国人能了解而且有兴会的，很不多。他那关于改造社会的理想，很有点影响。他所说的人应当裁制他占有的冲动，发展他创造的冲动。同称引老子的'生而不有，为而不恃，长而不宰'主义，很引起一种高尚的观念，可与克鲁巴金的'互助'主义，有同等价值。"② 曾担任罗素在华期间的翻译赵元任指出，罗素来华讲学"使当前和未来的中国领袖们了解到合理的思维方式"。③ 学者周策纵在《五四运动史》一书里做出评价："'五四事件'随后两年之中，中国知识分子对政治经济制度，及对文明上看法起了冲突，他们受杜威和罗素的

---

① 成平：《罗素、勃拉克讲演合刊・编者弁言》，第1页。

② 蔡元培：《五十年来中国之哲学》，原载《最近之五十年》，申报馆1923年。转自高平叔编：《蔡元培全集》（第4卷），中华书局，1984年，第365页。

③ 赵元任致《北京导报》编辑部，1921年8月7日。

影响至巨。”①

冯友兰在《中国哲学简史》中指出，杜威和罗素在中国所演讲的内容主要是他们自己的哲学。他认为：“因只有西方哲学史的有限知识，大多数听众并没有明白他们理论的意义。……于是，这两位哲学家，虽为很多人所接受，但仅有少数能够理解。”但冯氏依然强调，他们二人的访华，“还是为当时大多数学生开拓了新智力的天际。对此，他们的逗留具有卓越的文化与教育价值”②。

值得指出的是，罗素访华是中西文化交流史上的重大事件，罗素与中国两者之间的作用是双向的，中国之行对其本人的影响也是深远的。他很欣赏中国古代典籍所倡导的一些人生理想，很欣赏现实中一些中国人的恬静生活和恬静心境。他在多年后回忆中国之行时说道：“中国教给我一件东西，那些深切地研究过东方的欧洲人都会得到与我一样的收获，那就是：以长时段来思考问题，而不是因为眼前的癫狂世事感到绝望。”③。

第二节　罗素思想在20世纪20—30年代中国知识界的回音

在1921年7月6日教育部会场上的临别演讲中，罗素特别强调知识分子的实干精神，他提出中国改革要有“一打好人”，要有“决心之士

---

① Tse-tung Chou, *The May Fourth Movement: Intellectual Revolution in Modern China*, Massachusetts: Harvard University Press, 1980, p. 239. 中译文见〔美〕周策纵：《五四运动史》，陈永明等译，岳麓书社，1999年，第345页。

② 冯友兰：《中国哲学简史》，北京大学出版社，1985年，第329页。

③ Bertrand Russell, My Mental Development, in *The Basic Writings of Bertrand Russell*, Robert E. Egner & Lester E. Denonn eds., London & New York: Routledge, 2009, p. 20.

万人”，以唤醒中国新知识分子的精英意识和行动主义精神。此后不久，许多知识分子便开始了将自己的中国社会改造思想付诸实践的行动，如丁文江等人在20年代初发起的“好人政府”运动，无疑带有罗素主张的痕迹。

罗素关于中国政治改革的观点也对陈独秀等社会主义者产生了巨大影响。在中国20年代关于“联省自治”的讨论中，陈独秀持反对意见，认为“联省自治”是替武人割据加一层宪法保障，而军阀割据是中国政治的乱源。他主张在中国实行“开明专制”，组织强大的政党，对内倾覆封建军阀，建设全国统一政府，对外反帝，使中国成为真正的独立国家。1921年7月1日，中国共产党创立。陈独秀同日发表了一篇题为《政治改造与政党改造》的言论，罗素在临别演讲中“一万彻底好人”和走苏俄共产党专政的主张，被陈独秀直接引用作为中国政党改造的方向。后来陈独秀也谈到，中国政治改革，决非几年之后就能形成西方的民主，“要到这个程度，最好经过俄国共产党专政的阶级”①。

另外，当年激进的新文化运动派知识分子，他们在20—30年代对自己在新文化运动时期的思想和行为都进行了不同程度的反思，在语言、文化、历史等领域都有所转变，开始从当年主张的“打倒孔家店”逐步回归传统，“民族国家主义”已经代替了当年所倡导的“世界主义”。

一、“好人政府”的发起和破产

1921年7月罗素离华后不久，胡适写了首题为《一个哲学家》的白话诗，在诗中讽刺罗素“一两打好人即可救中国”的主张是不切实际

① 陈独秀：《政治改造与政党改造》，见《独秀文存》，安徽人民出版社，1987年，第622页。

的“迷梦”。然而，时隔一个月后，他 8 月 5 日在安徽安庆“高等同学会”上发表题为《好政府主义》的演说时，似乎又认同了罗素的主张。他在演讲中提出社会上的好人应站出来监督和改造不良政府，努力建设一个好政府。他指出：“好政府主义是一种有政府主义，是反对无政府主义的。”讲演强调实行“好政府主义”必须要有三个条件：“一要有一个简单明白、人人都可懂得的公共目标——好政府。二要一班‘好人’都结合起来，为这个目标作积极的奋斗。好人不出头，坏人背了世界走！三要人人都觉悟，政府不良，什么事都不能做：教育也办不成，实业也办不成，甚至于小生意都做不成。”他在当天的日记中写道：“这是我第一次公开的谈政治。”①

1922 年 5 月，胡适在《我们的政治主张》一文提出了“好政府主义”的政治主张，并邀请学者名流共同签名发表，发表于 5 月 14 日《努力周报》第 2 期上。此次签名的包括胡适共有十六人，他们大多是北京大学教授，包括蔡元培、王宠惠、罗文干、汤尔和、陶行知、梁漱溟、李大钊、丁文江和胡适，另外七位北京几所大学校长在一周内也签了名。② 这篇宣言实际上敦促中国优秀的知识分子参与实际政治，呼吁把建立有学识、有正义感、不追求私利的“好政府”作为“现在改革中国政治的最低限度的要求”③。

胡适还指出，这个政府应该是“宪政的”“公开的”和“有计划

① 胡适：《胡适的日记》（上），中华书局，1985 年，第 173-175 页。

② 《我们的政治主张》，见《努力周报》第 2 期，1922 年 5 月 14 日；第 3 号刊登了另外七位学术界知名人士的名字：李建勋（北京高等师范学校校长）、毛邦伟（北京女子高等师范学校校长）、王家驹和俞同奎（同为北京法律学校校长）、周颂声（北京医药学校校长）、吴宗植（北京农学院院长）与叶倩（北京艺术学校校长）。

③ 《我们的政治主张》，见《努力周报》第 2 期，1922 年 5 月 14 日。

的”，其中首要的任务是解决南北分裂问题，号召南北协商召集 1917 年解散的国会，协商裁兵的办法，敦促北京政府精简官吏，恢复通过考试任命官员，改革选举制度，采用直接选举制，主张公开的、平衡收支的财政预算。①

“好政府”怎样才能实现呢？宣言呼吁，当今政治改革首先在于“好人需要有奋斗精神。凡是社会上的优秀分子，应该为自卫计，为社会国家计，出来和恶势力奋斗。……做好人是不够的，须要做奋斗的好人”②。值得注意的是，罗素在临别演讲中也倡导中国“须有有决心之士万人”，这一万志士应该“正直，勇敢，聪慧，不诱于贿，不怠于务”③。胡适提出的“好人”须有奋斗精神，积极参与实际政治改革，似乎就是罗素临别演讲中“一万好人”建议的翻版，然而他并没有把“好政府主义”的主张归于罗素，而说是由于丁文江的督促。

然而，在罗素心中，胡适、丁文江等留学归来的知识分子既是智力超群的知识领袖，又具有实干的政治领袖的才能，属于改造中国社会的“一打好人”。罗素在《中国问题》一书中特别指出，留学生团体将在中国未来发展进程中发挥重要作用，而胡适在罗素心中完全是五四思想界的领军人物。罗素称赞道：“他学问精深，长于文学艺术，性格活跃，积极致力于改革。他所写的白话文激励了不少进步的中国人，他主张吸收西学之所长又不沦为西方文化的奴隶。”④

罗素对丁文江也评价颇高，据傅斯年回忆，罗素称丁文江是“最有

---

① 《我们的政治主张》，见《努力周报》第 2 期，1922 年 5 月 14 日。

② 《我们的政治主张》，见《努力周报》第 2 期，1922 年 5 月 14 日。

③ 〔英〕罗素：《罗素之〈中国的往自由之路〉》，傅铜译，见《哲学》第 3 期，1921 年 9 月，第 362-363 页。

④ 〔英〕罗素：《中国问题》，秦悦译，学林出版社，1996 年，第 199 页。

能力的中国人"[1]。丁文江听了罗素演讲后，似乎得到了参与政治的鼓励和启发，他在1921年后，经常谈论"少数人的责任"，倡导知识精英面向大众，勇于承担改良社会的责任。他责备胡适在腐败政治底下，从事文学革命、思想革命，只是一个妄想，告诫青年"不要上胡适之的当，说改良社会要从思想文艺下手!"[2] 也就是在这一年，丁文江辞去地质调查所所长职务，担任北票煤矿总经理。丁文江辞官从商，也正是他积极投身政治活动的开始。他在1923年3月4日为《努力周报》写的一篇《一个外国朋友对于一个留学生的忠告》文章中，通过对话的形式以一个"中国留学生"之口，回顾了把他推向承担"少数人的责任"的思想变化。

对话是从这位外国朋友对丁文江辞官从商表示吃惊开始的。留学生回顾他到北京十年的做官经历，说好人做官的一天少一天，政治一天坏一天，到今天才觉悟到："政治一天不清明，一天没有好人可做的官；做官的心思就淡了一半。有看见我们想做好官的人，辛辛苦苦废了多少年做成功的事业，一个无知无识的官僚或是政客，用一道部令，就可以完全推翻，觉得我做的事业，是沙滩上的建筑，绝对没有基底的，所以才改了行出来做买卖。"这似乎反映了当时以丁文江、胡适为代表的，留学归国的中国新知识分子的群体心态。留学生接着谈到他辞官从商的原因："平民政治的根本，丝毫没有。要培植这种根本，一方面是要兴办实业；一方面是要提倡教育。实业教育有了成绩，方可以希望政治真正清明。"外国朋友反问道："教育实业不发达，政治不

---

① 傅孟真（傅斯年）：《丁文江一个人物的几片光影》，《独立评论》第189号，1936年2月23日。

② 胡适：《丁文江的传记》，见《胡适作品集》（第23册），台湾远流出版公司，1986年，第58-59页。

清明，教育实业会得发达吗？”留学生默然半晌，勉强答道，他不会放弃政治，在做买卖之外也拿余力谈谈政治。外国朋友对留学生不参与政治的观点表示不满：“咳！政治是实行的，不是资谈助的；政治是要拿全力去干的，不是以余力来消遣的。”他最后给出忠告：“一个国民的知识与责任，义务与权利，都成一种正比例。我总觉得留学生是中国知识最完全的人，也是享社会上最大权利的人，所以我一面庆祝你买卖成功，一面希望你不要忘了政治！”①

这篇文章向当时社会上知识分子不参与政治的各种论点一一提出挑战，这似乎是对胡适“不谈政治”观点的直接驳斥。胡适希望把知识分子的作用限制在教育界，在他看来教育是国家改革的出发点，而丁文江却否定这种对政治冷漠的做法。这个外国人对留学生的种种忠告和罗素在临别演讲中给中国的建议非常相似，笔者猜测这篇文章中的外国人很有可能就是罗素，可见他对当时以丁文江为代表的中国新知识分子的影响。

在《努力周报》最后几期中，丁文江发表了他在燕京大学所作的题为《少数人的责任》的演讲词，呼吁受教育阶层继续履行政治义务。他写道：“我们中国政治的混乱，不是因为国民程度幼稚，不是因为政客官僚腐败，不是因为武人军阀专横——是因为‘少数人’没有责任心，而且没有负责的能力。……中国晓得一点科学，看过几本外国书的，不过八万。我们不是少数的优秀分子，谁是少数的优秀分子？我们没有责任心，谁有责任心？我们没有负责的能力，谁有负责的能力？”② 由此可见罗素对丁文江的影响是非常大的。

---

① 丁文江：《一个外国朋友对于一个留学生的忠告》，《努力周报》第 42 期，1923 年 3 月 4 日。

② 丁文江：《少数人的责任》，《努力周报》第 67 期，1923 年 8 月 26 日。

然而，代表着知识分子政治改革的努力和希望的“好人政府”却被军阀利用，成为他们政治斗争的工具和牺牲品。1922 年直奉战争后，直系军阀吴佩孚控制了实际政权，而直系内部存在着吴佩孚和曹锟这两派之间尖锐的争权夺利斗争。为了限制曹锟染指争权，吴佩孚申明不容军人政客组阁，于是扶植“好人内阁”。1922 年 9 月，由王宠惠任总理组阁，汤尔和任教育总长，罗文幹任财政总长，顾维钧任外交总长，组成了所谓“好人内阁”。

但军阀政治是不允许这些“好人”去干预政治的，这场“好政府主义”的试验最终还是归于失败。这个内阁是吴佩孚一手扶植起来的，但他并不允许这个内阁实现其政治主张，只是想利用它作为政治斗争的工具，增强自己左右政局的力量，来对抗直系的曹锟派。而曹锟则把“好人内阁”视为其政治障碍，故意策划了“罗文幹受贿案”，于是吴佩孚下令逮捕罗文幹，一脚踢开“好人”们。这迫使上台不到三个月的“好人内阁”于 11 月 25 日全体辞职，而该内阁的垮台，也宣告了“好政府主义”的破产。充满政治热情却缺乏政治经验的“好人内阁”被军阀当作御用工具，任其摆布，最终成为军阀派系斗争中的牺牲品。汤尔和后来对胡适说：“我劝你不要谈政治了吧。从前我读了你们的时评，也未尝不觉得有点道理。及至我到了政府里面去看看，原来全不是那么一回事！你们说的话几乎没有一句搔着痒处的。你们说是一个世界，我们走的又另是一个世界，所以我劝你还是不谈政治了吧。”①

实际上，政权的建立要靠政治和军事实力，需要组建政党和军队，而“好人”们满怀政治热情却没有实力，难于实现“好政府”的政治

① 胡适：《丁文江的传记》，见《胡适作品集》（第 23 册），台湾远流出版公司，1986 年，第 58-59 页。

蓝图。邵力子的评价客观、中肯，又抓住了问题的实质。他认为，这些知识分子组成的“好人内阁”缺乏政治洞察力，对军阀的本质认识不清，甚至幻想依靠军阀的支持实现政治改革的目标，而被军阀利用当作政治斗争的工具。邵力子说：“标举好政府主义，都倡与恶势力奋斗的人，竟也不辨是好，只求苟安，甘心供军阀利用；这真是今日最可痛心的事了！”① 邵力子认为，“好人”一方面缺乏政治经验，也没有强大的军事实力——军队作为后盾，军阀是不会理会的，仅仅在舆论和文字上谈政治是远远不够的：“就使今后再增许多‘好人’来讲话，但‘好人’没有实力，武人还是可以不管。”②

关于如何实现“好政府”，胡适和邵力子的观点泾渭分明，一个主张改良，一个则主张革命。胡适等人主张的是进行和平的渐进式的政治改良，即先进行舆论宣传，再进行渐进的改革，逐渐达到建设一个“好政府”的政治改革目标。“一步一步的作自觉的改革，在自觉的指导之下，一点一滴的收不断的改革之全功。”③ 在邵力子看来，“谈政治”只是参与革命奋斗的第一步。他说：“为自由而战，文字上的提倡只能算是第一步，接着必须要有实际上的奋斗。实际上的奋斗，在现今这样的恶势力下，就只有自己起来革命或赞助革命。……直奉战争以后的《我们的政治主张》，我十分希望其不仅成为文字上的纪念。”“我不知蔡、胡诸先生所谓‘决战的舆论’是要决战到何种程度为止。……倘所谓决

① 邵力子：《今日最可痛心的事》，原载1922年6月5日上海《民国日报》“随感录”，见傅学文编：《邵力子文集》（下册），中华书局，1985年，第699页。

② 邵力子：《读蔡孑民、胡适之诸先生的政治主张》，原载1922年5月18、19日上海《民国日报》“评论”，见傅学文编：《邵力子文集》（下册），中华书局，1985年，第686页。

③ 胡适：《我们走那条路》，见欧阳哲生编：《胡适文集》5，北京大学出版社，1998年，第362页。

战者仅只限于文字的激昂，则我怕‘好政府’终是梦想不能实现的。”①

在政治改造程序上，邵力子认为只能先破坏后建设，主张通过革命而非改良达到“好政府”实现的目的。他提出：“眼前要实现‘好政府’，我以为非经过革命不可，还非自命好人的都起来革命或是赞助革命不可。不破坏，不能建设，本是很浅明的理；蔡、胡诸先生是希望好人共同来建设，我却希望好人先共同来破坏。”胡适认为中国政局败坏的重要原因是“好人自命清高”，而邵力子不同意这种观点，认为是“自命好人者不敢革命”，“自命好人者自己既不敢革命，又要骂别人革命者为暴徒”。② 在当时各军阀及军阀内部各派为了政治利益相互争斗的状况下，指望依靠“开明军阀”让出政权给“好人政府”循序渐进地改造社会，无疑是一厢情愿的幻想。邵力子对中国政治状况的分析和认识在今天看来无疑是更深刻的。

美国学者傅乐诗（Charlotte Furth）也指出“好政府”的试验是“由独立的知识分子与主要的军阀政府从事合作的最后一次重大努力”，然而，这却是一次“彻头彻尾的失败”。他评价指出“好政府主义”失败的两大原因：一方面是“错误地估计了军阀的力量”；另一方面是“错误地估计了群众运动的政治”，“片面强调受教育的精英出面领导”，他们努力在内阁或政府上获得影响，但忽视了群众的力量，“缺少与作为政治力量源泉的广大民众的任何真正接触”③。

---

① 邵力子：《读蔡孑民、胡适之诸先生的政治主张》，原载 1922 年 5 月 18、19 日上海《民国日报》“评论”，见傅学文编：《邵力子文集》（下册），中华书局，1985 年，第 688-689 页，第 686 页。

② 邵力子：《读蔡孑民、胡适之诸先生的政治主张》，原载 1922 年 5 月 18、19 日上海《民国日报》“评论”，见傅学文编：《邵力子文集》（下册），中华书局，1985 年，第 686 页。

③ 〔美〕费侠莉：《丁文江：科学与中国新文化》，丁子霖、蒋毅坚、杨昭译，新星出版社，2006 年，第 134、135、137 页。

“好政府主义”是20世纪20年代初极具影响的政治思潮，在当时就引起了人们的热烈讨论，有人支持，有人反对，还有人的观点游离这两派之间。救中国需要群众基础，需要团结精神，而缺乏群众基础，正是“好政府主义”失败的重要原因之一。当时《努力周报》的读者就对《我们的政治主张》这篇宣言提出两种批评。他们问道，如果你们真想采取行动，为什么不组织政党？或者你们为什么不深入民众开展革命？[①] 梁漱溟曾给胡适写信，谈到“好政府主义”缺乏群众基础。他写道：“吾曹好人须谋所以发挥吾曹之好者，谋所以发挥人民生气者，则今日恶局势乃有转移，否则将长此终古矣。”[②]

远在法国巴黎留学的张申府在1922年9月出版的油印刊物《少年》上发表《胡适等之政治主张与我们》一文，批评其观点：“他们主张与活动方向总而言之，不外乘机改良，无根本不可变的主张，而随机会迁化；不察病原，早晨头痛，早晨医头，晚上脚痒，晚上又来治脚。……胡适等是知识阶级的人，倘其主张能成功，他们的生活与事业固然应能得安了。可是至于一般小民，至于民工，生活如何，则犹难必。不但不能必其利，至少一部分要适得其反。”[③]

在罗素的临别演讲后，北京《晨报》上曾发表题为《救中国只须一万好人的结合》的社论指出，要救中国，需要肯牺牲、能干、知识的一万人，而这一万人须有坚固的结合。邵力子也持同样的观点，但他认为“‘一万人’的数目，我却以为不宜拘泥。这样好人的结合，自然人

① 胡适：《关于“我们的政治主张”的讨论》，《努力周报》第4期，1922年5月28日。

② 梁漱溟：《就“好人政府主义”致胡适》，见中国文化书院学术委员会编：《梁漱溟全集》（第4卷），山东人民出版社，1991年，第692页。

③ 张申府：《胡适等之政治主张与我们》，《少年》，1922年9月。

数越多越好，能十万人，百万人……岂不更佳!"[①] 而李大钊的观点似乎更彻底。1922年6月，李大钊发表题为《北京同人提案——为革命的德莫克拉西（民主主义）》一文，指出了群众基础的重要性，并提出应用"革命的手段"来引导被压迫民众为有目的的政治斗争，从而彻底铲除"国内的督军制和国外资本主义"两大阻碍。[②] 胡适等自由主义者的"好人政府"方案无疑是一种"精英政治"，没有广大民众的支持，这样的政治目标有如无源之水，一定是会落空的。

二、从"联省自治"到"开明专制"

在20世纪20年代初，新文化运动派去国家的无政府主义在政治上的表现就是胡适、陈炯明和章太炎等人倡导的"联省自治"论。1922年，胡适发表了《联省自治与军阀割据》等一系列文章，积极宣传"联省自治"。在文中他指出，中国土地广袤，不适合"单一制的政治组织"，各省军阀权力过大，省自治则可以使地方的实权增加，积蓄能量，"和军阀作战，来推翻军阀"。他认为"建设在省自治上面的联邦的统一国家"是消灭军阀割据的前提。[③] 陈炯明也于1922年发表文章，阐述中国的联省自治以美国联邦主义为制度蓝本的理由。胡适等人不断引用美国"联邦自治"作为中国"联省自治"的依据，但实际上，他们并没有弄清楚"联邦"和"邦联"的差别。他们所援引的"美国联邦主

---

① 邵力子：《好人的结合》，原载1922年2月20日上海《民国日报》"随感录"，见傅学文编：《邵力子文集》（下册），中华书局，1985年，第636页。

② 李大钊：《北京同人提案——为革命的德莫克拉西（民主主义）》，见《少年中国》，1922年第3卷第11期。

③ 胡适：《联省自治与军阀割据》，《努力周报》第19期，1922年9月10日。

义”实际上是1789年所废除的基于“州主权之上论”的1781年《邦联条例》，而非基于“联邦主权至上论”的1789年生效的《美国宪法》。①

美国在独立革命后，并没有形成一个稳定的国家状态，整个国家内忧外患，究其原因则在于中央政府无权，由十三个州组成的松散的邦联，内部纷争不断，贸易摩擦加剧，新生的美国在当时面临着危机。汉密尔顿在一封致各州的信中，阐述了美国的混乱状况和面临的危险，指出了邦联政府存在的严重弊端和组建一个强有力的中央政府的必要性②，随后召开美国制宪会议，终于在1789年，《邦联条例》被《美国宪法》所取代，美国成为一个统一的联邦。宪法学家王世杰和钱端升先生区分了邦联制与联邦制：“凡中央政府的命令，仅能及于各邦邦政府，而不能及于各邦人民为邦联；凡中央政府不仅能向各邦邦政府发布命令，并能直接向各邦人民发布命令而强制去服从者，谓之联邦。”③ 邦联制强有力的中央政府，不利于国家的整合统一。

值得注意的是，陈独秀是首先放弃“联省自治”主张的。1922年，陈独秀在《努力周报》上撰《对于现在中国政治问题的我见》一文，他说他原则上赞成自治与联邦主义，但在目前封建式的政治下，运动没有办法不成为军阀的工具，特别是没有办法避免成为少数人为保护其领地免受更大的势力侵占而利用的工具。他认为那些提倡联邦制的人并不理解中国不能统一的基础就在于军阀各霸一方，中国政治的混乱并不像有些人所认为的那样，是因为中央集权太强，地方势力太弱，而现实情况恰恰正好相反。

---

① 程巍：《“遗老”眼中的辛亥革命》，见《中国图书评论》2011年第8期，第9页。

② 〔美〕汉密尔顿、杰伊、麦迪逊：《联邦党人文集》，程逢如等译，商务印书馆，2007年，第6页。

③ 王世杰、钱端升：《比较宪法》，商务印书馆，1999年，第353页。

陈独秀认为那些主张通过“联省自治”来解决中国政治问题的一派人并不清楚中国政治混乱的根本原因。他认为中国政治纠纷源于“封建式的大小军阀各霸一方，把持兵权财权政权”，从而导致“法律与舆论都归无效，实业教育一概停顿”。另外，他还强调“地方自治是重在城镇乡的自治，地方自治团体扩大到中国各省这样大的范围，已经不是简单的地方自治问题，乃是采用联邦制，属于国家组织问题”①。

陈独秀认为在当时情况下，联省制是建立于地方军人割据的基础上，不可能实现国家的独立、统一和强大。他眼中的“联省自治”论“不过联省自治其名，联督割据其实，不啻明目张胆提倡武人割据，替武人割据的现状加上一层宪法保障”②。他认为中国的乱源就是军阀割据，因而“建设在武人割据的欲望上面之联省论，与其说是解决时局，不如说是增长乱源”③。因此指出，解决当时中国政治问题的唯一方法是组织政党，在国内“倾覆封建的军阀，建设民主政治的全国统一政府”；对外则反抗东西方列强的侵略，争取国家的独立和完整。

孙中山也反对“联省自治”，他在《三民主义·民权主义》第四讲中指出，“联省自治”的拥护者们以为“中国要像美国一样的富强，便应该联省……将本来统一的中国变成二十几个独立的单位，像一百年以前的美国十几个独立的邦一样，然后再来联合起来”。他认为这种观点极为错误，“联省自治”只会削弱中央权力，而助长国家的离心力，不利于国家的统一，因而主张建立中央集权的政府。他明确表示：“提倡分裂中国的人一定是野心家，想把各省的地方自己去割据。……这种割

① 陈独秀：《对于现在中国政治问题的我见》，《努力周报》第18期，1922年9月3日。

② 陈独秀：《对于现在中国政治问题的我见》，《努力周报》第18期，1922年9月3日。

③ 陈独秀：《对于现在中国政治问题的我见》，《努力周报》第18期，1922年9月3日。

据式的联省，是军阀的联省，不是人民自治的联省；这种联省不是有利于中国的，是有利于个人的，我们应该要分别清楚。”①

值得指出的是，中国当时提出的“联省自治”不同于美国立国时各州的自治。在中国各地军阀武装割据的状况下提倡“联省自治”，其结果定会导致国家的分崩离析。“联省自治”派想当然地认为各省必然走向联合，这怕是不符合实际。另外，当时各地的军阀还争相支持“联省自治”，它成为各个军阀各自为政，牟取个人政治利益的遮羞布，导致了“联省自治”闹剧的上演。

胡适在20年代末才意识到当时的中国“不成一个现代国家”。他在1928年撰文写道：“我们试睁开眼睛看看中国的地图。长江以南，没有一条完成的铁路干线。京汉铁路以西，三分之二以上的疆域，没有一条铁路干线。这样的国家不成一个现代国家。前年北京开全国商会联合会，一位甘肃代表来赴会，路上走了一百零四天才到北京，这样的国家不成一个国家。云南人要领法国护照，经过安南，方才能到上海。云南汇一百元到北京，要三百元的汇费！这样的国家决不成一个国家。”此时，胡适才意识到当时中国的关键任务是建立一个现代国家。因此，需要学习“用轻轨，汽车，电线，飞机，无线电，把血脉贯通，把肢体变活，把国家统一起来”，“用教育来打倒愚昧，用实业来打倒贫穷，用机械来征服自然”，“用种种防弊的制度来经营商业，办理工业，整理国家政治”②。这些和七年前罗素离华临别演讲中给中国的建议相差无几。

胡适到了30年代才开始反思国内割据状况的根源，及如何建立一

---

① 孙中山：《三民主义·民权主义》，见《孙中山全集》（第9卷），中华书局，1986年，第303-305页。

② 胡适：《请大家来照照镜子》，《生活周刊》第3卷第46期，1928年9月30日。

个统一的现代国家的问题。他认为维系中国统一的制度破坏后，各省缺乏向心力，逐渐就成了一个军阀割据的局面。他分析道："辛亥革命以后，从前所有一切维系统一的制度都崩坏了。中央政府没有任官权，没有军权，没有赋税权；而各省的督军都自由招兵，自由作战，自由扣留国税，自由任命官吏。到了后来，有力的督军还要干预中央的政治，中央政府就变成军人的附属品了。离心力的极端发展，造成了一个四分五裂的局面。"①

也直到30年代胡适才放弃了十多年前主张的"联省自治"观念。他在1932年11月所写的《统一的路》一文中，开始思考建国问题："今日之大患正因为五六十年来，离心力超过于向心力，分崩之势远过于统一之势，二十二省无一省不曾宣告过'独立'，今日虽有名义上的服从中央，事实上各省自主的程度远过于美国与德国的各邦：军队是独立的，是可以自由开战的，官吏是省派的或防区军人派的，税收是各地自为政的，货物过省境是须抽重税的，甚至于过防区也须抽重税的：省久已成为邦，所以有'由邦再组成国'的需要了。"② 关于如何统一国家的问题，他主张必须"建立一个中央与各省相互联贯的中央政府制度，方才可以有一个统一国家的起点"。目的是逐渐减除各省的离心力，而逐渐形成全国的向心力，同时逐渐创造一种对国家的"公忠"来替代今日的"私忠"。③

张申府（张崧年）1921年6月12日从巴黎寄给陈独秀的信中谈到中国改造方案是实行"开明专制"。他在信中写道："吾觉着中国改造

---

① 胡适：《政治统一的途径》，《独立评论》第86号，1934年1月21日。

② 胡适：《统一的路》，《独立评论》第28号，1932年11月27日。

③ 胡适：《政治统一的途径》，《独立评论》第86号，1934年1月21日。

的程序应是：革命，开明专制（美其名曰劳农专政。以今日中国之一般知识阶级而言代议政治，讲选举，纯粹是欺人之谈。政治上事切忌客气。政治尤不可专模仿人。世界趋势固要晓得，但勉随趋势而忘了自己实况，必无好结果。能认事实是列宁一大长处）。实行极端的强迫教育，以岁入之半办教育，其次重要的为改良农业，整理森林河渠，兴发工业交通，尤以旧有的工业为要。”①

陈独秀在回信中也回应并肯定了张申府的观点：“中国改造非经过开明专制的程序不可。”② 当陈独秀改宗马克思主义后，告别了自由主义的启蒙立场，而转向组建共产党的革命活动。随着陈独秀的思想由启蒙而革命的转变，他亦从倡言无政党的“国民政治”转而主张革命政党的“开明专制”，从批判孔教的专制主义转而抨击老庄的放任主义。他在1921年5月1日写道：“我敢大胆宣言：非从政治上，教育上，施行严格的干涉主义，我中华民族底腐败堕落将永无救治之一日；因此我们唯一的希望，只有希望全国中有良心，有知识，有能力的人合作起来，早日造成一个名称其实的‘开明专制’之局面，好将我们从普通资格之水平线以下救到水平线以上。”③

因此，陈独秀赞同罗素离华演讲《中国到自由之路》中的观点：中国改革之初，需有一万彻底的人先行奋斗，改造政府。他谈道：“罗素离中国最后的演讲‘中国人到自由之路’④ 里面说，‘中国最要紧的需要是爱国心底发达，而于有高等智识足为民意导师的尤为要紧。’这句话恐怕有许多高论家骂他不彻底，更要责备他和从前热心主张的世界主

① 陈独秀：《答张崧年》，《独秀文存》，安徽人民出版社，1987年，第829页。

② 陈独秀：《答张崧年》，《独秀文存》，安徽人民出版社，1987年，第826页。

③ 陈独秀：《中国式的无政府主义》，《独秀文存》，安徽人民出版社，1987年，第611页。

④ 陈独秀原文如此。——引者注。

义反背了。我独以为这正是对中国人很适当的卑之无甚高论。他又说：'希望在极短促的期间，把精神分播到民间去，实是痴想。但是改革之初，需要有一万彻底的人，愿冒自己生命的牺牲，去制驭政府，创兴实业，从新建设。'这句话恐怕有许多高论家骂他提倡少数人专政。我也以为这正是对中国人很适当的卑之无甚高论。"①

关于政党，陈独秀也一改其反政党政治的大众民主的观点，转而倡言苏俄共产党式的"政党改造"。1921年7月1日，陈独秀创建了中国共产党。也就在此日，他发表了一篇题为《政治改造与政党改造》的言论。罗素在临别演讲中"一万彻底好人"和走苏俄共产党专政的主张，被陈独秀直接引用作为中国政党改造的方向。在文中他强调，政治离不开政党，"政党是政治的母亲，政治是政党的产儿"。一般人民虽然都有选举权、被选举权和参与政治的权利，但实际上被选举的、处理政务并直接担负政治责任的还是政党。所以政党不改造，政治决没有改造的希望。"罗素在《中国人到自由之路》里说：'改革之初，需有一万彻底的人，愿冒自己性命的牺牲，去制驭政府，创兴实业，从新建设。这类人又须诚实能干，不沾腐败习气，工作不倦，肯容纳西方的长处，而又不像欧、美人做机械的奴隶。'又说：'中国政治改革，决非几年后就能形成西方的德谟克拉西。……要到这个程度，最好经过俄国共产党专政的阶级。因为求国民底智识快点普及，发达实业不染资本主义的色彩，俄国式的方法是唯一的道路了。'罗素这两段话，或者是中国政党改造底一个大大的暗示。"②

---

① 陈独秀：《卑之无甚高论》，《独秀文存》，安徽人民出版社，1987年，第618页。

② 陈独秀：《政治改造与政党改造》，《独秀文存》，安徽人民出版社，1987年，第621-622页。

三、从“世界主义”回归“民族主义”：新文化运动激进派的转变

1921年，当年作为新文化运动派领袖人物的陈独秀已经开始批评将文化运动与社会运动混为一谈的做法了。他在5月1日的《新青年》上发表《文化运动与社会运动》一文，指出：“文化运动与社会运动本来是两件事，有许多人当做是一件事，还有几位顶刮刮的中国头等学者也是这样说，真是一件憾事！”陈独秀在文中将文学、美术、音乐、哲学、科学这样的事情归于文化运动的内容，将妇女问题、劳动问题和人口问题等归于社会运动的内容。“这两类事底内容分明是不同的，硬要把他们混为一谈，岂非怪事吗？”他还批评新文化运动试图“以文化解决政治问题”，“最不幸的是一班有速成癖性的人们，拿文化运动当做改良政治及社会底直接工具……这班人不但不懂得文化运动和社会运动是两件事，并且不曾懂得文化是什么”。陈独秀在此时似乎已开始反省当年发展文化不该采取运动的激进形式了。“创造文化，本是一民族重大的责任，艰难的事业，必须有不断的努力，决不是短时间可以得着效果的事。这几年不过极少数的人在那里摇旗呐喊，想造成文化运动的空气罢了，实际的文化运动还不及九牛之一毛，那责备文化运动底人和以文化运动自居底人，都未免把文化太看轻了。”①

罗素1920—1921年访华期间，正是五四新文化知识分子向西方学习的热情高涨之际。他在华期间也观察到他称之为“少年中国”的那些

① 陈独秀：《文化运动与社会运动》，《新青年》第9卷第3号，1921年5月1日。

先进的五四新知识分子“向往西方智慧的习惯仍然很迫切”[①]，“表现出用西方文化取代陈腐的旧学的迫切之情”[②]。罗素不像新文化派那样批判中国文化的黑暗面。他的关注点是中国是否能够保存其文化的优点，在罗素看来，正是这些优点让中国这个美好的国度通向自由之路。罗素还提醒中国人要避免“全盘西化”的危险，并坚持认为，中国不应该为了当前发展的需求而抛弃其传统文化中有价值的部分，中国寻求独立要取得成功，必须致力于发展和繁荣自己的文化。

另外，值得指出的是，在新文化运动时期，新文化派还显示出反民族国家的世界主义倾向，他们的语言中充满了去民族化的语言。陈独秀猛烈抨击国粹派，提出评判学术，“只当论其是不是，不当论其古不古；只当论起粹不粹，不当论其国不国。以其无中外古今之别也”。甚至提出为学三戒“勿尊圣、勿尊古、勿尊国”。[③] 陈独秀在1918年写的《偶像破坏论》一文中，更显示了他对民族国家的认识极为肤浅，“一个国家，乃是一种或数种人民集合起来，占据一块土地，假定的名称；若除去人民，单剩一块土地，便不见国家在哪里，便不知国家是什么”。由此他得出结论：“国家也不过是一种骗人的偶像，他根本亦无什么真实能力。”甚至将世界大战归因为国家，“世界上有了什么国家，才有什么国际竞争；现在欧洲的战争，杀人如麻，就是这种偶像在那里作怪。我想各国的人民若是渐渐都明白世界大同的真理……这种偶像就自然毫无用处了”。故国家这种偶像应该被破坏。[④] 新文化运动时期的两大主流正是“个人”和“世界”，当时傅斯年曾说过：“我只承认大的方面有

---

① 〔英〕罗素：《中国问题》，秦悦译，学林出版社，1996年，第154页。

② 〔英〕罗素：《中国问题》，秦悦译，学林出版社，1996年，第17页。

③ 陈独秀：《随感录（一）》，《新青年》第4卷第4号，1918年4月。

④ 陈独秀：《偶像破坏论》，见《独秀文存》，安徽人民出版社，1987年，第155页。

人类，小的方面有‘我’，是真实的。‘我’和人类中间的一切阶级，若家族、地方、国家等等，都是偶像。”傅斯年在《新潮》第2期上发表了短文《破坏》，主张在装入现代的新成分之前，应把传统的旧货倒掉，呼吁要做“长期破坏”的工作。[①]

值得注意的是，五四后倾向民族主义的很多是此前向往世界主义的同一群人。新文化运动派人物特别提倡的“全盘西化”的“世界精神”或“世界主义”也在20年代中期向民族主义转化，周作人、胡适和蔡元培都是明显的例子。除科学外，似乎大部分五四基本理念在后五四时期都有较大的转化，甚至基本转到对立面。

周作人在1925年谈到“我的思想今年又回到了民族主义上来了”。他反思道，“五四时代我正梦想着世界主义，讲过许多迂远的话”，随后又“修改为亚洲主义”，最后才悟出“民国根基还未稳固，现在须得实事求是，从民族主义做起才好”[②]，他希望“人家不要再恭维我是世界主义的人就好了”[③]。

在20世纪30年代国难深重时，也许是日本侵华的现实让这些十几年前曾经试图消灭国性、打倒传统的新文化运动派人物开始意识到：在国家处于列强环伺、军阀割据的危急关头应该加强民族和国家认同。在保卫民族生存的斗争异常危急之时，民族主义信念和爱国主义的需要变得越来越迫切。原来五四知识分子所关注的个人及民族自觉问题退居幕后，转向努力维护集体认同，重点关注恢复民族自信的问题。在集体认同和爱国主义的动员下，对传统的任何抨击都很容易被当作是攻击民族

---

① 傅斯年：《破坏》，《新潮》第1卷第2期，1919年2月。

② 周作人：《雨天的书·元旦试笔》，人民文学出版社，1988年，第325页。

③ 周作人：《自己的园地·〈旧梦〉序》，人民文学出版社，1988年，第104页。

的集体精神。

在历史领域，五四新文化时期“新潮社”成员顾颉刚和傅斯年，也开始挖掘民族团结和民族抵抗的光荣历史。疑古派代表人物顾颉刚开始宣传民族主义，他在回族地区考察时，还尝试证明中国各民族的共性。历史学家傅斯年在五四时期曾撰文指出：“几千年无用的历史充满了垃圾”，抨击家族观念侵蚀了国民的奴性道德。而现在傅斯年认为国难当头，强化民族认同对于反抗异族侵略无疑具有更为重要的现实意义。为此，他撰文再次诠释了“中华民族”这一概念的意义，“我们中华民族，说一种话，写一种字，据同一的文化，行同一的伦理，俨然是一个家族”。所以整个的民族成员，在“未统一时，梦想一统，既一统时，庆幸一统，一统受迫害时，便表示无限的愤慨。文人如此，老百姓亦复如此”。如果有“居心不如此者，便是社会上的捣乱分子，视之为败类，名之曰寇贼，有力则正之以典刑，无力则加以消极的抵抗”①。从人类学的角度，傅斯年强调了文化之于民族的意义，以及民族的政治诉求，以凝聚、整合民族的力量，确立民族主义共同的反抗对象和建设目标。

另外，他们也逐渐认识到语言文字对加强国家认同的重要性。1925年，胡适在演讲中高度赞扬中国传统文化和语言文字，他指出，在当今世界上，中国的语言文字“为近代之最高者”。并且将“新文学运动”定义为“中国民族的运动”②。1927 年 2 月 26 日，在美国纽约对外政策协会的演讲中，一向认为中国事事不如人的胡适把新文化运动定义为中国的文艺复兴，即“按照我们自己的需要、根据我们的历史传统去制订

---

① 孟真：《中华民族是整个的》，《独立评论》第 181 号，1935 年 12 月 15 日。

② 胡适：《新文学运动之意义》，《晨报副镌》1925 年 10 月 10 日。

方案以解决我们自身问题的一种自觉尝试"①。原本是主张打倒传统、面向西方的新文化运动被加上了民族主义的定义。

1940年，周作人在《汉文学的传统》一文中指出"汉文学的传统"包括白话文和当年他反对的选学和桐城两派，并强调汉字的使用是传统生命力的延续。② 1943年，他在《汉文学的前途》一文中还指出汉文字在时间和空间上都有"甚大的联络维系之力"，必须加以重视，其重大的政治意义在于"助成国民思想感情的连络与一致"。"先进青年以汉字写文章者，无论地理上距离间隔如何，其思想感情却均相通。"③

而罗素早在1922年所著的《中国问题》一书中就对中国文字与民族国家建构的关系有过考量。罗素引用了当时在哈佛大学读书的中国留学生李济发表的文章来说明其观点："使用字母文字的文化有一个严重的内在缺陷，那就是缺乏稳定性。……它（汉语）没有字母文字的种种便利之处，但是它所体现的简朴和终极真理却牢不可破，不受狂风暴雨和艰难时日的侵袭，保护了中国文化达四千年之久。它坚固、方正而优美，恰如它所代表的精神。"④ 罗素指出，中国各地的方言不同，无法沟通，但汉字却全国都能读懂。中国文化能够历久不变，让后人追根溯源，或许就是使用了表意文字的缘故。"文字胜于口语之处就在于它能存在得更持久，可以沟通不同的时期和不同的地域。口语因为时间和地域的不同而时常发生很大的变化，所以表意的文字自然要比表音的文字

---

① 胡适1927年2月26日在纽约对外政策协会的演讲，见Peking Leader社刊在该社1927年出版的*Forward or Backward in China*？第5-12页。

② 周作人：《汉文学的传统》，《药堂杂文》，止庵校订，河北教育出版社，2002年，第10-11页。

③ 周作人：《汉文学的前途》，《药堂杂文》，止庵校订，河北教育出版社，2002年，第34-35页。

④ 〔英〕罗素：《中国问题》，秦悦译，学林出版社，1996年，第27-28页。

更能显示其优越性。”①

从知识分子在紧急国难面前仍坚持国民人格的反省与督责、民族自信心以及强调建设国家的问题，可以看到五四新知识分子民族自我省察的意识。胡适1935年在《信心与反省》一文中指出，要坚定中华民族还有生存权，要对国家和民族充满绝大信心，“这种信心是一个民族生存的基础”②。

蔡元培也在1930年4月的演说中表达了从“世界主义”回归“民族主义”的立场。他称“中国受了世界主义的欺骗，所以我们把民族主义失掉”，并将新文化派曾经高扬的“世界主义”看作帝国主义列强试图消解中国民族国家认同的文化殖民阴谋，主张恢复“忠孝信义仁爱和平”这些在他眼中外国人所没有的传统旧道德。他说：“孙先生说，把中国失去了的民族主义，要他恢复转来，一是把家族、地方的观念扩大；一是要恢复旧道德和知识的技能。旧道德，像忠孝信义仁爱和平，都是诚正修齐以至治国平天下，这种政治系统观念，尤其是外国人所没有。”

这些自由知识分子关于民族危急时期国家内外处置之策的思量，如提倡民族国家的现代化建设，加强“中华民族”认同，提高民族自信等等，与盲目的激进情绪相比，更显理性而难能可贵。也正缘于此，后来有研究者称这种抗日救国思想为“理性民族主义”③，他们与其他广大爱国者一样有着炽热的民族情怀。

---

① 〔英〕罗素：《中国问题》，秦悦译，学林出版社，1996年，第26页。

② 胡适：《信心与反省》，《独立评论》第103号，1935年6月3日。

③ 张连国：《论理性民族主义——〈独立评论〉派自由主义者对日观剖析》，见《江苏社会科学》1999年第1期，第90-96页。

第三节　罗素访华评议

新文化运动时期，西方思潮纷纷涌入中国，基尔特社会主义、布尔什维克社会主义、资本主义、无政府主义等各种思想派别在中国都有其代言人或倡导者。罗素来华之时正是中国思想和政治发展的关键时刻，也是思想界交锋最为紧张激烈的关头，每一派别都试图援引世界名哲的观点将权威人物拉入自己阵营，加强自己主张的说服力。

于是，罗素刚踏上中国的土地就迈进了中国知识界复杂的、具有巨大张力的思想场域中，各派对罗素都有不同的期待，他发表的同一段言论就会有不同甚至截然相反的理解和解释。基尔特社会主义者通过阅读罗素来华前的著作认定他是基尔特社会主义者；社会主义者则从他去苏俄前对布尔什维克主义的赞同而把他当作共产主义的支持者；自由主义者则看到他对自由、民主和个性解放的支持。从罗素来华之初各派争相将其视为自己派别的偶像与权威，到后来纷纷“抛弃”罗素，认为其思想不彻底，如孙家祥所指出的那样：“在壁垒分明的思想激战中罗素必然缺乏市场，甚至当时并没人对他的主张仔细品味。”①

在华期间，中国知识界的过热期望似乎让罗素难以应付。杨端六在1921年7月10日《东方杂志》发表的《罗素先生去华感言》中批评了国内知识界对罗素的态度，认为国人“对于学者之尊敬殊失其道”。他写道，学者的精力有限，不能满足所有人的任何要求。而国人不管自己

---

① 孙家祥：《前言：一个历史的误读——罗素中国社会改造思想的重新审视》，袁刚、孙家祥、任丙强编：《中国到自由之路：罗素在华讲演集》，北京大学出版社，2004年，第9页。

的学问程度如何，他人的时间安排怎样，总试图接近，并“以种种方法自四面八方压迫之”，这样导致的后果是学者“应接不暇，名誉坠落，或因劳瘁过度，身罹重病，而后相率而去之”。他认为今后在邀请学者时，应该首先“为之屏除一切无谓之应酬，使之得完全自由行动”，避免让外国学者“疲于奔命”，这不仅不是尊重和礼待学者的方式，并且也造成了“人才之滥费”。因此，他在文中对中国今后邀请外国学者讲学的方式也提出建议：第一，“请外国学者讲演。不宜用通译”；第二，“讲演录必以原文发表。译文仅用为附件”；第三，“讲演之后。应由听者直接发生疑问。缘讲学有彼此讨论之意”。①

邀请外国学者来华讲学是中国学术界建设“新文化”的重要方面，中国新知识界不应该仅仅把西洋学者当作文化傀儡来彰显各派声势。梅光迪曾犀利地批评：“故彼等以群众运动之法，提倡学术，垄断舆论，号召党徒，无所不用其极，而尤借重于团体机关，以推广其势力。彼等之学校，则指为最高学府，竭力揄扬，以显其声势之赫弈，根据地之深固重大，甚且利用西洋学者，为之傀儡，以便依附取荣，凌傲于国人之前矣。”② 他坚决反对采用群众运动对待杜威和罗素等来华讲学的西方学者：“杜威罗素，无论其能代表今世西洋最高学术与否，固有研究之价值者也。然一至吾国，利用之徒，以群众运动之法，使其讲学，其学愈以流行而愈晦，杜威罗素之来吾国，杜威罗素之不幸也。”③ 为了更好地进行文化革新，应该“多延西洋名师，而派别不同者，来华讲学，待以学者之礼，使其享幽间高洁之生涯，不可再以群众运动之法，视为

① 杨端六：《罗素先生去华感言》，《东方杂志》第18卷第13号，1921年7月10日。

② 梅光迪：《评今人提倡学术之方法》，《学衡》，1922年2月第2期。

③ 梅光迪：《评今人提倡学术之方法》，《学衡》，1922年2月第2期。

傀儡而利用之，到处演说欢迎，万众若狂，如西国政客之选举竞争然”。只有这样，才能“使真正学者辈出，以养成深闳切实之学术界，而建设灿烂伟大之新文化也”①。

身处于这种矛盾和张力之中，一方面导致了罗素的为难，另一方面也预示了罗素将被当作文化象征资本被利用，他发表的任何言论都可能被其中一派当作攻击另一派的有利佐证，他的中国之行引起诸多场争论也在所难免。罗素到中国后很快发现，迎接他的不仅有掌声和鲜花，还有激烈的批评声音。罗素在华期间发表的言论在中国新知识界主要引起了两大争论：一是他来华之初发表对中国传统文化的赞美所引发的“保存国粹风波”，二是他主张中国应发展实业的建议又被当成反社会主义的资料所引起的社会主义争论。邵力子当时就指出：“他初到中国时，即被人误解、附会，先闹什么‘保存国粹’的笑柄，后来更被人借他发展实业的话断章取义，做了反社会主义的资料。”②

罗素在来华一个多月后，也意识到中国知识界对他的过热期待。他1920年12月初在《申报》上发表的《罗素对于中国之第一感想》一文中谈到，刚从欧洲抵华后，他看到，“对中国古老传统丧失信心的中国新知识界对外来的新思想如饥似渴，并热切期待从外国学者那里得到启蒙和指导”，这让他感到非常震惊。罗素观察到“在中国形成的学术阶层中，青年们开始转向美国或欧洲寻求智识上的指导，而这种指导通常不是事实，而是所谓的智慧”。看到这种现象，罗素说：“这实在不能不让人惊讶，人们普遍相信一个智者能够提供给中国一些道德方面的建

① 梅光迪：《论今日吾国学术界之需要》，《学衡》，1922年4月第4期。

② 邵力子：《祝罗素先生不死》，原载1921年3月29日上海《民国日报》“社论”，见傅学文编：《邵力子文集》（下册），中华书局，1985年，第540页。

议，就可以解决国家的难题。在西方，我们已失去了对智者的信仰。”但目前在中国仍期待一个贤智之人能指导大众，人们也愿意听从，但罗素认为：“现在很明显的是，已经没有人具有那样的能力去引导了。”①

值得肯定的是，罗素作为一名英国学者有着严谨的治学作风。他来华初期，对中国社会状况没有更多的观察和了解之前，并不明确表达自己的态度，而是冷静观察，全面思考，不轻易下结论，对自己发表的言论非常负责。正在重新思考改造中国之路的知识界，渴望在罗素身上得到改造中国的种种指导。北京方面原本安排他一开始先结合中国的形势演讲社会哲学，且把讲题定为《社会改造原理》。但罗素“以对中国问题尚待观察和思考为由”②，将该演讲放到五大演讲的末尾，而从他有把握的纯哲学开始，先讲了《哲学问题》，后来又将原讲题《社会改造原理》改为《社会结构学》，给自己在中国的观察思考留下足够的时间。1921 年 2 月 3 日在北京大学做此系列演讲前，他作了一些解释：“今天所讲的这个题目《社会结构学》，请诸位不要把它当作从前定的那个题目《社会改造原理》(此题曾在报上先期露布) 看待，因为社会结构学并不告诉我们要怎样改造社会。它是一种科学，用科学的方法来研究社会怎样结构来的：考究社会的变化与社会结构有怎么样的关系。社会变化也有它的本质和自然的公律在内，并不专靠人类的愿望。”③罗素的演讲并没有像人们所期待的那样，从中国的现实政治出发去谈

① Bertrand Russell, First Impressions of China, in *Uncertain Paths to Freedom: Russia and China*, 1919-22, (*The Collected Papers of Bertrand Russell*, Vol. 15), Richard A. Rempel & Beryl Haslam eds., London & New York: Routledge, 2000, pp. 248-249. 参见罗素：《罗素对于中国之第一感想》，《申报》1920 年 12 月 3 日。英文原稿载《北京导报》1920 年 12 月 16 日。

② 《愿听罗素演讲者注意!》，《晨报》1920 年 11 月 7 日。

③ 罗素：《社会结构学》，罗敦伟、陈顾远笔记，《民国日报》1920 年 11 月 3 日。

“社会改造”，而是偏重于理论上的阐发，主要分析了实业制度对整个社会结构的影响和人类社会在工业大生产时代的发展趋势。由此可见，罗素担心中国人将他的理论生搬硬套到中国社会，这是学者对自己言论负责的表现。

随着罗素的到来及其演讲等社会活动的展开，他对中国文化和社会主义发表的评论使新文化运动时期已然炙热的中西文化争论和社会主义争论进一步升温。后来罗素知道了当时中国的情况，谈话、发言便很谨慎了，因为他并不希望自己的言论导致中国新知识界论战乃至分裂。这是罗素深思后的做法，也是一种对中国负责的做法。他不是对中国漠不关心，而是对中国问题思考得太多。在必要时，他才会直接发表评论。

实际上，在罗素整个来华访学过程中，他通过到中国各处实地考察、与中国知识界交谈和讨论，密切关注中国当时的政治、经济、文化、教育现状，对中国问题的看法和判断随着得到信息的增多和思考的深入而不断改变，而最后的临别演讲即是他数月来努力思考的总结。他在临别演讲开篇就指出：“吾以为中国人之欲谋中国幸福者，宜自寻方法，不宜过信外人之智慧也。吾今日冒险对诸君发表吾对于改良中国之意见。此乃吾抵中国后与中国人共处时渐次发生者；皆吾初上岸时所无也。”①

其实，罗素本人也意识到讲演的局限性。他在赴长沙讲学的途中曾和杨端六谈起：“要想有所贡献于中国，不在讲演。讲演是一个不完全不广博的方法。因为讲的时候，在讲的人不能仔细想像，在听的人也不能完全了解，加以聘用通译，更不免失却真意。”罗素主张：“如果要事情有益，

① 〔英〕罗素：《罗素之〈中国的往自由之路〉》，傅铜译，《哲学》第3期，1921年9月，第357页。

要用别的方法。方法有两个：一，私下讨论，二，著书发表。”①

而罗素在中国访学期间也的确是采用他提到的两种方式来做的。一方面，他在讲演之余，和杨端六、张东荪、梁启超、张申府、徐志摩、陈独秀等文化名人都有直接或间接的交流。另一方面，他在华期间就笔耕不辍，撰写了《中国印象》（First Impressions of China）、《中国之乐》（The Happiness of China）、《中国到自由之路》（China's Road to Freedom）等文章发表在报刊上。回到英国后，他依然关注中国问题，在1921—1922年间发表了诸多关于中国的文章，如《中国和列强》（China and the Powers）、《中国的未来》（The Future of China）、《为中国请愿》（A Plea for China）、《中国和中国的影响》（China and Chinese Influence）、《中国问题》（The Problems of China）、《中国独立是否可能?》（Is Chinese Independence Possible?）、《现代中国图景》（Sketches of Modern China）、《华盛顿会议如何帮助中国》（How Washington Could Help China）、《中国重建》（Reconstruction in China）、《中国所处的纠缠》（China's Entanglements）。另外，罗素在1922年还出版了《中国问题》（*The Problems of China*）一书，集中论述他对中国问题的看法。

在罗素离华前的临别演讲中，他系统地阐述了自己对中国社会改造的主张，并试图澄清在中国引起的争论中被媒体歪曲报道，被人借用误解之处。他给中国知识界的改造中国的纲领性建议，可分为政治改革、经济建设、教育发展和文化建设四个方面。

首先，罗素认为政治改革是重中之重，是其他各方面建设的前提。他建议中国建立一个有序的、稳定的强大政府，从而对内可以结束国家内部的分裂和混乱而获得统一，对外能够结束外来的侵略和干涉来获得

① 杨端六：《和罗素先生的谈话》，《东方杂志》第17卷第22号，1920年11月25日。

独立；同时，他对有着公共精神和现代思想的“少年中国”寄予厚望，希望他们积极投身中国的复兴事业。

在经济建设方面，他认为中国和俄国相似，都属于经济上落后但文化上不落后的国家，建议中国采用俄国“国家社会主义”经济模式来发达实业，同时应首先大力发展与独立生存密切相关的铁路、矿产业、钢铁等工业部门。但他同时提醒，“国家社会主义”只是一个过渡阶段，是快速普及教育、发达实业的手段，其最终目的是让中国走向民主和自由。

教育对罗素来说是改造中国社会的重要方式之一。在教育发展方面，他看到教育经费不足是当时中国教育的最大困境，直接影响着中国教育的普及、民主的发展、实现工业化及现代化的进程。他倡导中国教育主权独立，统一语言文字，普及教育，促进并加强国家认同，培养大众政治意识，为实现民主创造条件；建议中国留学生应学习西方工业实用的知识来发展中国实业。

在罗素眼中，中国是一个“艺术家的国度”。在文化建设方面，他希望中国一方面能够保存其传统文明中某些精髓，另一方面尽可能多地学习并吸收西方的知识和技能。罗素来华期间，正是中国新文化运动蓬勃发展之时。在罗素看来，中国应该倡导的真正的“新文化”是融会贯通中西，吸收二者的精华所创造的文化。梁漱溟在 1972 年国庆节前夕写的文章《旁观者清——记英国哲人罗素 50 年前预见到我国的光明前途》中高度评价罗素的《中国问题》，说罗素在此书中“于中国民族性格、社会风尚极有同情的认识，于吾国传统文化亦复有相互了解，从而与吾国前途若遇见其光明将必不可掩者。果然在其五十年后遂有今日新中国应验出现。”①

罗素希望中国走的是一条避免苏俄式集权制度的、通往民主自由的“国家社会主义”道路。罗素给中国设计的现代化改革方案，并非全盘采取苏俄模式，而主张以自由民主限制国家权力，防止苏俄式“国家社会主义”的专制和集权的弊病。但罗素对苏俄布尔什维克社会主义的批评和反思，并未引起当时中国共产主义者的注意，他们感兴趣的只是罗素关于“俄国之法适于中国”的结论。

在中国政治改革的方案上，罗素无疑提出了很多有建设性的意见和建议，但罗素的和平说理，以及改良主义理想，在当时被外国侵略和军阀控制的中国没有实现的现实基础。在当时的现实国情和历史背景下，只能依靠革命和暴力夺取政权，而罗素温和的改革方案无异于纸上谈兵，无法结束中国分裂割据的局面。而随后，在中国共产党的领导下，中国人民团结一致，通过武装斗争，建立了强大、稳定的中央政府，实现了国家的统一和独立，之后就走向了实现现代化的改革道路。罗素给中国的改革建议，从某种程度上说，恰恰符合了中国历史发展的进程。在这方面，我们不得不承认罗素对中国的超前认识。

在《中国问题》一书的扉页上罗素引用了《庄子·应帝王》中的一段古文：“南海之帝为倏，北海之帝为忽，中央之帝为浑沌。倏与忽时相与遇于浑沌之地，浑沌待之甚善。倏与忽谋报浑沌之德，曰：‘人皆有七窍，以视听食息，此独无有，尝试凿之。’日凿一窍，七日而浑沌死。”

罗素借这个寓言表达了他对中国问题的担忧。一方面，罗素希望中

① 梁漱溟：《旁观者清——记英国哲人罗素50年前预见到我国的光明前途》，见《梁漱溟全集》（第4卷），山东人民出版社，1991年，第202页。

国人不要照搬西方经验；另一方面，他警告西方人不要干预中国的事务。其原因是："将中国改造为现代国家是一件很困难的事，外国人应该静待中国人自行解决。只有中国人最了解中国，我们并不了解。如果任其自由发展，最终必然会有一种适合于他们性格的解决办法，我们不应该越俎代庖。只有他们自己慢慢摸索出的解决办法才是长久之计，而外部势力在时机尚未成熟的情况下强加给他们的必然是不自然的，因而也不会是长久的。"①

倘若中国照搬外国模式，或外国把自己的模式强加给中国，中国会怎样发展？对世界有何影响？在罗素看来，西方文明的"显著长处在于科学的方法；中国文明的长处则在于对人生归宿的合理理解。人们一定希望看到两者逐渐结合在一起"②。他认为中西文明应该互通有无，取长补短，并寄希望于中国能够实现中西文明长处的结合，鼓励中国人要敢于创造一种新的文明。如今看来，这则寓言对中国和世界仍有现实的意义。

遗憾的是，罗素在有生之年看到了他最大的恐惧变成了现实。在1926年所写的一篇文章中，他就已经预感到即将到来的危险。"最近几年发生的事件极大地增加了中国未来局势的严峻性。现在看来列强很可能还将继续欺凌中国，直到将中国逼上军国主义的道路。到那时，除了俄国人，所有的列强将被赶入大海里，而中国人将获得我们西方所有的恶，并将失去那些优秀的美德，这些美德曾让了解中国的人为之尊重和赞赏。"1943年是中国抗日战争的第六个年头，罗素这位和平主义者怀着遗憾之情在其自传中预测中国的未来："我热爱中国人，但显而易见

① 〔英〕罗素：《中国问题》，秦悦译，学林出版社，1996年，第142页。

② 〔英〕罗素：《中国问题》，秦悦译，学林出版社，1996年，第154页。

的是，他们对敌方军国主义的抵抗肯定会毁灭中国文明中最好的部分。他们似乎没有别的选择，要么被征服，要么获得其敌人的恶。”①

罗素这位和平主义者投身于世界和平事业，希望能为暴力动乱的世界带来和平与宁静。他寄厚望于中国的文明能救治西方的疾病，带给全人类和平的曙光。然而，他所关切的“保持中国的独立性，而不大规模发展军国主义和民族主义”在新文化运动时期及之后的中国是一个巨大的难题。随后，儒家学者梁漱溟、民族主义者孙中山以及共产主义者毛泽东都对罗素提出的这一问题做了不同的回答。

---

① Bertrand Russell, My Mental Development, in *The Basic Writings of Bertrand Russell*, Robert E. Egner & Lester E. Denonn eds., London & New York: Routledge, 2009, p. 20.

参考文献

一、中文部分

（一）罗素著作

罗素：《哲学问题》，黄凌霜译，新青年社，1920 年。

罗素：《政治理想》，程振基译，商务印书馆，1921 年。

罗素：《哲学中的科学方法》，王兴拱译，商务印书馆，1921 年。

罗素：《战时的正义》，太朴译，共学社，1921 年。

罗素：《中国之问题》，赵文锐译，中华书局，1924 年。

罗素：《德国社会民主党》，陈与漪译，商务印书馆，1927 年。

罗素：《原子发凡论》，郑员文译，商务印书馆，1927 年。

罗素：《科学的未来》，李元译，北新书局，1928 年。

罗素：《工业文明之将来》，高佩琅译，上海太平洋书店，1929 年。

罗素：《政治理想》，刘衡如、吴蔚人译，中华书局，1929 年。

罗素：《罗素教育论》，柳其伟译，商务印书馆，1931 年。

罗素：《怀疑论集》，严既澄译，商务印书馆，1932 年。

罗素：《教育与群治》，赵演译，商务印书馆，1934 年。

罗素：《科学观》，王光煦、蔡宾牟译，商务印书馆，1935 年。

罗素：《相对论 ABC》，王刚森译，ABC 丛书社，1935 年。

罗素：《自由与组织》，陈瘦石、陈瘦竹译，商务印书馆，1936 年。

罗素：《结婚与道德》，程希亮译，商务印书馆，1936 年。

罗素：《我的人生观》，丘瑾璋译，正中书局，1936 年。

罗素：《哲学大纲》，高名凯译，正中书局，1937 年。

罗素：《闲赞》，柯硕亭译，商务印书馆，1943 年。

罗素：《幸福之路》，傅雷译，上海南国出版社，1947 年。

罗素：《哲学问题》，何明译，商务印书馆，1959 年。

罗素：《心的分析》，李季译，中华书局，1958 年。

罗素：《社会改造原理》，张师竹译，上海人民出版社，1959 年。

罗素：《自由之路——社会主义、无政府主义和工团主义》，何新译，商务印书馆，1959 年。

罗素：《常识和核武器》，张师竹译，商务印书馆，1961 年。

罗素：《人类有前途吗？》，吴忆萱译，商务印书馆，1964 年。

罗素：《西方哲学史》，何兆武、李约瑟译，商务印书馆，1963 年、1976 年。

罗素：《宗教与科学》，徐奕春、林国夫译，商务印书馆，1982 年。

罗素：《数理哲学导论》，晏成书译，商务印书馆，1982 年。

罗素：《为什么我不是基督教徒》，沈海康译，商务印书馆，1982 年。

罗素：《我的哲学发展》，温锡增译，商务印书馆，1982 年。

罗素：《人类的知识》，张金言译，商务印书馆，1983 年。

罗素：《罗素文选》，牟治中译，国际文化出版公司，1987 年。

罗素：《权力论：一个新的社会分析》，靳建国译，东方出版社，1988 年。

罗素：《我的信仰》，靳建国译，东方出版社，1989 年。

罗素:《婚姻与道德》，上海文艺出版社，1989 年。

罗素:《中国人的性格》，王正平译，中国工人出版社，1993 年。

罗素:《中国问题》，秦悦译，学林出版社，1996 年。

罗素:《罗素论人生》(英汉对照)，翟玉章主编，世界知识出版社，2000 年。

罗素:《罗素自传》，陈启伟译，商务印书馆，2003 年。

罗素:《自由之路》，李国山译，文化艺术出版社，2005 年。

罗素:《罗素论教育》，杨汉麟译，人民教育出版社，2009 年。

罗素:《罗素论中西文化》，杨发庭等译，北京出版社，2010 年。

（二）演讲、日记和书信

曹伯言编:《胡适日记全编》，安徽教育出版社，2001 年。

曹元勇编:《通往自由之路——罗素在中国》，江西高校出版社，2009 年。

杜威:《杜威五大演讲》，胡适译，安徽教育出版社，1999 年。

耿云志、欧阳哲生编:《胡适书信集》，北京大学出版社，1996 年。

刘伯明口译，沈振声笔述:《杜威三大演讲》，上海泰东书局，1920 年。

罗素:《罗素及勃拉克讲演集》，惟一日报社，1921 年。

〔澳〕骆惠敏编:《清末民初政情内幕——〈泰晤士报〉驻北京记者袁世凯政治顾问乔·厄·莫理循书信集》(下卷)，陈泽宪等译，知识出版社，1986 年。

沈益洪编:《罗素谈中国》，浙江文艺出版社，2001 年。

沈益洪编:《杜威谈中国》，浙江文艺出版社，2001 年。

袁刚、孙家祥、任丙强编:《中国到自由之路——罗素在华讲演集》，北京大学出版社，2004 年。

袁刚、孙家祥、任丙强编:《民治主义与现代社会——杜威在华讲演集》，北京大学出版社，2004 年。

张宝贵编:《实用主义之我见——杜威在中国》，江西高校出版社，2009 年。

中国社科院近代史所编:《胡适的日记》，中华书局，1985 年。

（三）文集、全集、传记、回忆录和年谱等

〔英〕艾伦·伍德：《罗素——热烈的怀疑者》，孙乃修译，辽宁人民出版社，1988年。

曹汝霖：《曹汝霖一生之回忆》，中国大百科全书出版社，2009年。

陈独秀：《独秀文存》，安徽人民出版社，1987年。

丁文江、赵丰田编：《梁启超年谱长编》，上海人民出版社，1983年。

杜威等著：《杜威传》，单中惠编译，安徽教育出版社，2009年。

高平叔编：《蔡元培全集》，中华书局，1984年。

耿云志：《胡适年谱》，四川人民出版社，1989年。

欧阳哲生编：《胡适文集》，北京大学出版社，1998年。

季羡林主编：《胡适全集》，安徽教育出版社，2003年。

蒋梦麟：《西潮·新潮》，岳麓书社，2000年。

李华兴、吴嘉勋编：《梁启超选集》，上海人民出版社，1984年。

梁漱溟：《梁漱溟全集》（第一~六卷），山东人民出版社，1989—1993年。

鲁迅：《鲁迅全集》，人民文学出版社。1998年。

罗志田：《再造文明之梦——胡适传》，四川人民出版社，1995年。

〔美〕芮恩施：《一个美国外交官使华记》，李抱宏、盛震溯译，文化艺术出版社，2010年。

孙中山：《孙中山选集》，人民出版社，1981年。

唐德刚译注：《胡适口述自传》，华东师范大学出版社，1993年。

天津编译中心编：《顾维钧回忆录缩编》，中华书局，1997年。

伍启元：《中国新文化运动概观》，上海现代书局，1934年。

〔澳〕西里尔·玻尔：《北京的莫理循》，檀东鍟、窦坤译，福建教育出版社，2003年。

中共中央马恩列斯著作编译局研究室编：《五四时期的社团》，生活·读

书·新知三联书店，1979年。

中共中央马恩列斯著作编译局研究室编：《五四时期期刊介绍》，生活·读书·新知三联书店，1978年。

（四）研究著作

〔美〕艾恺：《世界范围内的反现代化思潮——论文化守成主义》，贵州人民出版社，1991年。

〔美〕本尼迪克特·安德森：《想象的共同体——民族主义的起源与散布》，吴叡人译，上海人民出版社，2005年。

陈崧编：《五四前后东西文化问题论战文选》，中国社会科学出版社，1989年。

淡江大学中文系主编：《五四精神的解咒与重塑——海峡两岸纪念五四七十年论文集》，台湾学生书局，1992年。

丁守和、殷叙彝：《从五四启蒙运动到马克思主义的传播》，生活·读书·新知三联书店，1979年。

丁耘主编：《五四运动与现代中国》，上海人民出版社，2009年。

〔美〕费侠莉：《丁文江——科学与中国新文化》，丁子霖、蒋毅坚、杨昭译，新星出版社，2006年。

冯友兰：《三松堂自序》，生活·读书·新知三联书店，1984年。

〔美〕弗兰克·J. 古德诺：《政治与行政》，王元、杨百朋译，杨百揆校，华夏出版社，1987年。

高力克：《五四的思想世界》，学林出版社，2003年。

〔美〕格里德：《胡适与中国的文艺复兴——中国革命中的自由主义（1917—1937）》，鲁奇译，江苏人民出版社，1989年。

辜鸿铭：《中国人的精神》，黄兴涛、宋小庆译，海南出版社，2007年。

辜鸿铭：《辜鸿铭文集》，黄兴涛等译，海南出版社，1996年。

〔美〕古德诺：《解析中国》，国际文化出版公司，1998 年。

顾红亮：《实用主义的误读——杜威哲学对中国现代哲学的影响》，华东师范大学出版社，2000 年。

胡逢祥：《社会变革与文化传统：中国近代文化保守主义思潮研究》，上海人民出版社，2000 年。

胡伟希选注：《论世变之亟——严复集》，辽宁人民出版社，1994 年。

金耀基：《中国现代化与知识分子》，香港时报出版公司，1984 年。

金岳霖：《罗素哲学》，上海人民出版社，1988 年。

〔美〕拉铁摩尔：《亚洲的决策》，曹未风等译，商务印书馆，1962 年。

李剑农：《中国近百年政治史：1840—1926 年》，武汉大学出版社，2006 年。

李茂民：《在激进与保守之间——梁启超五四时期的新文化思想》，社会科学文献出版社，2006 年。

李渊庭、阎秉华编：《梁漱溟先生年谱》，广西师范大学出版社，1991 年。

李泽厚：《中国思想史论》（下册），天津社会科学院出版社，2003 年。

〔美〕里亚・格林菲尔德：《民族主义——走向现代的五种道路》，王春华等译，上海三联书店，2010 年。

〔美〕乔纳森・斯潘塞：《改变中国》，曹德俊等译，生活・读书・新知三联书店，1990 年。

林茂生、杨淑娟、王树棣编：《陈独秀文章选编》（上编），生活・读书・新知三联书店，1984 年。

〔美〕林毓生：《中国意识的危机——五四时期激烈的反传统主义》，穆善培译，贵州人民出版社，1988 年。

林语堂：《吾国与吾民》，远景出版社，1980 年。

梁济：《梁巨川遗书》，黄曙辉编校，华东师范大学出版社，2008 年。

刘桂生、张步洲编：《台港及海外五四研究论著撷要》，教育科学出版社，1989 年。

刘福增主编：《罗素论社会主义与自由主义》，台湾水牛图书出版事业有限公司，1989 年。

刘福增主编：《罗素论权威与个体》，台湾水牛图书出版事业有限公司，1988 年。

刘福增主编：《罗素的社会哲学》，台湾水牛图书出版事业有限公司，1989 年。

罗荣渠主编：《从“西化”到现代化——五四以来有关中国的文化趋向和发展道路争论文选》（全三册），黄山书社，2008 年。

〔美〕马文 · 佩里主编：《西方文明史》（下卷），胡万里等译，商务印书馆 1993 年。

马震东：《袁氏当国史》，团结出版社，2008 年。

〔美〕明恩溥：《中国人的气质》，刘文飞、刘晓旸译，上海三联书店，2007 年。

欧阳哲生等编：《中国的文艺复兴》，外语教学与研究出版社，2001 年。

〔英〕帕南特 · 威尔：《帝国梦魇：乱世袁世凯》，秦传安译，中央编译出版社，2006 年。

彭明：《五四运动史》，人民出版社，1998 年。

〔美〕S. 杰克 · 奥德尔：《罗素》，陈启伟、贾可春译，中华书局，2002 年。

〔美〕塞缪尔 · P. 亨廷顿：《变化社会中的政治秩序》，王冠华、刘为等译，上海人民出版社，2008 年。

三联书店编辑部编：《东方杂志总目（一九零四年三月——一九四八年十二月）》，生活 · 读书 · 新知三联书店，1957 年。

唐德刚：《袁氏当国》，广西师范大学出版社，2004 年。

〔美〕史书美：《现代的诱惑——书写半殖民地中国的现代主义（1917—1937）》，何恬译，江苏人民出版社，2007 年。

〔奥〕史蒂芬 · 茨威格：《昨日的世界——一个欧洲人的回忆》，舒昌善等译，生活·读书·新知三联书店，1991年。

〔美〕舒衡哲：《中国启蒙运动——知识分子与“五四”遗产》，刘京建译，新星出版社，2007年。

〔德〕斯宾格勒：《西方的没落》（全二卷，全译本），吴琼译，上海三联书店，2006年。

童世骏主编：《西学在中国：五四运动90周年的思考》，生活·读书·新知三联书店，2010年。

天忏生、冬山：《八十三日皇帝之趣谈》（下卷），文艺编译社，1916年。

王跃、高力克编：《五四：文化的阐释与评价——西方学者论五四》，山西人民出版社，1989年。

〔英〕维克托·基尔南：《人类的主人——欧洲帝国时期对其他文化的态度》，陈正国译，商务印书馆，2006年。

吴宓著，吴学昭整理：《吴宓自编年谱：1894—1925》，生活·读书·新知三联书店，1995年。

〔美〕徐国琦：《中国与大战：寻求新的国家认同与国际化》，马建标译，上海三联书店，2008年。

〔美〕伊丽莎白·R. 埃姆斯：《罗素与其同时代人的对话》，于海、黄伟力等译，云南人民出版社，1993年。

余英时：《重寻胡适历程——胡适生平与思想再认识》，广西师范大学出版社，2004年。

余英时：《文史传统与文化重建》，生活·读书·新知三联书店，2004年。

永井道雄：《近代化与教育》，王振宇、张葆春译，吉林人民出版社，1984年。

元青：《杜威与中国》，人民出版社，2001年。

张华腾：《洪宪帝制：袁氏帝梦破灭记》，中华书局，2007年。

张申府：《张申府学术论文集》，齐鲁书社，1985年。

张申府：《所思》，生活·读书·新知三联书店，1986年。

张申府著译：《罗素哲学译述集》，教育科学出版社，1989 年。

张东荪：《认识论》，世界书局，1934 年。

张东荪：《理性与民主》，商务印书馆，1946 年。

张东荪：《民主主义与社会主义》，观察社，1948 年。

张宝贵编著：《杜威与中国》，河北人民出版社，2001 年。

赵元任：《从家乡到美国——赵元任早年回忆》，学林出版社，1997 年。

郑师渠：《社会的转型与文化的变动：中国近代史论》，商务印书馆，2006 年。

郑师渠：《思潮与学派：中国近代思想文化研究》，北京师范大学出版社，2005 年。

中国社会科学院近代史研究所民国研究室、四川师范大学历史文化学院编：《一九一〇年代的中国》，社会科学文献出版社，2007 年。

〔美〕周策纵：《五四运动史》，陈永明等译，岳麓书社，1999 年。

（五）学术论文

1. 罗素与中国

陈光俊：《罗素论中国》，《玉溪师范学院学报》1998 年第3 期。

陈友良：《杨端六与罗素——从罗素长沙讲学说起》，《史学月刊》2007 年第 5 期。

哈迎飞：《罗素对周作人“非宗教”思想的影响》，《广东社会科学》2008 年第 1 期。

胡玉海、王海晨：《罗素的中国文化观》，《辽宁大学学报（哲学社会科学版）》1998 年第 5 期。

胡军：《罗素哲学思想在中国》，见《分析哲学——回顾与展望》，四川教育出版社，2001 年。

李健美、江丽萍：《还原罗素长沙讲演对布尔什维克的真意论述》，《江西社会科学》2011年第6期 。

林建华、聂新：《中国到自由之路——罗素社会主义思想的中国化过程及其影响》，《东岳论坛》2006年第6期。

刘洪涛：《徐志摩与罗素的交游及其所受影响》，《浙江大学学报（人文社会科学版）》2006年第6期。

刘敏、陆卫明：《论罗素的中西文化观》，《理论导刊》2005年第11期。

莫质斌：《罗素来湘讲学与青年毛泽东》，《湖南社会科学》1990年第2期。

史云波：《胡适与罗素》，《安徽史学》1998年第4期。

孙家祥：《一个历史的误读——罗素中国社会改造思想的重新审视》，见《中国到自由之路——罗素在华讲演集》，北京大学出版社，2004年。

王彬彬：《社会主义论争与中国共产党的诞生——兼论社会主义论争中的罗素》，《浙江省暨华东六省一市党史系统纪念建党八十周年学术讨论会论文集》，2001年。

王明生：《罗素的两大命题与20世纪初社会主义论战的再审视》，《江苏社会科学》2010年第2期。

王伟凯：《梁敬錞之〈与罗素同船之一封书〉读解》，《社会科学论坛》（学术评论卷）2009年第2期。

王兆胜：《林语堂与罗素》，《山东社会科学》2003年第5期。

姚兴富：《杜威、罗素宗教观在“五四”时期的影响》，《世界宗教研究》2011年第1期。

杨逢银：《析杜威和罗素的中国近代化方案》，《江淮论坛》2002年第4期。

喻春梅：《杜威、罗素来湘讲学及其影响——以长沙〈大公报〉为视角》，《吉首大学学报（社会科学版）》2011年第5期。

袁伟时：《中国人对罗素思想的误解》，《学术研究》1997年第11期。

张胜利：《罗素思想对中国“五四”时期的影响》，《长春市委党校学报》2006年第2期。

郑师渠：《五四前后外国明哲来华讲学与中国思想界的变动》，《近代史研究》2012年第2期。

周红安、张彩云：《罗素对中国文化的评价及其影响》，《安庆师范学院学报（社会科学版）》2002年第4期。

朱江：《东西方文化的“合流”与“互惠”——赵元任译学文化观研究》，《常州工学院学报（社科版）》2011年第4期。

2. 杜威与中国

黄岭峻：《杜威来华二题》，《华中科技大学学报》2003年第1期。

罗志田：《杜威对胡适的影响》，《四川师范大学学报》2002年第3期。

张汝伦：《杜威在中国的命运》，《读书》2003年第7期。

史云波：《杜威中国之行对五四思想界的影响》，《江苏大学学报》2003年第2期。

史云波：《杜威的五四观及其影响》，《江苏大学学报》2005年第4期。

王剑：《胡适与杜威的中国之行》，《社会科学研究》2003年第1期。

王玉平：《从杜威到胡适——实用主义之变异》，《河北师范大学学报》2003年第3期。

元青：《杜威的中国之行及其影响》，《近代史研究》2001年第2期。

元青：《五四时期杜威关于中国改革与发展的主张评述》，《天津社会科学》2002年第1期。

3. 古德诺与中国

黄岭峻：《从古德诺的两篇英文文章看其真实思想》，《中南民族大学学报（人文社会科学版）》，2003年第3期。

魏德胜：《掉进酱缸里的古德诺》，向继东编：《中国文史精华年选（2006）》，花城出版社，2006年。

曾景忠：《古德诺与洪宪帝制关系辨析》，《历史档案》2007年第3期。

张学继：《有贺长雄、古德诺与民国初年宪政体制的演变》，《档案与史学》，

1997年第4期。

张学继：《古德诺：敲响洪宪帝制开场锣鼓》，《浙江人大》2004年第3期。

张学继：《古德诺与民初宪政问题研究》，《近代史研究》2005年第2期。

郑琼梅：《古德诺与“洪宪帝制”》，《湖南理工大学学报（社会科学版）》2002年第1期。

郅玉汝：《袁世凯的宪法顾问古德诺》，台北中华民国史料研究中心编：《中国现代史专题研究报告》（第七辑），1977年。

朱志辉：《法律顾问的古德诺还是中美外交的古德诺？——基于法律职业的思考》，《重庆工学院学报（社会科学版）》2007年第3期。

（六）报纸期刊重要文章

《晨报》

胡适：《好政府主义》，《晨报副镌》1921年11月17日至18日。

梁启超：《欧游心影录》，《晨报·副刊》1920年3月6日至8月17日。

罗素：《在上海中国公学讲演》，《晨报》1920年10月17日。

罗素：《布尔塞维克与世界政治》，《晨报》1920年11月2日。

徐志摩：《罗素与中国——读罗素著〈中国问题〉》，《晨报副镌》1922年12月3日。

张崧年：《国人对于罗素的误解》，《晨报》1920年10月14日。

周作人：《罗素与国粹》，《晨报·副刊》1920年10月19日，署名仲密。

《东方杂志》

陈独秀：《关于现在中国政治问题的我见》，《东方杂志》第19卷第15号，1922年8月10日。

梁启超：《梁任公在中国公学之演说》，《东方杂志》第17卷第6号，1920年3月25日。

钱端升：《民主政治乎？集权国家乎？》，《东方杂志》第31卷第1号，1934

年1月1日。

徐志摩：《罗素又来说话了》，《东方杂志》第20卷第23号，1923年12月10日。

杨端六：《和罗素先生的谈话》，《东方杂志》第17卷第22号，1920年11月25日。

《新青年》

陈独秀：《独秀致罗素先生的信》，《关于社会主义的讨论》，《新青年》第8卷第4号，1920年12月1日。

陈独秀：《随感录（一）》，《新青年》第4卷第4号，1918年4月。

《申报》

《各团体欢迎罗素纪》，《申报》1920年10月14日。

《努力周报》

胡适：《联省自治与军阀割据——答陈独秀》，《努力周报》第19期，1922年9月10日。

《独立评论》

丁文江：《民主政治与独裁政治》，《独立评论》第133号，1934年12月30日，原载1934年12月18日天津《大公报·星期论文》。

丁文江：《再论民治与独裁》，《独立评论》第137号，1935年1月27日，原载1935年1月20日天津《大公报·星期论文》。

胡适：《领袖人才的来源》，《独立评论》第12号，1932年8月7日。

胡适：《中国政治出路的讨论》，《独立评论》第17号，1932年9月11日。

胡适：《统一的路》，《独立评论》第28号，1932年11月27日。

胡适：《建国问题引论》，《独立评论》第77号，1933年11月19日。

胡适：《建国与专制》，《独立评论》第81号，1933年12月17日。

胡适：《再论建国与专制》《独立评论》第82号，1933年12月24日。

胡适：《武力统一论》，《独立评论》第85号，1934年1月14日。

胡适：《政治统一的途径》，《独立评论》第86号，1934年1月21日。

胡适：《再论无为的政治》，《独立评论》第89号，1934年2月25日。

胡适：《今日的危机》，《独立评论》第99号，1934年5月6日。

胡适：《政治统一的意义》，《独立评论》第123号，1934年10月21日。

胡适：《中国无独裁的必要与可能》，《独立评论》第130号，1934年12月9日。

胡适：《答丁在君先生论民主与独裁》，《独立评论》第133号，1934年12月30日。

明生：《双周闲谈》，《独立评论》第133号，1934年12月30日。

胡适：《试评所谓中国本位的文化建设》，《独立评论》第145号，1935年4月7日，原载1935年3月31日天津《大公报・星期论文》。

胡适：《个人自由与社会进步——再谈五四运动》《独立评论》第150号，1935年5月12日。

室伏高信：《胡适再见记——中华的动静如何?》，《独立评论》第213号，1936年8月9日，原载东京《读卖新闻》1936年7月23日文艺版。

吴景超：《中国的政制问题》，《独立评论》第134号，1935年1月6日。

其他报刊

陈访：《知识分子的两极端》，《大公报》1935年1月1日。

杜亚泉：《精神救国论》，见田建业等编：《杜亚泉文选》，华东师范大学出版社，1993年。

胡适：《充分世界化与全盘西化》，《大公报・星期论文》1935年6月23日。

罗素：《布尔札维克与世界政治》，上海《民国日报》，1920年11月9日。

罗素：《在欢迎宴会上的答词》，上海《民国日报》，1920年10月1日。

陶孟和：《民治与独裁》，《国闻周报》第12卷第1期。

张东荪：《现代的中国怎样要孔子?》，《正风》半月刊第1卷第2期，1934年。

张东荪：《由内地旅行而得之又一教训》，《时事新报》，1920年11月5日。

二、英文部分

Chow, Tse-Tsung, *The May Fourth Movement: An Intellectual Revolution in Modern China*, *Massachusetts*: *Harvard University Press*, 1960.

Dewey, John & Alice Chipman Dewey, edited by Evelyn Dewey, *Letters from China and Japan*, New York: E. P. Dutton & Company, 1920.

Dockser, Cecile Bahn, "John Dewey and the May Fourth Movement in China: Dewey's Social and Political Philosophy in Relation to His Encounter with China (1919-1921)," Ph. D diss., Harvard University, 1983.

Furth, Charlotte, *Ting Wen-Chiang: Science and China's New Culture*, Massachusetts: Harvard University Press, 1970.

Goodnow, Frank J., "Reform in China", *The American Political Science Review*, Vol. 9, No. 2 (May, 1915).

Goodnow, Frank J., "The Parliament of the Republic of China", *The American Political Science Review*, Vol. 8, No. 8 (1914).

Greenfeld, Liah, *Nationalism: Five Roads to Modernity*, Massachusetts: Harvard University Press, 1992.

Hu, Shih, *The Chinese Renaissance*, Chicago: University of Chicago Press, 1934.

Huntington, Samuel P., *Political Order in Changing Societies*, New Haven & London: Yale University Press, 2006.

Keenan, Barry, *The Dewey Experiment in China: Educational Reform and Political Power in the Early Republic*, Massachusetts: Harvard University Press, 1977.

Ku Hung-ming, *The Spirit of the Chinese People*, Peking: The Peking Daily News, 1915.

Li, Yuh-shin, "John Dewey and Modern Chinese Education: Prospects for a New

Philosophy," Ph. D diss., The Ohio State University, 2000.

Makino, Tsutomu, "Russell's Influence in China and Japan," Kyoyo Shogaku Kenkyu (Waseda Univ.), No. 41: Oct. 1972.

Ogden, Suzanne P., "The Sage in the Inkpot: Bertrand Russell and China's Social Reconstruction in the 1920s," *Modern Asian Studies*, vol. 16, Issue 4, Cambridge: Cambridge University Press, 1982.

Russell, Bertrand, *German Social Democracy*, London: George Allen & Unwin Ltd., 1896.

Russell, Bertrand, *Justice in War – Time*, London: George Allen & Unwin Ltd., 1916.

Russell, Bertrand, *Principles of Social Reconstruction*, London: George Allen & Unwin Ltd., 1916.

Russell, Bertrand, *Political Ideals*, New York: The Century Company, 1917.

Russell, Bertrand, *Proposed Roads to Freedom: Socialism, Anarchism and Syndicalism*, London: George Allen & Unwin Ltd., 1918.

Russell, Bertrand, *The Practice and Theory of Bolshevism*, London: George Allen & Unwin Ltd., 1920.

Russell, Bertrand, *The Analysis of Mind*, London: George Allen & Unwin Ltd., 1921.

Russell, Bertrand, *What I Believe*, London: George Allen & Unwin Ltd., 1925.

Russell, Bertrand, *On Education, Especially in Early Childhood*, London: George Allen & Unwin Ltd., 1926.

Russell, Bertrand, *The Analysis of Matter*, London: George Allen & Unwin Ltd., 1927.

Russell, Bertrand, *Sceptical Essays*, London: George Allen & Unwin Ltd., 1928.

Russell, Bertrand, *Marriage and Morals*, London: George Allen & Unwin

Ltd., 1929.

Russell, Bertrand, *The Conquest of Happiness*, London: George Allen & Unwin Ltd., 1929.

Russell, Bertrand, *The Scientific Outlook*, London: George Allen & Unwin Ltd., 1931.

Russell, Bertrand, *Education and Social Order*, London: George Allen & Unwin Ltd., 1932.

Russell, Bertrand, *Freedom and Organization, 1814 – 1914*, London: George Allen & Unwin Ltd., 1934.

Russell, Bertrand, *Religion and Science*, London: George Allen & Unwin Ltd., 1935.

Russell, Bertrand, *In Praise of Idleness, and Other Essays*, London: George Allen & Unwin Ltd., 1935.

Russell, Bertrand, *Which Way to Peace*, London: George Allen & Unwin Ltd., 1936.

Russell, Bertrand, *Power: A New Social Analysis*, London: George Allen & Unwin Ltd., 1938.

Russell, Bertrand, *Human Knowledge: Its Scope and Limits*, London: George Allen & Unwin Ltd., 1948.

Russell, Bertrand, *Authority and the Individual*, London: George Allen & Unwin Ltd., 1949.

Russell, Bertrand, *Unpopular Essays*, London: George Allen & Unwin Ltd., 1950.

Russell, Bertrand, *The Impact of Science on Society*, London: George Allen & Unwin Ltd., 1951.

Russell, Bertrand, *New Hopes for a Changing World*, London: George Allen &

Unwin Ltd., 1951.

Russell, Bertrand, *Human Society in Ethics and Politics*, London: George Allen & Unwin Ltd., 1954.

Russell, Bertrand, *Portraits from Memory*, London: George Allen & Unwin Ltd., 1956.

Russell, Bertrand (in collaboration with Dora Russell), *The Prospects of Industrial Civilization*, London: George Allen & Unwin Ltd., 1959.

Russell, Bertrand, *The Problem of China*, London: George Allen & Unwin Ltd., 1922.

Russell, Bertrand, *Autobiography*, London & New York: Routledge, 1998.

Russell, Bertrand, *Uncertain Paths to Freedom: Russia and China*, 1919 - 22 (*The Collected Papers of Bertrand Russell*, Vol. 15), edited by Richard A. Rempel & Beryl Haslam, London and New York: Routledge, 2000.

Russell, Bertrand, *The Selected Letters of Bertrand Russell: The Public Years*, 1914-1970, edited by Nicholas Griffin, assisted by Alison Roberts Miculan, London: Routledge, 2001.

Russell, Bertrand, *Yours Faithfully, Bertrand Russell: A Lifelong Fight for Peace, Justice and Truth in Letters to the Editor*, edited by Ray Perkins, Jr., Chicago: Open Court Publishing Company, 2002.

Russell, Bertrand (with Woodrow Lyle Wyatt), *Bertrand Russell Speaks His Mind: Dialogues between Bertrand Russell and Woodrow Wyatt*, London: Arthur Barker Ltd., 1960.

Spence, Jonathan, *To Change China: Western Advisers in China*, 1620 - 1960, Boston: Little, Brown and Company Limited, 1969.

Tait, Katharine, *My Father, Bertrand Russell*, Bristol: Thoemmes Press, 1996.

Wang, Jessica Ching-Sze, *John Dewey in China: To Teach and to learn*, Albany:

State University of New York Press, 2007.

Wood, Alan, *Bertrand Russell: The Passionate Sceptic*, London: George Allen & Unwin Ltd., 1957.

Zheng, Weiming, "Bertrand Russell on Chinese Education," *US–China Education Review*, Sep. 2008, vol. 5, No. 9 (Serial No. 46).

附录一

古德诺在华活动年谱及相关大事记

1913年

3月15日，经由卡耐基国际和平基金会引荐，中国政府代表驻美公使张荫棠与古德诺签订了聘用其为中华民国政府宪法顾问的合同，任期三年。

4月5日，古德诺一行从美国启程赴华。

5月3日，古德诺一行抵达北京。

5月4日，古德诺首次拜见袁世凯，袁世凯英文秘书顾维钧担任翻译。随后被安排担任民国政府的宪法顾问在总统府法制局工作。

6月，古德诺拟出宪法草案稿。《古德诺拟中华民国宪法草案》发表于《宪法新闻》1913年7月第13期。

7月，《古顾问之宪法谈》发表于《宪法新闻》第12期，该文为古德诺接受《宪法新闻》杂志社长、众议院议员兼宪法起草委员李庆芳的采访而写。

秋，古德诺受美国教会学校汇文大学（即后来的燕京大学）邀请，讲授西方国家宪政制度及其发展史，每周两次课，直到1914年夏。后来将该课程的讲稿编成《宪政原理》一书，于1916年4月在纽约出版。

10月6日，国会被迫选举袁世凯为临时大总统。

10月31日，《天坛宪法草案》通过，古德诺撰写的评论文章经莫理循送交英文《北京时报》发表，对《天坛宪法草案》给予否定性评价。

12月12日，撰《中华民国的国会》意见书并交袁世凯。

1914年

2月22日，古德诺被任命为约翰·霍普金斯大学校长，并同意在中国待到8月。

6月，古德诺向政治会议提议，中国应专门设立行政学校，培养人才。该建议随后以《中国官吏教育论》为题发表。

8月初，古氏一行离华返美。

10月1日，古氏抵达约翰·霍普金斯大学就任校长一职。

11月19日，古德诺在纽约法政学会宴会席上发表了《中国新约法论》的演说，分析批评《中华民国临时约法》。

11月，古德诺在《美国政治科学评论》(*The American Political Science Review*)发表《中华民国的国会》(The Parliament of the Republic of China)。

1915年

5月，古德诺在《美国政治科学评论》发表《中国的改革》(Reform in China)。这篇文章是古氏1914年冬在美国政治学会第11届年会上宣读的论文。

7月中旬，约翰·霍普金斯大学放假，古德诺按照合同规定二次来华，以备咨询顾问。抵华伊始，农商总长周自其就被袁世凯委派与古氏会面，请古德诺为袁氏撰写一份备忘录提交政府参考，要求他比较共和制和君主制的优缺点，并对哪种国体更适合中国做出评价。

8月3日，古德诺提交给袁世凯的备忘录被译为中文，以《共和与君主论》为题发表于北京《亚细亚日报》，译者是总统府法制局参事林步随。

8月11日，东京报纸转载古德诺的《共和与君主论》。

8月14日，杨度等人在北京发起成立筹安会。23日，筹安会正式成立，理事长为杨度，副理事长为孙毓筠，理事有李燮和、胡瑛、刘师培和严复，即后来所称“筹安会六君子”。

8月17日，应英文《北京宪报》（*Peking Gazette*）采访，古德诺发表声明，试图澄清筹安会强加给他的对其观点的曲解，该访谈于18日发表。

8月20日，征得袁世凯的同意，古德诺在英文《北京日报》（*Peking Daily News*）发表了备忘录英文原文。

8月28日，古德诺要求中国有关政府要员督促筹安会纠正误引。筹安会随后在报纸上发布公告称，有关“君主还是共和”问题的讨论，古德诺博士除了他递交给总统的备忘录之外，别无他言。

8月底，约翰·霍普金斯大学开学在即，古氏返美。离华前，伍朝枢、曾彝进、林长民、余邦平、方枢、许士熊、张国溶等人在灯市口德昌饭店与古氏告别。

9月7日，《申报》上载《日人所谓国体变更之里面》一文，谈及日本舆论界对古氏的评价。

9月9日，伦敦《泰晤士报》转载古德诺的《共和与君主论》。

1916年

6月20日，北京的英文晚报发表《古德诺博士及其评家》一文，为古氏辩解。

1917年

古德诺来华，参与由芮恩施等人发起并成立于北京的中国社会政治学会。

秋，他在美国波士顿罗厄尔学院发表了一系列关于中国的演讲，构成1926年出版的《解析中国》（*China: An Analysis*）一书的基本框架。

1922 年

3 月，古德诺的《中国哲学》一文发表于《中国研究月刊》。

1926 年

古德诺《解析中国》(*China*: *An Analysis*) 一书出版。

附录二

罗素在华活动年谱及大事记

1920 年

10 月 9 日，抵达香港。

10 月 12 日，抵达上海，徐文耀到船迎接，住一品香旅社。

10 月 13 日，江苏省教育会等七团体在上海大东旅馆召开迎接宴会，沈信卿致欢迎辞，罗素发表即席演讲，赵元任担任翻译。与会者约一百人，包括徐季龙、陈独秀、薛思培、康伯、徐维荣、杨端六、张东荪、张伯初等。

10 月 14 日，刘南陔陪同罗素及夫人勃拉克游上海沪南闸北，考察中国社会实况，并到半淞园游览。

10 月 15 日，罗素到上海吴淞中国公学做第一次正式演讲，题目为《社会改造原理》（Principles of Social Reconstruction），由兼任中国公学教员的杨端六担任翻译。

10 月 16 日，罗素在江苏省教育会演讲《教育之效用》（Uses of Education）。

10 月 17—18 日，罗素一行游览西湖。

10 月 19 日，罗素在杭州的浙江第一师范学校演讲《教育问题》（Problems of Education）。

10 月 20 日，罗素从杭州回上海，江苏省教育会在上海一品香旅社设宴招待，罗素演讲《在江苏省教育会招待会上的答辞》。

10 月 21 日，罗素赴南京，应中国科学社之请演讲，《爱因斯坦引力新说》(Einstein's New Theory of Gravity)。

10 月 24 日，罗素一行由南京到达汉口，换乘火车赴长沙。

10 月 26 日，罗素参加湖南省教育会举办的“长沙名人演讲会”活动，杨端六、赵元任、傅铜等人担任译员。

10 月 26—27 日，罗素在长沙做了主题为《布尔塞维克与世界政治》的四场演讲。

10 月 27 日，湖南省省长谭延闿宴请罗素、杜威和蔡元培等人，杨端六担任译员。

10 月 31 日，罗素一行抵达北京，初住大陆饭店，随后租住遂安伯胡同 2 号院。

11 月 5 日，梁启超拜访罗素。

11 月 7 日，在北京大学第三院开讲《哲学问题》(The Problems of Philosophy) 系列讲座听众约有 1000 人，讲座持续到 1921 年 1 月，共十二讲。

11 月 9 日，讲学社借国立美术学校欢迎罗素和勃拉克。梁启超代表讲学社致欢迎辞，罗素发表《在讲学社欢迎会上的答辞》。

11 月 10 日，在北京大学第一院开讲《心之分析》(Analysis of Mind) 系列讲座持续到 1921 年 2 月，共十五讲。

11 月 14 日，罗素在北京女子高等师范学校做《哲学问题》(The Problems of Philosophy) 讲座。

11 月 18 日，罗素参加在北京饭店举行的宴会。

11 月 19 日，罗素在北京女子高等师范学校做《布尔塞维克底思想》(Bolshevik Thought) 讲座，赞扬了布尔什维克的社会正义理想。

11 月 27 日，罗素和无政府主义者互助团体 (Anarchist Mutual Aid Society)

谈话。

11 月 28 日，傅铜创立罗素研究组（Russell Study Group），第一次聚会在西方回国学生俱乐部举行。此后，罗素每两周参见一次北大师生发起的“罗素学说研究会”讨论会。

11 月，蒋百里创刊《罗素月刊》，瞿世英任编辑。

12 月 10 日，罗素在中国社会政治学会做《未开发国之工业》(Industry in Undeveloped Countries）讲座。

12 月 10 日，罗素在清华大学谈爱因斯坦。

12 月 16 日，发表《初抵中国印象》(First Impressions of China)。

12 月 18 日，罗素和博学友人协会（Learned Friends Society）谈俄国。

12 月 21 日，罗素致信《上海生活》(*Shanghai Life*）编辑，指出其报道的错误，希望修改澄清。

12 月 28 日，罗素在北京大学开讲《物之分析》(Analysis of Matter）系列讲座持续到 1921 年 2 月，共六讲。《对布尔什维克主义的思考》(Bolshevism：Some Light on the Theory）一文发表，《爱国主义》(On Patriotism）一文以日文发表。

12 月 23 日起，勃拉克女士于每周四下午在教育部会场讲《经济状况与政治思想》（七讲)，为罗素讲《社会改造原理》做准备。

1921 年

1 月 6 日，罗素在北京的哲学研究社发表《宗教的要素及其价值》(The Essence and Effect of Religion）演讲。

1 月 8 日，《中国之乐》(Happiness of China）一文发表于 1921 年 1 月 8 日伦敦《国民报》(*The Nation*)。

1 月 13 日，勃拉克女士做《受政治状况影响的政治思想》(Political Ideas as Influenced by Political Conditions）演讲。

2 月，《布尔什维克俄国未来展望》(The Prospects of Bolshevik Russia）一文

发表。

2月3日，罗素《社会结构学》（Principles of Social Organization）系列讲座在北京大学开讲，该讲座持续到3月，共五讲，因病只讲四讲。

3月，罗素在北京大学第二院大礼堂做《数理逻辑》系列讲座（四讲，一讲后因病中辍）。

3月10—11日，罗素游览长城。

3月14日，罗素赴保定育德中学做《教育问题》的讲座。

3月17日，《我为什么支持工党》（Why I Support the Labor Party）一文发表。

3月18日，罗素感染肺炎，住进德国医院。

3月27日，日本媒体报道罗素死亡的消息。

4月17日，罗素脱离危险，后又休养三月余，5月3日已能接见访问者。

6月，罗素《心之分析》一书出版。

7月，罗素《科学与社会结构》（Science and Social Structure）以中文发表。

7月6日，罗素在北京教育部会场做题为《中国到自由之路》（China's Road to Freedom）的告别演说。

7月7日晚，讲学社在中央公园（今中山公园）来今雨轩饯别罗素夫妇，到会者有汪大燮、梁启超、范源濂、蒋梦麟、丁在君、邓萃英等二十余人。

7月11日，罗素至天津乘船赴日本。

后　记

本书是在我的博士论文《罗素与中国新文化运动时期的文化和政治》基础上补充、修改、完善而成的。1919—1920年，世界两大著名哲学家杜威与罗素先后到达处在新文化运动热潮之中的中国，与中国文化界和政治界交流很多，且游历甚广，二人以一种外来的带有一种距离的批评的视角看中国，为1917—1922年的新文化运动及中国政治提供了特别的视角。罗素简洁凝练的语言、轻松宜人的幽默与他博学的知识和敏锐的思想结合起来时，尤其具有吸引力。因此，基于个人的学术兴趣和我的博士导师程巍研究员的提议，博士期间的研究方向就选择了罗素——这位兼具思想和文采，曾获得诺贝尔文学奖的英国哲学家。

我从阅读罗素英文著作及中文译本开始，拓展到阅读20世纪初至30年代的世界史和中国史，逐步进入这些著作所发生的历史语境，构成罗素的言论和思想与他人的一种对话关系，即构建一个使罗素的言论和思想得以产生、被接受、被"创造性地误读"、被反驳、发生效力的思想博弈"场"的关系。博士期间的阅读、研讨和写作激发并开启了我对中国现代史方面的研究热情和兴趣。

一方面，新文化运动时期的中国，涉及同时代诸多学者的观点和思潮，以及几次重要论战。这些是本书写作过程中的重要背景资料，也是理解和总结罗素中国观不可或缺的关键内容，但是对这些历史和人物思想的把握也对本书提出了挑战。

另一方面，罗素这位英国思想家在世界上的学术地位为本书提供了立意较高的学术意义，但也增加了写作难度。在评述罗素的中国观时，离不开对其思想和哲学体系的深刻理解。罗素作为一位世界级的思想大家，是一位跨界的学者。他不仅在哲学、逻辑和数学方面成就显著，而且在教育学、社会学、政治学和文学等许多领域都有建树，著作等身。这就要求研究者有较高的哲学思辨能力和较为宽广的知识面。研究过程中需全面大量地阅读其著作，才能更有效地与罗素对话，深入理解他在政治、经济、文化和教育方面给中国改革建议的缘由。

对罗素这位西方思想家的中国观结合中国现代化道路的发展进行系统研究，由于并无先例，选题就更具意义。阅读和理解罗素也扩展了我的知识领域和学术视野。但由于学术积累有限，在评述其思想时，有时难以全面深刻把握，这也是难以回避的缺憾。

英国哲学家怀特海在《教育的目的》一书中曾说过，“教育是训练对生活的探险；研究则是智力的探险”，大学则是师生“共同参与的探险活动的家园”。我用怀特海的话总结读博士三年最大的收获，就是在导师的引导下进行“智力的探险”，“对学术进行充满想象力的探索，从而在知识和追求生命的热情之间架起桥梁”。

在中国社会科学院外国文学研究所攻读博士学位期间，我参加了导师开设的文学社会学、文化研究与案例分析等课程，这些学习拓展了我的研究思路和方法；在与导师和同门的对话和研讨中，也获得不少启发和灵感。作为贯穿博士阶段学术训练的重要一环，博士论文的写作给了我极好的学术写作历练的机会。在程巍研究员的指导下，我学会了面对研究课题如何提出问题，如何调动理论和文史资源来分析和解决问题。

从2012年写完博士论文并通过答辩，到今天书稿修改完成的几年间，除了程巍研究员，我还要感谢中国社会科学院哲学研究所王柯平研究员。他作为我的硕士导师15年来对我言传身教，他严谨治学的精神、做人处事的态度和对专业精益求精的追求都对我影响至深。在王柯平研究员的指导下，英语语言文学专业出身的我开始步入哲学、美学之门进行探索，完成了从文学到哲学的跨界。

感谢中国人民大学黄兴涛教授，中国社会科学院外国文学研究所荣誉学部委员郭宏安老师、吴晓都研究员和梁展研究员，北京外国语大学汪剑钊教授，北京大学周小仪教授和吴晓东教授，北京语言大学周阅教授，首都师范大学林精华教授，中国地方志指导小组程方勇副研究员。以上诸位专家在我博士论文开题报告会和答辩会及审阅书稿后，针对本书部分内容提出了宝贵的建议和意见，对我的写作和修改具有重要的启发和指导意义，在此深表谢忱。

感谢北京第二外国语学院文化传播学院胡继华教授，他一直关心本书的进展情况，并对书稿提出了建设性修改意见。中国社会科学院外国文学研究所的老师们，在我攻读博士期间给予了很多帮助和鼓励，在此一并致谢。

中国外文局《中国与非洲》杂志原主编王燕娟在中英文写作和翻译方面对我的指导和帮助，使我受益匪浅，对于本书的成型和完善具有重要意义。

另外，感谢我的母校北京第二外国语学院“北京高等学校青年英才计划项目”为本书提供出版资助。本书的出版得到了中国大百科全书出版社刘国辉社长、郭银星老师和曾辉老师的大力支持，于淑敏编审为本书的出版付出了大量心血，在此谨向他们致以诚挚的谢意。

在书稿修改过程中，我的爱人张国鑫从普通读者的角度，经常与我一起探讨本书各章节如何以更好的方式呈现给读者，尽量在保持学术专著专业性的同时增强本书的可读性。因此，我也要感谢我的家人、同事和朋友，感谢他们在本书写作期间，以各种方式给予我的鼓励、支持和建议。

刘　检

2020 年 10 月 15 日于北京